Clinical Case Study as Disciplinary Matrix

事例研究というパラダイム
臨床心理学と医学をむすぶ

Seiji Saito
斎藤清二

岩崎学術出版社

序　文

　臨床心理学領域の研究法として，事例研究は本邦において長い歴史をもっている。また事例研究は狭い意味での研究としてだけではなく，実践者への教育，訓練の方法としての価値も強調され，その重要性は「自明のもの」であるかのように語られてきた。しかし，この「自明なものとしての事例研究の重要性」は，近年強い批判にさらされている。そのような批判は，臨床心理学以外の学術領域のみならず，臨床心理学の内部からも巻き起こっている。こういった流れを象徴的するできごととして，2013 年度の心理臨床学会秋季大会において，事例研究の口頭発表の募集が中止され，ポスター発表のみとされるという方針が公表された。もちろんこの背景には，巨大化した学会運営の困難さなど，複数の事情があると推定されるが，「臨床心理学の研究は事例研究に偏りすぎている」「事例研究は科学的な研究とは言えない」といった声の反映であることも否定できない。

　著者は，医師としての一般的な研修を受けた後，1983 年より臨床心理学の訓練を受ける機会に恵まれ，病院診療（消化器内科および心療内科）と大学における学生相談（保健管理センター）をフィールドとして，心理臨床 clinical psychology と医療 clinical medicine の二つの観点を実践現場において統合する努力を続けてきた。いうまでもなく，両者の共通基盤は「臨床」である。その中で，臨床における研究とはどうあるべきかという問題についても考え続けてきた。著者が「心理臨床的な事例研究」を自ら行い，その成果を公表するようになったのは，今から 20 年少し前の 1990 年代初頭に遡る。その頃すでに，心理臨床における事例研究の方法論は確立していたように見え，むしろ臨

床医学において，事例研究や事例報告の価値が軽視されつつあった時期であった。著者はむしろ，心理臨床領域における事例研究の方法論を臨床医学に紹介，移入することに意義を感じていた。

　1990年から2000年代にかけての筆者の個人的な課題は，一つは心理臨床の領域において十分に通用する質の高い事例研究を学会や学術誌において公開し，当該学術領域での評価を受けることであった。もう一つはそのような事例研究を，医学系の学会で発表したり，論文・著書として公開したりすることを通じて，心理臨床における事例研究のエッセンスを臨床医学に移転することであった。後者の活動は，主として「ナラティブ・ベイスト・メディスン（NBM：物語と対話に基づく医療）」というムーブメントとして位置づけられた。同時にこの時代，医学，心理学を含む学際的な領域において，学術的研究法についてのメタ研究的な視点から，質的研究法と量的研究法の意義と差異をめぐる議論が活発に行われるようになり，質的研究の視点から臨床事例研究を再度理論づける努力をも行なってきた。

　このような流れの中で今，本書を公表する大きな目的は，現時点で再度，臨床における事例研究の意義を問いなおすということにある。本書において著者が主張する論点は，以下の二つに要約される。

　　①臨床事例研究は「実践科学研究」のひとつとして，科学論的に基礎づけることができる。
　　②臨床事例研究は，研究，実践，教育を包括したひとつの「知識創造的社会活動」として位置づけることができる。

　本書は第Ⅰ部理論編（第1〜4章），第Ⅱ部事例編（第5章〜12章），および第Ⅲ部総合考察編（第13章および付章）の3部構成となっている。第Ⅰ部の理論編では，上記の主張を論証するための考察を試みる。第1章「臨床事例研究の科学論」では，臨床事例研究を科学論的に基礎づける試みがなされる。まず多様な実践科学を基礎づけるためのメタ科学論として，クーンKuhn, T.S.のパラダイム論を臨床実践領域に適用することが提案され，ついで臨床事例研究を下支えする理論モデルの有力な候補として，物語研究 narrative research と知識利用研究 knowledge-utilizing research に焦点を当て，考察する。最後に上記の議論をふまえて，多元論的な観点からの臨床事例研究の再定義が試みられる。

　第2章「『エビデンスに基づく実践』のハイジャックとその救出」では，1990年代以降医療界を席巻した「科学的根拠（エビデンス）に基づく医療（EBM）」が，臨床心理学に与えた影響と混乱の歴史をたどることによって，事例研究を重要視する臨床実践が，エビデンスに基づく実践と対立するものではないということの傍証が示される。

　第3章「質的研究と量的研究」では，臨床事例研究が，自然科学的研究とも疫学研究とも異なる一つの実践科学研究であるということが主張される。特に臨床における研究の目的という観点から，臨床疫学を用いた「効果研究」と，臨床実践の改善を目的とした「質的改善研究」を区別することの重要性が主張され，質的研究と量的研究の違いが対比的に概説される。

　第4章「事例研究という質的研究の意義」では，本邦における心理臨床学の創始者である河合隼雄による事例研究理論の展開の歴史を文献的に検討するとともに，河合が公表している事例研究の実例を対象とした，質的研究の方法を用いたメタ研究の結果が提示される。

　第Ⅱ部（第5〜12章）では，著者が過去に学術誌において公開した8編の事例研究を提示し，複数の臨床事例研究が，一つの連続した知識創造的な社会活動として描写できることを例証する。第5章「境界例における自己治療的ドラマ」では，短期間に展開を見せた，境界例と思われる一大学生への心理療法過程が描写される。この事例の治療構造の分析は，クライエントと複数の重要な他者との関係のパターンと，事例経過に重要な影響を与えた物語作品プロットの比較を通じて行われ，境界例の治療経過が「自己治療的ドラマ」として物語的に理解されるという仮説を提示する。

　第6章「心身症における三つの悪循環」では，「原因不明の多彩な身体症状」を訴える一大学生の治療経過が提示され，こころからのアプローチも身体からのアプローチも難しいとされる"いわゆる心身症"の病態理解と治療において，個人間，個人内，超個人的の3つのレベルの悪循環に注目することが有用であるという仮説が主張される。

第7章「こころとからだの和解の過程」では，前論文によって提出された「三つのレベルにおける悪循環仮説」を継承しつつ，胃症状への強い固着を示した大学生の事例の経過を詳細に描写し，心身症的病態が改善するためには，「こころとからだの和解」という比喩で表現されるような深層における大きな変容が必要とされること，そのような過程を治療者が共に歩むためには，全体性の象徴の布置と共時的な状況の理解が重要となるという仮説が提示される。

　第8章「元型的観点から見た摂食障害」では，病態水準の著しく異なる拒食症の3事例が提示され，3事例に通底する病態とその治療の過程を，イニシエーションを布置する元型の顕現の過程，象徴的な死と再生の物語として理解することの重要性が主張される。

　第9章「心身症と物語」では，過敏性腸症候群を呈した高校生の治療経過とともに，治療者自身の治療観や治療関係についての物語が変容していくさまが描写される。思春期から青年期にかけての心身症の治療過程が，子供から大人への通過儀礼の過程として描写可能であること，心理療法の経過はクライエントと治療者の物語の相互変容として理解できることが示される。

　第10章「慢性疼痛：痛みは語り得るのか」では，慢性の肛門痛を訴える大学生の事例の面接経過が，木下によって提唱された質的分析法である修正版グラウンデッド・セオリー・アプローチ（M-GTA）を用いて分析される。慢性疼痛の回復過程は，「多元的な意味の変容の過程」であり，報告事例の治療経過は，「未完の発達課題」と「難問としての痛み」の間で悪循環に取り込まれていたクライエントが，「メタファーとしての死と再生」の過程を通り抜けることを通じて，新しい「意味の探求と創生」を展開させ「日々是好日」へと至るプロセスであることが描き出される。

　第11章「過食嘔吐の大学生へのナラティブ・セラピー風心理療法」では，極端なやせを伴わない神経性過食症の大学生への，対話を中心とした面接経過が描写される。特にクライエントにとっての家族物語の変容がどのような契機に起こったかについてが詳細に分析され，漫画やゲームなどの共有されるプロットが動的なコンテクストである「場」として機能し，それが対話において共有されることを契機に物語が変容する過程が例証される。

　第12章「女子大学生の夢に見られた dismembered body image について」

では，片頭痛，自傷行動，解離，抑鬱気分，自殺念慮などの多彩な精神・身体症状を呈した大学生の面接経過が描写される。特に夢のシリーズの中で報告された，身体切断とそれに続く純粋意識体験と身体再生へのイメージの変遷過程の意味が考察され，近年 DSH（deliberate self-harm）と呼ばれている多彩な自己破壊的行動を呈する事例へのより深い理解と治療のために，個性化の過程という観点が貢献するという仮説が提唱される。

第Ⅲ部（第13章および付章）では，まず第13章「あらためて事例研究を考える」において，8例の事例研究が一連のシリーズとして概観され，これらの研究が「連続的なプロセスを経て漸進的に進行する知識創造のプロセス」であることが論じられる。このような事例研究は，単独の研究として完結するのではなく，研究者の主観的な知識が，実践と対話を通じて，漸進的に間主観的で社会性をもつ知識へと変容していく過程の原動力となる。その過程において，事例検討会での同僚との物語的共有，学会における集団スーパービジョン，研究論文投稿時の査読者との意見交換，著者への読者からのフィードバックなどの複数の機会が，新たな知識創造を生み出す対話と実践のサイクルとして機能する可能性がある。このように，臨床事例研究は，単なる研究法でも単発の研究成果でもなく，対話と実践のサイクルを通じて新しい知識を創造し，実践を改善し，実践者の自己訓練に役立ち，組織や社会における協働を作り出す一連の社会的実践のプロセスとして理解できることが主張される。

また第Ⅲ部の末尾には付章として，2000年に『週刊医学界新聞』に掲載された，故河合隼雄先生と著者の対談記録「ナラティブ・ベイスト・メディスン——医療における『物語と対話』」を再録した。この対談は10年以上前に行われたものであるが，医療／医学と心理臨床／臨床心理学における，実践，研究，教育を結び付けるひとつのパラダイムとして，事例研究が大きな意味を持っているということが，時代を先取りした形で語られている。

第5〜12章に提示した事例研究は全て，専門学術誌または大学紀要等においてすでに論文として公開されたものである。それぞれの論文の初出については，本書末尾の261頁にまとめた。これらの内容は，当該学術誌の掲載当時の審査基準により，その時点での研究倫理基準を満たすものであったが，本書に再掲載するにあたり，個人特定に関わるおそれのある情報を全て匿名化また

は削除するなど，さらに慎重な配慮のもとに一部内容を変更した．本書への再掲を許可してくださった，各誌編集委員会および出版社には感謝の意を表したい．また本書の付録として，故河合隼雄先生と著者の対談記録を再掲することを快く承諾していただいた，河合俊雄先生（京都大学こころの未来研究センター教授）ならびに株式会社医学書院には特に深謝申し上げる．

平成25年7月16日

斎藤　清二

目　次

　　序　文　　i

第Ⅰ部　理論編
　第1章　臨床事例研究の科学論　*3*
　第2章　「エビデンスに基づく実践」のハイジャックとその救出　*26*
　第3章　質的研究と量的研究　*38*
　第4章　事例研究という質的研究の意義　*49*

第Ⅱ部　事例編
　第5章　境界例における自己治療的ドラマ　*65*
　第6章　心身症における三つの悪循環　*85*
　第7章　こころとからだの和解の過程　*107*
　第8章　元型的観点からみた摂食障害　*127*
　第9章　心身症と物語　*146*
　第10章　慢性疼痛――痛みは語りうるのか？　*160*
　第11章　過食嘔吐の大学生へのナラティブ・セラピー風心理療法　*176*
　第12章　女子大学生の夢に見られた dismembered body image について　*199*

第Ⅲ部　総合考察編
　第13章　あらためて事例研究を考える　*221*
　付　章　対談：ナラティブ・ベイスド・メディスン
　　　　　　――医療における「物語と対話」　*245*

　あとがき　*257*
　初出一覧　*261*
　人名索引　*262*
　事項索引　*264*

第Ⅰ部

理論編

第1章　臨床事例研究の科学論

20年前，私が初めて研究ポストについたとき，仕事に疲れきった様子の同僚が，私にこう忠告した。「何か測定するものを見つけろ。そしてデータが箱いっぱいになるまで測定し続けるんだ。いっぱいになったら測定をやめて，論文を書き始めろ」。「でも，いったい何を測定したら良いのですか？」と私は尋ねた。「それは……」。同僚は皮肉っぽい調子で，こう言った。「……たいした問題じゃない」（Greenhalgh T, 2006 ）。

I. はじめに——臨床における研究とは何か？

　冒頭の文章は，Narrative Based Medicine（NBM：物語と対話に基づく医療）の提唱者として知られると同時に，英国における Evidence Based Medicine（EBM：科学的根拠に基づく医療）の普及に先駆的役割を果たした，英国のグリーンハル Greenhalgh 教授の著書 *How to read a paper: the basics of evidence-based medicine* に載せられている，教授自身の体験談である（Greenhalgh, 2006）。この逸話の言わんとするところは，筆者にもとてもよく分かる。これは，一言でいえば，「臨床における研究とは，いったいなんであるのか？」という根本命題に関わる疑問なのである。

　筆者（斎藤）の専門職としての個人的な背景に少し触れておきたい。筆者は 1975 年に医学部医学科を卒業し，2 年間の前期研修（内科，外科，病理部，臨床検査部をローテート）を総合病院で行い，その後いくつかの機関で，消化器内科医としてのより専門的な後期研修を経験した後，富山医科薬科大学（現富山大学医学部）附属病院の内科学教室に教員としての職を得た。

　ご存じの方も多いかと思うが，医学部のカリキュラムには卒業研究という単

位は含まれておらず，医学生は卒業までの間に，「研究とはなんであるのか」という，他の学部であれば必ず教育される基本的な事柄について，少なくとも通常のカリキュラムの中では全く学ぶ機会がない。しかし，卒業後の研修において，研究というものに触れる機会が全くないかというとそうでもなく，「症例報告」と呼ばれる形式で，自分が経験した患者や，その治療経験についての報告を行ったり，執筆したりすることを強く勧められる。このような経験を積むことは専門医資格取得のためにも必要なので，多くの医師は臨床キャリアの早い段階から，症例（＝事例）とどう向き合い，研究的視点からその経験をどうまとめて報告するかという問題に直面する。しかし，そのような症例報告の発表や執筆をどのように行なうかということは，学術的な理論や方法論として明示されることはほとんどなく，多くの場合，先輩や上級医のアドバイスを受けながら，見よう見まねで，発表スライドの作成や論文の執筆法を学んでいく。それでも，先輩から「質の高い症例報告は，下手な研究論文よりも価値が高く，ずっとたくさん引用される」と言われたことはよく覚えている。

　私の所属していた大学がいわゆる新設医大だったこともあり，赴任後の数年間は，診療と教育にほとんどの時間を割かれ，自身の研究について考える暇もなかった。しかし，当然のことながら大学教員には，診療，教育，研究の3つの業務を行なうことが義務づけられている。基礎科学者ではなく臨床の教員として自らのアイデンティティを位置づけていた筆者は，このころからしだいに，「臨床家にとっての研究とは何か？」という問題を真剣に考えざるを得なくなっていった。

　特に大きな疑問は以下のようなものである。臨床とは苦しむ人（患者やクライエント）の利益のために行なう実践行為であるということには疑いがない。にもかかわらず，臨床現場で患者を対象にした研究を行おうとすると，その研究行為自体は当事者である患者に利益をもたらさない。むしろ害を及ぼすことさえある。そこまでいかなくとも，臨床実践の場に研究的視点を持ちこむことで，ただでもたいへんな臨床に注ぐ労力が分散してしまい，臨床実践の質を低下させてしまう可能性は無視できない。「目の前の患者には利益がなくとも，将来の患者に利益が期待できる」という，当時の医学界に流布していた説明は，筆者にとって納得できるものではなかった。

しかたなく，筆者がとった方法は，臨床実践と研究を完全に分けてしまうことだった。研究は，患者に絶対に迷惑がかからない領域で行なう。具体的には，培養細胞や動物をもちいた基礎医学的，実験的研究を行ない，いつか遠い将来，それが臨床で患者に役立つことを夢見る。このような研究姿勢は「橋渡し研究 translational research」と呼ばれ，「ベンチからベッドサイドへ」などというキャッチフレーズは今でもよく用いられている。このような研究における患者への害は，実質的にはゼロに近いものである。しかし筆者の場合，現実の患者に還元された成果も限りなくゼロに近いものであった。「なぜ，日常の臨床実践そのものが研究対象とならないのだろうか？」という疑問は，ずっと残った。

　その後，筆者は，1983年に所属大学の保健管理センターに配置換えになった。当時，文部省は大学生のメンタルヘルス問題に力を注いでいた時代であり，内科医である筆者にも，保健管理センターの専任教員として，学生相談やカウンセリングについて本格的に学ぶことが要請された。それを機会に，筆者は約6年間にわたって，分析心理学的オリエンテーションに基づく心理療法家としての訓練を受ける機会に恵まれた。1988年からは附属病院において，消化器内科外来とともに心身症外来を担当し，医療と心理臨床を現場において統合的に，あるいは折衷的に実践することが筆者の臨床のテーマとなった。

　そのような状況の中で，心理臨床領域において，このころすでに方法論としては確立しているかのように見えた事例研究法は，筆者の目からは，臨床現場における研究法として非常に有力なものに見えた。その理由は，その時点では必ずしも筆者の中で明確ではなかったが，現時点で振り返り，臨床事例研究のメリットをおおざっぱにまとめると以下のようなものになる。

1) 事例研究を行なうにあたって，現場での実践に実験的な要素や，治療の流れを妨害するような統制的な要素を持ち込む必要がない。臨床実践とは，目の前の患者／クライエントに対して，その時点で最良と思われる臨床判断を継続的に行なうプロセスであると定義するならば，このシークエンスと研究そのものが矛盾なく両立する。そのため，「研究のために目の前の患者に迷惑をかけること」が最小限に抑えられる。このことは，臨床事例研究が，自然観察的 naturalistic-observational な性質を

もっていることに由来する。
2) 臨床実践は，臨床家／医療者と患者／クライエントとの相互交流をその基本とする。相互交流とは，複数の個人間での情報の交換，関係性，文脈依存性といった，完全には対象化できない側面を本質的にもっている。事例研究はそういった"臨床における相互交流的であいまいな側面"を把握し，描写し，分析し，そこから新しい知識を産生することに適している。
3) 事例研究を行なうことは，臨床家の自分自身の訓練や実践の改善に寄与する。すなわち「研究」そのものが「継続的な自己訓練」と方法論的に結びついている。
4) 事例，あるいは事例研究成果を参加者が共有し，討論する「場」（通常は事例検討会と呼ばれることが多い）の機会をもつことによって，治療者自身と同僚，あるいは外部者との協働 collaboration の機会を作り出すことができる。そのような実践（場のマネジメント）は，治療者個人の臨床能力の改善のみならず，組織共同体の質的改善をもたらす可能性がある。
5) 事例研究から得られた知識資産 knowledge asset を共有し，浸透させることは，新しい実践の展開へと結びつき，より精緻な，害の少ない実践への改善に貢献する可能性がある。
6) すなわち，事例研究とは，単に何らかの研究業績を生み出すための限定された活動ではなく，患者／クライエントのために役立ち（個別実践の改善），治療者自身の能力を向上させ（実践者の訓練），さらには治療者を含むより広範な共同体に質的改善をもたらす（組織・社会の改革），複合的なムーブメントであると考えられる。

ここであらためて明確にしておくが，筆者は高等教育機関（大学および大学院）において，専門的な心理学や臨床心理学を学んでおらず，系統的な臨床心理学の教育，訓練を受けていない。心理臨床的な訓練や心理臨床における研究に実際に触れる機会をもったのは，医師となってかなりの時間を経てからである。このことは，筆者が心理臨床や臨床心理学において，なんらかの発言や提

言を行なう場合の大きな限界となることは当然である。しかし逆に言うとそのおかげで，心理臨床あるいは臨床心理学という学術的伝統において何が起こっているのかを，ある程度外部者の視点から見ることが可能であったように思う。医学領域における実践的研究法の不在に苦しんでいた筆者は，この心理臨床で行なわれている事例研究法について，もっと深く学びたいと思い，かつ自分自身の臨床の現場をフィールドとして，そのような研究を実際に行ないたいと願うようになった。

　岸本（2003）がまとめているように，事例研究をめぐる議論において，事例研究，事例検討，事例報告といった概念を別々のものとして区別するべきか，そういった区別をあえて重視しない立場をとるかという議論がある。筆者はこれらを異なった概念として区別することの必要性を認めつつも，それらの諸概念を部分集合として含みつつ，全体を包括する"臨床事例研究"という一つの複合的パラダイムに注目していく立場を本書においてはとりたいと思う。

II. なぜ事例研究の価値が低下したのか

1. 医学／医療における事情

　事例研究は，医療／医学において古い歴史をもつ。医聖と呼ばれたヒポクラテスの多くの著作は広い意味での事例研究集であったし，アリストテレスのいう実践知（フロネーシス）は，主として事例論（トピカ）を通じて得られるものであった（中村，1992）。臨床は常に「個別の病む人」に対しての援助実践である。また，「実践とは，各人が身を以てする決断と選択をとおして，隠された現実の諸相を引き出すことなのである。そのことによって，理論が，現実からの挑戦を受けて鍛えられ，飛躍するのである」と中村は述べている（中村，1992）。臨床実践それ自体は，多くの不確かな要因の複雑なネットワークからなり，決して直線的な因果論だけで扱えるものではない。時間経過とともに生起する複数の複雑な問題に対して，臨床家は，そのつど判断や決断をしながら，患者／クライエントの道行きの随伴者となる。このような時間に埋め込まれた複雑な経験を扱う知は，無時間的で抽象的で一般的な知ではあり得ない。そのような個別実践を行なう専門家は，単に科学的技術や科学理論を現場に応用

する者（技術的熟達者 technical expert）ではなく，行為の中での反省，行為の後での反省を通じて，状況に新しい意味を与える「反省的実践家 reflective practitioner」であることが求められる。このような実践能力の涵養には，事例を通じての訓練が必須であるとされる（Schön, 1983/2001）。

　しかし，近年，医療／医学領域において，事例研究の価値は著しく低下している。多くの医学系ジャーナルでは，事例研究は科学的研究とはみなされていない。せいぜい珍しい経験を報告する症例報告 case report か，編集者への手紙 letters to the editor という極く短い形式でしか掲載を認めないジャーナルも多い。それらは，珍しい疾患や病態像の逸話としての意義しか認められていない（岸本・斎藤，2006）。なぜ，このようなことになったのだろうか？　この理由はいくつか考えられる。

　そもそも医学における研究は，基礎研究と臨床研究に分けられる。基礎研究は，主として実験室における研究である。KJ 法で有名な川喜田によれば，科学とは大きく，書斎科学，実験科学，野外科学の三種類に分類される（川喜田，1967）。書斎科学（文献的研究）はさておき，現代の科学において最も大きな問題は，実験科学のみが科学的研究であるかのように考えられて来たことである。特に医学領域においてこの傾向は顕著で，基礎的，実験的研究でなければ，医学研究とは認められないという状況が長期間続いており，この状況は現在においても変化していない。

　それでは，いわゆる臨床研究は，上記のどこに分類されるかというと，これは野外科学に分類されるべきである。ここでいう野外とはフィールドあるいは現場と同義である。もちろん，臨床の現場である診察室や病棟やカウンセリングルームは，字義的には野外ではない。しかし，そこは本来実験室ではなく，医療実践がそこで行われる（自然な）フィールドなのである。実験科学が統制された人工的環境において，あらかじめ設定された仮説の実験的検証を目的とするのに対して，野外研究（フィールド研究）は，自然な環境において観察あるいは参与観察によってデータ収集を行い，データの分析による仮説の生成を目的とする。

　しかし臨床研究が，医療というフィールドにおける野外研究であるという認識は，最近までの医学界では乏しかった。それに代わって臨床研究法として近

年台頭して来たのは臨床疫学的研究である。疫学的研究法は一見野外科学のように見えるが，実は実験科学の特徴を備えた仮説検証的な研究法である。疫学的研究の特徴は，統計処理によるデータの客観的吟味を通じて，研究自体の信頼性と妥当性を確保できることである。特に，臨床効果研究 outcome research においては，他の方法を遙かに凌駕する高い信頼性と妥当性を確保できる。

疫学的研究で得られ，主として統計学的な批判的吟味を経て信頼性，妥当性が担保された情報をエビデンスと呼び，エビデンスを個別の臨床実践に利用することが，EBM（evidence-based medicine）である（Sackett, 1996）。EBM が医学・医療界を席巻するに伴って，臨床研究とは臨床疫学的研究であるという理解が医学界に流布することになった。当然のことであるが，事例研究は統計的な仮説検証には向いていない。このため，事例研究は，医学領域において，臨床研究としての価値をほとんど剥奪されてしまうことになった。

もう一つ，事例研究の価値が引き下げられた理由として，医学／医療界において事例研究（あるいは症例報告）を行なう研究者に，理論的，方法論的な考察が不足していたことが挙げられる。「○○療法が奏功した△△の一例」などという，まるでその一事例における経験が，ある治療法の効果を一般的に証明するものであるかのような類型的なタイトルをもった，質の低い症例報告が量産されてきた。また，事例研究の中に仮説検証を組み込もうとして，「△△の一事例における○○療法の検討」というような，方法論的に非常に中途半端な研究がなされるようになった。当然のことではあるが，これらの研究が「この事例の経験から，○○という方法が△△に有効である」といくら主張しても，「目の前の１人の患者に効果があったということは，それが一般的に効果があるということを意味しない」という論理のもとに，簡単に否定されてしまう。このような事態が学術の世界で頻発したことは，事例研究の科学的価値を引き下げる大きな理由となったと思われる。

筆者の見解では，事例研究の価値の低下に大きく影響している要因として，「事例研究とは何を目的とした研究なのか？」という基本的な疑問について，これまで十分な考察がなされてこなかったことが大きいと思う。事例研究の多くは「その治療法は一般的に効果をもつか？」を検証する研究（効果研究）ではなく，むしろ「その治療法を改善するにはどうすればよいのか？」という研

究疑問に基づく，探索的な質的改善研究 quality improvement research であるということを，筆者は特に強調したい。この問題については第3章においてさらに詳しく論じられる。

2. 臨床心理学／心理臨床における事情

本邦に心理臨床という概念が導入され，その領域における研究法として事例研究が最も重要なものと考えられるようになったのは，1970年代に始まると思われる。その後の河合隼雄を中心とした，心理臨床学における事例研究理論の進展については，第4章において概観されている。「臨床心理学においては，事例研究が極めて重要である。そのことは臨床心理の実際に従事している者にとっては自明に近いことである」（河合，2001）という言葉に象徴されるように，「事例研究の価値は自明のこと」とする理解は，2000年代の初めには心理臨床の領域における主流であったと思われる。

一方で，基礎科学的な実験的研究は常に心理学研究の主流であったし，伝統的な基礎科学／応用科学の二分法的考えに基づき，基礎心理学から得られた知識をカウンセリングや心理療法などの臨床実践に生かすべきであるという主張もなされてきた。しかし，筆者の見るところ，少なくとも本邦においては，心理臨床における科学的研究の重要性はあまり強調されず，「心理臨床は一種のアートであり，科学とは一線をひかれるもの」という見解が主流だったのではないかと思われる。

このような流れに重大な変化が起こったのは，筆者の見るところでは，1990年代に医学／医療界に生じた，エビデンス・ベイスト・アプローチの潮流が，心理学にも強く影響を与え始めた時期に一致すると思われる。特に米国心理学会（APA）の第12分科会を中心として起こったESTs（empirically supported therapies：実証的に支持された心理治療）運動は，本邦の臨床心理学における研究の価値基準に大きな変更を迫るものであった（Chamblessら，1996）。この運動は，一言で言えば「RCT（無作為割付臨床試験）で実証された治療法でなければ価値がない」とするような極端な主張として受け止められる傾向があった。一方で，このESTs運動をめぐっては，米国においても，それを移入した本邦の臨床心理学界においても，大きな混乱があったと

言わざるを得ない。このいきさつについては，第2章であらためて詳細に考察される。米国においては，2006年にAPAによる，EBPP（evidence-based practice in psychology：心理学におけるエビデンスに基づく実践）のコンセンサスが公表されることにより，一応の決着がついた（APA, 2006）。EBPP のコンセンサスにおいては，EBPP と ESTs は異なる概念であることが明言され，「ESTs は治療法から出発し〈その治療法がある集団に対して有効であるかどうか？〉を問うものである。EBPP は患者から出発し〈その患者において，特定の効果を得ることに役立つ最良のエビデンスとは何か？〉と問うものである。ESTs とは特定の心理治療法のことであり，EBPP は臨床判断のための方法である」と明確に説明されている。また，「複数の研究デザインがエビデンスに基づく実践に貢献し得る。異なった研究デザインはそれぞれ異なったタイプの臨床疑問に対してよりよく適合するものである」ことが明言され，臨床観察研究，質的研究，系統的事例研究，単一事例実験研究，公衆衛生学的研究，民族誌研究，プロセス・アウトカム研究，自然状況における介入研究，RCTなどの多様な研究法が，特定の研究疑問に対してそれぞれ有用性をもっていることが示されている（2006）。しかし，本邦においては，APA の EBPP のコンセンサスについて言及する臨床心理学者は少なく，未だにエビデンス至上主義的な精密さに欠ける主張や，それに対する感情的な反発といった，低いレベルの議論に終始しているような印象を受ける。

　本邦の心理臨床領域における事例研究法の価値の低下は，上記のような，エビデンスに基づく実践への誤解と曲解によって引き起こされている部分が大きいように筆者には思われる。心理臨床における事例研究の価値は，このような誤解から解放された自由な立場から再度検討される必要がある。

III. 事例研究の科学性

1. パラダイム論の観点からみた事例研究

　クーン Kuhn, T.S. は『科学革命の構造』において，パラダイム paradigm, 科学革命 scientific revolutions, 通常科学 normal science, 通約不可能性 incommensurability といった一連の概念を提唱した（Kuhn, 1962/1970/1971）。

パラダイムとは，「その業績が，他の対立競争する科学研究活動を棄てて，それを支持しようとする特に熱心なグループを集めるほど，前例のないユニークさをもち」，「その業績を中心として再構成された研究グループに解決すべきあらゆる種類の問題を提示してくれる」といった特徴をもつ業績であって，「実際の科学の仕事の模範となっている例——法則，理論，応用，装置を含めた——があって，それが一連の科学研究の伝統をつくるモデルとなるようなもの」と定義されている（訳書，pp.12-13）。

科学哲学の領域においては，これらの概念を巡って年余にわたる激しい論争が引き起こされた。パラダイムとは，あくまでも自然科学の歴史から抽出された概念であり，パラダイムという考え方を何らかの話題に適用するということは，その話題の領域を自然科学として見るということが前提とされる。ところが，時にパラダイムという言葉は，通常の意味でいう科学の領域をはるかに超えて広い分野に適用され，「ものの見方」とか「世界観」とほぼ同義の言葉としても用いられるようになった。パラダイムという概念が，当初クーンが主張した意図をはるかに超えて多様な意味に解釈されたことが，論争を引き起こした一つの理由であったと思われる（野家，1998/2008）。

パラダイム論に対する批判を受けてクーンは，パラダイムという言葉を専門図式 disciplinary matrix と呼び変えることを提唱した。専門図式は，特定の専門領域の研究者が共通してもっている基盤として理解され，色々な種類の秩序ある構成要素からなり，全体を形成し，一緒に機能するとされている。それらの構成要素の主要なものとして，①記号的一般化，②特定のモデルに対する確信，③価値，④見本例 examplars が挙げられている（Kuhn, 1962/1970/1971；訳書，pp.206-213）。この最後の見本例（＝共有される例題）が，パラダイムという概念のそもそもの出発点であり，最も重要な要素である。そしてクーンは，「パラダイムの獲得——ひとつの分野を科学と呼ぶためには，これほどはっきりした基準は，他には見つけ難いであろう」と述べている（訳書，p.25）。

さてそれでは，医療／医学および心理臨床を含む広い意味での「臨床」の専門家という集団を想定し，事例研究をその重要な研究法として用いるような領域を想定し，それをその専門家集団における一つの学問伝統の候補として考え

た場合，それはある科学パラダイム（あるいはその候補）に属していると言えるのだろうか。ここでは，このような「領域」を暫定的に（学問伝統の候補としての）"臨床事例研究"と名づけ，以下に考察していきたい。

　この議論は非常に難しい。そもそも"臨床事例研究"を，近代科学とは対立するもの（たとえば"アート"）として位置づけようとする考え方は，あながち間違っているとは言えないし，少なくとも既存の近代科学のパラダイムとは相容れない部分があることも確かである。しかし，"臨床事例研究"の近代科学に対立する側面だけを強調している限り，それが科学的（とされる）実践領域に本当に根付くことは難しいと筆者は感じる。このような事情は医学／医療領域において広く認められ，筆者は，「現在までに提唱されてきた人間性主義的（ヒューマニスティック）な医療の方法論の多くが，アカデミックな医学の世界に定着できなかった最大の理由は，それらが医学領域における適切な研究法を確立できなかったためである」と論じてきた（斎藤・岸本，2003，p.6）。少なくとも"臨床事例研究"が，近代以前の魔術的なパラダイムに後戻りすることはできないということを受け入れるならば，それは既存の伝統科学をパラダイム・シフトさせるための起爆剤となり，より統合的で人間的な新しいヒューマンケアのパラダイムの担い手となる努力をしなければならないだろう。

　医療を含めて，現代のヒューマンケアにおいて私たちが経験している現象のかなりの部分は，これまでの近代科学パラダイムの理論では説明することが難しい。ここで医療における例を挙げるならば，なぜ医療者が燃え尽きる寸前まで献身的な努力を行っても，患者や一般市民からの医療に対する信頼は低下したままなのか，なぜ高度先進医療がこれだけ普及しても多くの疾病の患者が減るのではなく，増える一方なのか，なぜ国を挙げての自殺対策を行っても思ったほど自殺者が減少しないのか，などである。これらの現象と説明理論の不一致からは，現代を近代科学的ヒューマンケアパラダイムの危機と見なしうると思われるが，旧パラダイムはそれだけでは崩壊しない。科学者は既成のパラダイムへの信頼を失い，代わりのものを考え始めるが，危機に導いた既成のパラダイムを簡単には放棄しない。一度パラダイムの地位につくや，科学理論は，代わりの候補が現れてその地位を襲うまでは無傷である。

現代の医学や臨床心理学における近代科学パラダイムの限界を挙げたてるだけでは，パラダイム・シフトは起こらない。旧来のパラダイムに代わって選択できる新しい見本例 examplars が提示される必要があり，その見本例（これがクーンの言う狭義のパラダイムである）は，概念，理論，方法論，道具のワンセットを含んでいなければならず，さらにその見本例を学習した若い学者，研究者がその後の実践，研究を行っていくための共有された範例となるものでなければならない。一方で，この問題は極めてパラドキシカルである。もしクーンが言うように，「ある一つの分野が科学と呼ばれるためには，それがパラダイムをもつということが最も分かりやすい条件である」ということが正しいとすれば，「これを読めば"臨床事例研究"の概念，理論，方法論，道具が分かる」という範例となる論文，あるいは書籍が提示され，ある一定以上の専門家集団に共有されない限り，"臨床事例研究"は新しい科学パラダイムたり得ないということになる。しかし，このような見本例たりうる書籍，論文がもし公表され，"臨床事例研究"が「通常科学」の一つとなったとしたら，"臨床事例研究"が担保するヒューマンケアの多様性，多元性とパラダイム論とは両立するのだろうか。これは十分に検討されなければならない問題である。

　上記の問題についての現時点での解答の一つの候補は，以下のようなものではないかと筆者は考えている。それは，クーンの提唱するパラダイム（より正確には専門図式）自体を一つの物語と考えるのである。（見本例としての）パラダイムそれ自体は，「概念，理論，方法論，道具のワンセット」という，一貫性のある構造をもった明示的なテクストとして物語的に表現されなければならない。しかしパラダイムが物語の性質をもつということは，唯一の正しいパラダイムが存在するということはなく，複数のパラダイムが併存しうるということを意味する。物語は書き変えられ，変容するという性質をもつので，パラダイム・シフトとは，物語が非連続的に変容するプロセスを描写していると考えることが可能である。また，物語はテクストとしての明示的な側面とともに，必ずコンテクストとしての非明示的（暗黙知的）な側面をもっている。物語はテクスト・イン・コンテクストの構造をもっており，パラダイムが明示的な範例であると同時に，その分野での実践や研究そのものを背後から支え，意味づ

け，支配する暗黙知的な働きをもつということも，物語のもつ構造から説明することができる。

　もしもパラダイムを一つの物語と考えること（すなわち，物語論の視点からパラダイムを再定義すること）が許されるならば，"臨床事例研究"が新しい科学パラダイムとしての役割を果たすために必要なことは，その専門家集団によって共有され，その実践，研究，教育の指針として機能するような，「質の高い物語」を生成し，公表するということになるのではないだろうか。そして，その物語（あるいは複数の物語の束）は，"臨床事例研究"の概念，理論，方法論，具体的な道具が，明らかにされるような，明示的な側面（それは必然的に暗黙知的な側面を伴っているのであるが）を有していなければならないということになるだろう。そのような新しい"臨床事例研究というパラダイム"において，狭義の事例研究法は，その方法論の一つ，あるいは一つの道具として，その位置を与えられることになるだろう。

2. 質的研究の観点からみた事例研究

　ヒューマンケアあるいは臨床と呼ばれる領域は，もちろん物理学などの厳密科学がそのまま当てはまる領域でないことは確かである。人間が関わる活動領域において，「刻々と生起する現象を丁寧に観察し，適切な方法でデータを収集し，透明性の担保された方法でそれを分析し，そこから何らかの暫定的なパターンやモデルや理論といった知識を構築し，それが，次に観察される現象を説明し予測するかどうかを検証することを通じて，暫定的な個別の知から共通の知へと精緻化していくような漸進的，継続的な活動」を実践科学，あるいは科学的実践と呼ぶことは，適切であるように思われる。そのような意味からは，実践における科学的方法，あるいは実践科学における研究法が，統計学を用いた定量的方法や，科学技術によってもたらされた道具を用いる方法に限定されるという考えは，実情にあわないものであると言えるだろう。

　実践科学の分野における，量的研究法と質的研究法の対比については，第3章において改めて概説されるが，DenzinとLincoln（2000/2006）は，質的研究を「観察者を世界の中に位置づける状況依存的な活動である」（訳書，p.3）と端的に定義づけている。さらに彼らは「質的研究とは，学際的で学問

横断的な，そして，ときには抗学問的なフィールドである。それは人間学，社会科学，そして自然科学間を横断する。質的研究は同時に多方性をもつ。それゆえ多元的なパラダイム指向ともなる。質的研究の実践者はマルチメソッド・アプローチの価値にも敏感である。彼らは自然主義的パースペクティブと人間経験の解釈的理解に関与している。同時に質的研究のフィールドは元来，政治的であり，多様な倫理的政治的立場によって形成されている」と描写している（訳書，p.8）。

事例研究は，質的探求を行なうためのもっとも一般的な方法の一つであるが，それは必ずしも一つの独立した研究法を示唆しているわけではなく，むしろそれは，何が研究されるべきかという，対象の選択であると言える（Stake, 2000/2006）。もちろん，何をもって事例とするかには，非常に多様な定義のしかたがありうるだろう。心理臨床的な事例研究において，事例とは一人（または複数）のクライエントと考えられる場合もあるが，クライエントと治療者と周囲の環境を含む一つの相互交流システムであるとして境界づけられる方がより適切であると思われる。いずれにせよ，事例は必ず「固有性」をもっており，「境界のあるシステム」であると考えられる（Stake, 2000/2006）。

質的研究の観点から事例研究をみた場合，その事例の固有性 singularity の描写を重視するか，一般化可能性 generalizability を考慮するかという点からは幾多の議論がある。Stake はこのような観点から，質的研究としての事例研究を，①個性探求的な事例研究（研究者は終始一貫してある特殊な事例をより深く理解したいと思う），②手段的な事例研究（主としてある問題に関する洞察を示すために，あるいは一般化を導くために，特殊な事例が研究される），③集合的な事例研究（研究者が，ある特殊な事例について，その個性を探求するといった関心はほとんどなく，現象や母集団や一般的状況を研究するために多くの事例を研究する），の３つの類型に分けている。

上記のような分類は，確かに役にたつものではあるが，筆者の見解では，多くの心理臨床事例研究においては，むしろ個性探求的な指向性と一般化への指向性は，量的研究とは異なった独特の仕方で密接に絡み合っており，それぞれを分割して考えるよりは，両者の関係についての議論を深めることが重要であると考える。本書の第Ⅱ部において筆者は，8編の独立した事例研究を提示す

るが，このうち7編は個性記述的な単一事例研究である。しかし各々の研究において，個性記述的探求と一般化可能性の追求の双方が，それぞれ少しづつ異なった方法で目指されている。その二つの指向性を結ぶものは，量的研究で求められているような一般化可能性 generalizability ではなく，類似した状況において個別の人間（実践者，研究者，読者）によって応用される，転移可能性 transferability である。

　質的研究の視点からみた臨床事例研究の特徴について，重視しておかなければならない視点として，Miller と Crabtree（2000/2006）によって指摘されている「質的研究過程と臨床過程の類似性」がある。彼らは Stewart, M. らが提唱した関係中心型臨床方法モデル（RCCM）をとりあげ，このモデルで描写されている，探索，理解，共通基盤の発見，自己内省の4つの過程が，質的研究における収集，分析，解釈，再帰性と高い類似性をもっていることを指摘している。また筆者は，医療において頻用されている，問題志向システム Problem Oriented System：POS を例に挙げ，人間科学としての医学における臨床実践と質的研究の類似性を指摘し，池田（1990）の構造主義科学論や，西條の構造構成主義（2005）を援用することによって，丁寧な臨床実践そのものが，本来的な意味においての科学的営為として意味づけられることを指摘した（斎藤，2007）。

　質的研究の観点から見た事例研究は，物語 narrative と密接な関連を有している。特に心理臨床の現場における事例研究のデータは，クライエントの語りを主要なソースとしているし，その分析には通常，物語論的な手法が用いられる。さらに事例研究の著述そのものは，クライエントの経験の物語を基盤とした研究者による語り直しのヴァージョンとして理解することが可能である。物語は通常，科学的理論とは対立的なものとして理解されがちであるが，筆者は，理論とは物語の一つの特殊形であることを強調し，物語と科学の相補性を主張してきた（斎藤，2003）。次項では，多元的な科学パラダイムのひとつとしての物語科学について考察する。

3. 物語科学の観点からみた事例研究

　第4章でも触れるが，河合は，『心理療法序説』（1992）において，事例研

究の「物語」としての側面を強調し，以下のように述べている。「優秀な事例報告が，そのような個々の事実をこえて普遍的な意味をもつのは，それが〈物語〉として提供されており，その受け手の内部にあらたな物語を呼び起こす動機（ムーヴ）を伝えてくれるからなのである」（p.278）。「（心理療法を）人間の『科学』として主張するためには，事象を記載し，そこに何らかの『法則』を見出すことが望ましい。ただ，その際に，その事象に観察者の主観が組み込まれている，という困難な事情がある。このような主体の関与を前提とするとき，『物語る』ということが，もっとも適切な表現手段になると思われる」（pp.79-80）。ここでも，「主体を入れ込んだ世界」を把握し，記述し，分析するための方法論として，事例研究，質的研究，物語研究の3つの視点の間に，密接な関連があることが見て取れる。

　従来，物語的思考様式は科学的（パラダイム的）思考様式とは全く異なった思考様式として理解されることが多く（Bruner, 1986/1998），物語はしばしば科学とは対極的なものとして扱われてきた。しかし，医療におけるナラティブ・アプローチの理論化に尽力したグリーンハル（2006/2008）は，物語をむしろ科学的な研究伝統の一つとして位置づけている。

　グリーンハルは，物語を用いる研究アプローチとして，以下の，6種類の方法を分類している（pp.73-95）。

1. 物語面接 narrative interview
2. 自然主義的物語収集 naturalistic story-gathering
3. 談話分析 discourse analysis
4. 事例研究 case study
5. アクション・リサーチ action research
6. メタ物語的系統レビュー meta-narrative systematic review

　さらにグリーンハルは，物語を用いた研究が科学的研究として認められる条件として，以下のようなチェックリストを提案している（p.76）。

1）研究者は，明確で焦点づけられた研究疑問に答えるために，物語の収

集，解釈，照合，提示を行なっているか？
2) 研究者は明確な方法論的アプローチを用いているか？
3) その研究法は厳密に，かつ透明性を確保して行なわれているか？　サンプリングの枠組み，研究ツールの選択，データ収集法，分析法などについて詳しく検討されているか？
4) 研究者は，研究のプロセスと研究者の役割のすべての側面について，反省的な洞察を行なっているか？
5) 分析単位（たとえば個人，事件，対話，チーム，組織，患者の経過など）が明確にされているか？
6) 経験的に収集されたデータが，明確な理論的枠組みを用いた，有効で透明性のある方法によって分析されているか？　言い換えると，研究者は「物語自身に語らせる」という段階を超えて先に進んでいるか？

　グリーンハルは，物語研究法としての事例研究を，患者やクライエントといった個人を対象とするものに限定せず，むしろ，ある一つの社会システムを事例として想定し，「そのシステムにおける関係性とプロセスを描きだすために十分な詳細を明らかにし，ある特定の出来事がそのように展開するのはなぜかについての洞察を提供するもの」として説明している（p.86）。そして，組織改善活動という文脈における事例研究を，「研究者が一つの組織の改革の主導過程を詳細な物語の形式で記述すること」と定義している。分析の単位は，「特定の事例（組織あるいはその一部）」であり，分析的アプローチとしては「鍵となる出来事やプロセスの複雑でダイナミックな影響を明らかにするような分析」が用いられる。主要な研究方法としては，「複数の質的，量的な方法（面接，質問票，文書の分析など）」が用いられ，目標とされる研究成果は「出来事の背景としての〈その事例〉の詳細な描写，それに加えて，研究中に展開した特定の出来事の時間配列に沿った記述」であるとしている（p.75）。
　グリーンハルが定義した物語研究としての事例研究を，心理臨床領域の事例研究に応用する場合，まず重要なことは，心理治療における事例とは，患者またはクライエントという「治療の対象としての個人」とは限らないという認識であろう。心理治療における事例研究の対象とは，「治療者，クライエント，

両者の関係性，治療のプロセスなど」を包含する複雑な一つのシステム，あるいは動的な構造である。その動的なシステム全体が時間経過とともに辿ったプロセスからできるだけ多層的な「厚い in-depth データ」を収集し，描写し，分析することによって，何らかの有益な知見を導きだし提供することが事例研究の目的であると考えられる。事例研究における最終的なプロダクトは，物語研究の立場から言えば，研究者が執筆するあるいは語る「良質な物語」であるということになる。そして事例研究の厳密性を判定するための重要な基準は，研究者が反省的洞察を行っているかどうか，データからの推論において透明性を確保しているという証拠が示されているかどうかということになるだろう。

4. 知識科学の観点からみた事例研究

知識科学 knowledge science あるいは知識利用研究 knowledge-utilizing research と呼ばれる科学伝統は，領域としては学際的であり，主として経営学，情報コミュニケーション工学，社会学の領域において発展してきた。知識利用研究は「個人や集団がどのようにして知識を獲得し，構築し，統合し，応用しているかについての研究」(Greenhalgh, 2004) と定義されている。知識科学における有力なモデルとして，Nonaka ら (1995/1996) は，知識創造理論 knowledge-creating theory を提唱している。野中ら (2010) は知識 knowledge を「個人の信念が真実へと正当化されるダイナミックな社会的プロセス」と定義しており，知識は単なる情報とは区別され，その重要な側面として，主観性，関係性，審美性，実践性が強調されている。Polanyi (1966/1980) によれば，知識は暗黙知 tacit knowledge と形式知 formal knowledge の二つの次元をもっている。Nonaka ら (1995/1996) は，実践的共同体の中で知識創造が行われるプロセスとして形式知と暗黙知の相互作用を重視して，共同化（暗黙知→暗黙知），表出化（暗黙知→形式知），連結化（形式知→形式知）内面化（形式知→暗黙知）の4つのステップが循環する SECI モデルを提唱している。

野中ら (2010) は，さらに知識創造プロセスと事例研究，さらには物語との関連に言及し，知識創造理論における事例研究の重要性を以下のように主張している。「事例は，具体的な言葉を用いて物事の変化をつなぎ合わせ，過去からの流れを示す『物語（ナラティブ）』としての意味があり，関係性の変遷

を理解するうえで重要な役割を果たす。『なぜ』だけではなく『いかにして』というプロセスを知ることなしに知識を理解することはできないが，伝統的で科学的な手法ではプロセスの本質を把握することは難しいため，ケーススタディや先例，手本の研究を行なう。知識を継続的に創造している組織に関する調査には，それが最も適しているとわれわれは考える」(p.125)。

知識創造理論は主として企業などの経営の領域において発展してきた理論であるが，心理臨床やヒューマンケアの領域においても有効に適用できると筆者は考えている。実際のところ臨床現場とは，「定まった方法がない新たな取り組みにおいて，どのように異なる立場にいる人と協働していくのか（組織化），目的達成のための道筋をどう描くか（戦略策定），刻々と変化する複雑な状況下でどのように適切な判断をしていくか（意思決定）が重要な課題となる」ような実践（吉永・斎藤，2011）であり，これらの主題は「経営management」とぴったり重なる。たとえば，筆者らは，富山大学における発達障害大学生支援において，野中らの知識創造理論と物語理論を組み合わせたシステムを構築している（吉永・斎藤，2011）。実際のところ，発達障害大学生支援システムは，「支援対象集団（発達障害大学生）の把握とアクセス確保のための理論・方法論が未整備である」，「支援実践のためのリソースの確保のための方法論と手段が未整備である」という二つの"あいまいで未解決"な問題を抱えている。このような状況を前提として，現実の支援システムを構築，運営していくためには，「科学的妥当性をもつ十分に確立した計画を，正確かつ厳密に現場に応用していく」という，伝統的な応用科学モデルは役にたたない。筆者らは，このような問題を解消しつつ漸進的に有効なシステムを構築・運営するために，「知識経営 knowledge management」と「物語的アプローチ narrative approach」の二つの実践科学モデルを導入した。実際にこのシステムを構築・運営するにあたって，個々の支援対象学生と支援者の相互交流を一つの事例として境界設定する複数の研究は重要な役割を果たしている。同時に特定の大学における支援システムそのものをひとつの事例と考える組織事例研究 organizational case study もシステムの改善，発展に貢献している。

知識科学における研究は，必然的に研究者と複数の実践者が協働しつつ，対話と実践のサイクルを駆動し，新しい知識を創造し共有していくという，広い

意味でのアクション・リサーチの形態をとる。このようなダイナミックなアプローチは，心理臨床や医療における現場では特に有用であり，そのプロセスを駆動し，連結し，新しいものを生み出すツールとして，臨床事例研究は重要な役割を果たすと思われる。

IV. まとめ

再度，臨床における事例研究の有用性と科学性について，筆者の見解を列記すると以下のようになる。

1) そもそも科学の定義は多様であるが，『科学革命の構造』でクーンが提唱した理論的なアプローチ（パラダイム論）を採用するならば，通常科学とよばれるパラダイム（専門図式）は，概念的次元，理論的次元，方法論的次元，道具的次元をもつ一つのセットである。また複数のパラダイムとは，かなりの部分共約不可能性をもつ複数の物語の束（メタナラティブ）として理解できる。

2) 臨床研究において，統計疫学的な研究や科学技術的な道具を用いる研究のみが科学的研究であるという理解は，科学における道具的次元にのみ焦点をあてた，すでに時代遅れの考え方であると思われる。

3) 臨床事例研究は，それ自体がひとつのパラダイムの候補であるとともに，複数のパラダイムを横断する性質をもっており，複数の概念（定義および目的），理論的次元，方法論的次元，道具的次元の組み合わせとして表現しうると思われる。

4) 臨床研究というパラダイムにおいて，その概念的定義として，その研究が何を目的としているか，どのような社会的関心に基づいているかが重要である。ある実践の一般的な効果を証明することを目的とする研究（効果研究）と，実践の改善を目的とする研究（質的改善研究），さらに科学的真理そのものを探求する研究は，概念的に区別される別々の研究であるが，どれをより価値の高い研究とするかは，あくまでも研究者（あるいは研究集団）の関心との相関で決まり，その価値を一義的に決

めることは不適切である。
5) 臨床事例研究を下支えする科学理論の有力な候補として，物語科学と知識科学を挙げることができる。
6) 臨床事例研究の方法論として，質的研究法は重要であるが，質的研究自体が複数の理論的立場に支えられており，複数の方法論や道具の組み合わせの可能性を許容する。それゆえに，事例研究において量的なデータと質的なデータの双方を利用することには問題がない。
7) 臨床における研究を考える際に，臨床のプロセスそれ自体が質的研究のプロセスとの形式的類似性をもっていることは注目に値する。この類似性が，臨床研究としての事例研究の有効性の一つの理由であると思われる。
8) 臨床事例研究は，原則として自然主義的な観察・記述を基本とする研究であり。臨床現場に実験的統制を持ち込まないということは，患者／クライエントへの最善のケアの選択という臨床本来の目的と齟齬をきたす可能性を最小化できるという点で，倫理的である。
9) 臨床事例研究の研究範囲は，個別の患者やクライエントである場合もあれば，実践者との関係を含む動的システムであることもあり，さらに組織システムそのものである場合もある。複数のレベルが研究の範囲として規定されうる。
10) 臨床事例研究は，単なる一つの研究成果を得るための活動に限定されるものではなく，事例検討，事例研究，事例共有などの「場」をマネジメントすることを通じて，「個人および集団を巻き込む実践と対話のサイクルを通じて，より正統化されうる知識を創造していく，動的で漸進的なプロセス」として，すなわち，ひとつの社会的実践活動として定義しうる。

本章では，実践研究，臨床研究としての事例研究について，複数の科学論的観点から論じてきた。臨床事例研究がひとつの新しい科学パラダイムとして認められ得るかどうかについては，さらなる詳細な議論が必要であろう。この問題については，第2章以降，継続して論じていきたい。

文　献

American Psychological Association (2006) Evidence-based practice in psychology: APA presidential task force on evidence-based practice. American Psychologist, 61;271-285.

Bruner J (1986) Actual Minds Possible Worlds. Harvard University Press.　田中一彦訳 (1998) 可能世界の心理. みすず書房.

Chambless DL, Sanderson WC, Shoham V, Bennett Johnson S, Pope KS, Crits-Cristoph P, et al. (1996) An update on empirically validated therapies. Clinical Psychologist, 49;5-18.

Denzin NK, Lincoln YS (2000) Introduction-The diciplne and Practice of QualitativeReseach. *In* Denzin NK, Lincoln YS eds (2000) Handbook of Qualitative Research. Second Edition. Sage Publications. USA.　平山満義監訳 (2006) 序章：質的研究の学問と実践. 質的研究ハンドブック第2巻, 質的研究の設計と戦略. pp.1-28, 北大路書房.

Greenhalgh T (2006) How to Read a Paper: the Basics of Evidence-based Medicine, Third Edition. p.166, Blackwell Publishing, Oxford, UK.

Greenhalgh T, Robert G, Macfarlane F, et al. (2005) Storylines of research in diffusion of innovation: a meta-narrative approach to systematic review. Soc Sci Med. 61;417-430.

Greenhalgh T (2006) What seems to be the trouble?: Stories in illness and healthcare. Radcliffe Publishing Ltd, Oxford.　斎藤清二訳 (2008) グリーンハル教授の物語医療学講座. 三輪書店.

Kuhn TS (1962/1970) The Structure of Scientific Revolutions. University of Chicago Press. 中山茂訳 (1971) 科学革命の構造. みすず書房.

Miller WL, Crabtree B (2000) Clinical Research. *In* Denzin NK, Lincoln YS eds (2000) Handbook of Qualitative Research. Second Edition. Sage Publications. USA.　平山満義監訳 (2006) 臨床研究. 質的研究ハンドブック第2巻, 質的研究の設計と戦略. p.265-284, 北大路書房.

Nonaka I, Takeuchi T (1995) The Knowledge-Creating Company: How Japanese Companies Create the Dynamics of Inovation. Oxford University Press. New York.　野中郁次郎・竹内弘高著・梅本勝博訳 (1996) 知識創造企業. 東洋経済新報社.

Polanyi M (1966) The Tacit Dimension. Routledge & Kagan Paul, London.　佐藤敬三訳 (1980) 暗黙知の次元：言語から非言語へ. 紀伊国屋書店.

Sackett DL, Rosenberg WMC, Gray JAM, Haynes RB, Richardson WS (1996) Evidence based medicine: What it is and what it is'nt. BMJ, 312;71-72.

Schön DA (1983) The Reflective Practitioner-How Professional think in action. Basic Books, New York.　佐藤学・秋田喜代美訳 (2001) 専門家の知恵―反省的実践家は行為しながら考える. ゆみる出版.

Stake RE (2000) Case Studies. *In* Denzin NK, Lincoln YS eds (2000) Handbook of

Qualitative Research. Second Edition. Sage Publications. USA. 平山満義監訳（2006）事例研究. 質的研究ハンドブック第2巻, 質的研究の設計と戦略. pp.101-120, 北大路書房.
池田清彦（1990）構造主義科学論の冒険. 毎日新聞社.
河合隼雄（1992）心理療法序説. 岩波書店.
河合隼雄（2001）事例研究の意義. 臨床心理学, 1;4-9.
川喜田二郎（1967）発想法―創造性開発のために―. 中央公論社.
岸本寛史（2003）事例研究―全体の流れから，A. 事例研究とは. *In* 斎藤清二・岸本寛史：ナラティブ・ベイスト・メディスンの実践. pp.134-148, 金剛出版.
岸本寛史・斎藤清二（2006）新しい人間科学的研究法としての事例研究―ナラティブ・ベイスト・メディスンの視点から―. 心身医学, 46;789-797.
西條剛央（2005）構造構成主義とは何か―次世代人間科学の原理. 北大路書房.
中村雄二郎（1992）臨床の知とは何か. 岩波書店.
斎藤清二（2007）「客観的」ってなんだろう？―医療実践における主観と客観―. 看護学雑誌, 71(8);706-711.
斎藤清二（2003）ナラティブ・ベイスト・メディスンとは何か. *In* 斎藤清二・岸本寛史：ナラティブ・ベイスト・メディスンの実践. pp.13-36, 金剛出版.
野家啓一（1998/2008）パラダイムとは何か：クーンの科学誌革命. 講談社学術文庫.
野中郁次郎・遠山亮子・平田透（2010）流れを経営する：持続的イノベーション企業の動態理論. 東洋経済新報社.
吉永崇史・斎藤清二（2011）システム構築と運営のためのナレッジ・マネジメント. *In* 斎藤清二・西村優紀美・吉永崇史：発達障害大学生支援への挑戦―ナラティブ・アプローチとナレッジ・マネジメント. pp.68-108, 金剛出版.

第2章 「エビデンスに基づく実践」の ハイジャックとその救出

はじめに

　第1章において筆者は，臨床における事例研究の"自明の"価値が批判的に見直されるきっかけとして，「エビデンスに基づく実践」のムーブメントが大きな役割を果たしたことを論じた（9-11頁）。しかし同時に，特に臨床心理学領域における，「エビデンスに基づく実践」という概念の導入の過程は，ある種混乱と誤解・曲解の歴史であったと言っても過言ではない。本章では，臨床における事例研究理論再構築の前提として，この問題をとりあげ詳しく考察することを試みる。

　科学的根拠（エビデンス）に基づく医療 Evidence Based Medicine：EBM の概念が，医療／医学に登場してから，20年以上が過ぎた（Guyatt, 1991）。この間に「エビデンスに基づく〇〇」というコンセプトは，狭い意味での医療／医学の領域を越えて，幅広い実践／学術領域へと展開している。たとえば「エビデンスに基づく看護」「エビデンスに基づく精神医療」「エビデンスに基づく心理学」「エビデンスに基づく英語教育」などなど……数え上げればきりがない。もちろん領域が違えば，その理論や方法論も少しずつ異なってくるのは当然であるが，これらのムーブメントは例外なくEBMにその源流をもっている。一方で，このような幅広いムーブメントを一括する表現として「エビデンスに基づく実践 Evidence Based Practice：EBP」という言葉が用いられ

るようになってきた。EBPという言葉を用いると，「○○におけるエビデンスに基づく実践」という表現によって，幅広い領域における実践を包括的に論じることが可能になる。EBMそれ自体も，「医療におけるエビデンスに基づく実践：Evidence Based Practice in Medicine」として，複数の「エビデンスに基づく実践：EBPs」の一つとして概念化できる。

　こころの臨床の領域においても，「エビデンスに基づく実践」に対する関心は高く，本邦でも「エビデンスに基づく精神医療」についての優れた書籍が出版されているし（古川，2000；上島，2011），「エビデンスに基づく臨床心理学」についての言及も，2000年代から多くなってきた（丹野，2001/2008）。しかし筆者の印象では，こころの臨床の領域，とくに臨床心理学における「エビデンスに基づく実践」には，甚だしい概念的混乱や不一致があるように感じられ，なぜこのようなことが生じているのか疑問に感じてきた。

　本章では，医学・医療領域と臨床心理学領域における「エビデンスに基づく実践」の歴史的な変遷を対比的にたどることにより，なぜこのような混乱が生じてきたのかについて描写し，こころの臨床における「エビデンスに基づく実践」はどこに向かうべきかについて考察したい。

EBMに対する初期の誤解とその整理

　EBMは元来臨床疫学にその理論的基盤をもつが，その概念・理論・方法論をめぐり，初期には欧米の医療界においても誤解や混乱があり，それに基づく批判もあった。その混乱を整理するために，1996年にサケットらによって英国医師会雑誌（BMJ）に，「Evidence based medicine：What it is and what it isn't」と題された総説論文が掲載された。この論文において著者らは，EBMを「個々の患者へのケアについての臨床判断において，最新・最良のエビデンスを，誠実に，明示的に，思慮深く用いること（Evidence based medicine is the conscientious, explicit, and judicious use of current best evidence in making dicisions about the care of individual patients.）」と定義した。

　筆者の理解するところでは，この定義における重要なポイントは次の三点である。

① EBM とは個々の患者をケアする"実践"である
② EBM とは"臨床判断の過程"である
③ エビデンスとは臨床判断において"利用される情報"である

このように EBM の定義を確認することを通じて，当時さまざまに語られていた EBM への批判に対して，著者らは明確に反論している。その中で最も重要な論点は，「EBM とは cookbook medicine（マニュアルに盲従する医療）である」との批判への反論であった。著者らは「EBM は，最良の外部エビデンスと，個々の臨床技能，患者の意向を統合するボトムアップのアプローチを必要とするものであり，個々の患者のケアを盲従的な料理本 cookbook アプローチによって行なうことはできない」と主張し，「医療におけるトップダウンの料理本化を恐れる医師は，EBM がそれに対抗してともに戦っていることを見出すだろう」と述べている。

また「EBM が，医療コスト削減を目指す保険会社や製薬企業によってハイジャックされてしまうのではないか」という懸念に対しても，著者らは「EBM は患者の QOL に益する最も有効な介入を発見し採用することを目指すものである」という理由から，「医療コストの削減のために EBM を用いようとすることは誤った使い方であると同時に誤解をもたらすものである」と述べている。ここでは，特定の権威者や利益団体によってトップダウン的に一定の方針や治療が現場の実践者に強制されるという危惧に対して，EBM は明確に反対の立場をとるということが強調されている。

ここまで述べてきたような，EBM の概念・定義についての明確な主張は，サケットらが発行した教科書の第二版に引き継がれた（Sackett ら，2003）。同書では「EBM とは，臨床実践において，エビデンス，患者の意向，臨床技能の三者を統合することである」と明記されており，この定義は EBM の実践者に広く受け入れられている。この定義は米国医学研究所が公表したステートメントにも引用されており，2000 年代初期において，少なくとも医療／医学界においては，EBM の概念・定義についての混乱はほぼ終息したと考えられる。

臨床心理学における EBP のハイジャック？——米国での動向

1990年代初頭に EBM の概念が公表されてまもなく，米国心理学会 American Psychological Association：APA の臨床心理学部門（第12分科会）はこの概念をいち早く取り入れ，心理療法の科学化に乗り出した。

APA 第12分科会が最初に実行したことは，多数ある心理療法の中で，実証的研究によって有効と認められた治療法 Empirically Validated Treatments：EVTs を選別し，そのリストを作ることであった。EVTs はのちに，Empirically Supported Treatments：ESTs（実証的研究によって支持された治療法）という名称に変更される。

ESTs リスト作成は，米国における臨床心理学教育過程においてどのような治療技法が教育されるべきか，という疑問に答えることが第一の目的であるとされたが，同時に心理治療に対して支払いを行う保険会社および一般市民に対して，これらの治療技法についての知識を推進し，普及することを目的とすることが明言されていた（Task Force on Promotion and Dissemination of Psychological Procedures, 1995）。APA 第12分科会のタスクフォースは，1993年に ESTs の評価基準を公表するとともに，その暫定的なリスト（1995）を公表し，1998年まで継続的なアップデートを行った（Chambless ら，1996/1998）。

このような APA の方針の背景には，米国の臨床心理学が，科学者-実践家モデルを伝統的に志向しており，精神医学，メンタルヘルスケアの治療分野においてそれまで一般的であった「心理療法の効果は薬物療法の効果よりも劣っている」という先入観を，「科学的根拠によって覆す」必要があったということがある。また，保険診療の対象として心理療法を支払い側に認めさせる必要があったことも，強いモチベーションとなっていたと思われる。

ESTs は，①十分に確立された治療法と，②おそらく有益な治療，の二段階にランクづけされ，前者はよくデザインされた二つ以上の実証的研究によって効果が証明されていることが条件となっていた（Task Force on Promotion and Dissemination of Psychological Procedures, 1995）。また，ESTs として

認められる必要条件として，①治療法が明確にマニュアル化されていること，②治療対象が特定の診断をもつグループとして明確化されていること，の二項目が規定されていた。

　この規定によって，多様な心理的治療技法のうちでも，明確な診断基準とマニュアル化された介入法をもつものしか評価の対象にならないという限界が設定された。この結果，ESTs にリストアップされた治療法の大部分は，広義の認知行動療法（CBT）に関連した治療技法で占められることになった。ESTs として認められた心理療法の代表例を挙げると，うつ病性障害に対する認知療法および対人関係療法，パニック障害，神経性過食症，慢性疼痛，全般性不安障害に対する認知行動療法，強迫性障害に対する暴露反応妨害法などがある。

　現在から振り返ってみると，初期の ESTs の概念は，EBM の概念のうちのごく一部だけを取りだし，米国の医療システム・教育システムにおいて特定の心理治療法の価値を高めるという目的のために，EBM の理念を利用したと言われてもしかたのないものだった。ESTs の出発点は純粋に過去の研究論文であり，そこで行なわれているのはタスクフォースが独自に作成した評価基準に基づく治療法の価値づけと選別であった。その大きな目的は「実証的研究によって支持されていない治療法」を心理治療から排除することにあり，患者（クライエント）と治療者という個別の人間に対してはほとんど焦点が当てられていなかった。

　さらに ESTs の評価基準は，研究デザインの内的妥当性に関するものに限定されており，臨床的有用性 clinical effectiveness を保証していないという批判もかなり早い段階からわき起こった。このような批判に対して，ESTs マニュアルの改訂版においては「このマニュアルは実証された治療法をリストアップすることで臨床心理学における教育を促進するためのものであり，個々のクライエントに対してどの治療法を適用するかについての判断に用いることは誤用である」とさえ述べられている（Chambless ら，1996）。すなわち ESTs は，個々の治療における臨床判断に利用できる情報という，本来エビデンスに期待される要件において著しい限界を有していたのである。

本邦の臨床心理学におけるEBP理解の特徴

　本邦でも2000年代に入り，EBPの概念を臨床心理学領域に導入しようという動きが生じてきた。以下に，最も早い時期から本邦の臨床心理学へのEBPの導入に貢献した専門家の一人である丹野による解説（2008）を引用することによって，本邦におけるEBPへの理解について描写してみたい。丹野はEBPについて，「1990年頃から，欧米の医療現場ではエビデンス（実証的な証拠）に基づく実践が重視されるようになり，臨床心理学やカウンセリングにおいてもこの動きがさかんになった。エビデンスに基づく実践とは，最も広い意味では，治療者の経験と勘だけに頼るのではなく，効果が客観的に証明された治療技法を用いるという理念のことである」と述べている（丹野，2008）。ここで「医療現場ではエビデンス（実証的な証拠）に基づく実践が重視され」と述べられているのは，まさにEBMのムーブメントを指す。

　前述のように，サケットらのEBMの定義によれば，エビデンス（実証的な証拠）とは，「個々の患者へのケアにおける臨床判断（治療法の選択は臨床判断の一つである：筆者注）」において用いられる情報であって，「患者の治療に特定の治療技法を用いる」ことがEBMであるのではない。この相違は論理的には明確なものである。丹野のいう「エビデンスに基づく実践とは……効果が客観的に証明された治療技法を用いるという理念のことである」という説明は，少なくとも1996年の時点では，EBMにおけるコンセンサスとはくいちがっている。しかしおそらく2000年代前半までは，米国の心理学界においても，「ESTsのリストを作成し普及させることがEBPである」という理解が主流だった可能性はある。「効果が客観的に証明された治療技法」とは，おおむねAPAが定義したESTsの概念（あるいはその前身であるEVTsの概念）に合致するものである。

　ここで蛇足になるが，ESTsのEはevidenceではなくてempiricallyの頭文字であることにも注意しておきたい。empiricalという言葉は，日本の医療界においては通常「経験的な」と訳されることが多い。もしESTsを「経験的に支持された治療法」と訳したとすれば，「『科学的根拠に基づく実践』とは『単

なる経験に基づく方法』を排除することである」と理解（誤解？）していることの多い本邦の読者にとっては，まったく矛盾以外の何物でもなくなってしまう。

　ここでいう empirically supported とは，"単なる理論"に基づくのではなく「経験的に実証された（具体的には実験的研究によって"経験的に"証明された）」ことを意味する。それは「理論だけに基づいていて，いまだ経験的には実証されていない方法」を排除しようとするための概念である。科学哲学的には，「理論的」と「経験的」は対立概念であるが，これは医療の現場では誤解されやすい。通常には「科学的」という言葉は，むしろ「科学理論に基づいている」ということを連想させるからである。

　おそらく前記のような「日本語」の問題を考慮してのことと思われるが，本邦の臨床心理学での EBP においては，ESTs という用語について触れられることはほとんどなく，かわりに「エビデンスに基づく心理療法」「エビデンス・ベイスド心理療法」「エビデンス心理療法」等の言葉が用いられた。また類縁の概念として「エビデンス臨床心理学」「エビデンスに基づく臨床心理学」「エビデンスに基づくカウンセリング」といった言葉も用いられるようになった。しかし，これらの用語の正当性を担保するものとして引用されたものは，APA が定めた ESTs の評価基準とリストであった。丹野は以下のように述べている。

　　「代表的なのは，1993年にアメリカ心理学会がまとめた心理的治療のガイドラインである。ここでは，一定の基準に基づいて，『十分に確立された治療』18種と『おそらく効果がある治療』7種が選び出された。このリストはその後何回かアップデートされている。こうしたガイドラインに沿って，各クライエントごとに最適の治療技法が選択されれば，クライエントにとって最も望ましいことである」，「そもそもエビデンスに基づいて臨床活動を行うことは，臨床家の倫理のひとつである。治療効果が証明されない心理療法の技法を用いることは，倫理的に許されない」（丹野，2008）。

　このように，本邦においては，臨床心理学における EBP とは「ESTs を個々の患者の治療に用いること」であり，「ESTs 以外の治療法を排除するこ

とが倫理的である」ことが強く主張されていた。しかし前節で述べたように，すでにAPA第12分科会のタスクフォースは，「ESTsのリストは，個々のクライエントの治療における治療法の選択のために用いるものとして作られたものではない」と言明していたのである（Chamblessら，1996）。

さらに本邦の臨床心理学におけるEBPへの理解の特徴として重要なことは，「エビデンスに基づいた心理療法とは認知行動療法のことである」という主張が広くなされ，それはおそらく現在でも続いているということである。

APAが監修している *Advances in Psychotherapy Evidence-Based Practice* シリーズが現在日本でも翻訳刊行されているが，本邦では『エビデンス・ベイスド心理療法シリーズ』と命名されている。このシリーズの日本語版の監修者は「シリーズ刊行にあたって」と題した序文において，「この *Advances in Psychotherapy Evidence-Based Practice* シリーズは，昨年のサン・フランシスコの年次総会で見出した。エビデンスのある心理療法，すなわち認知行動療法の本である」と述べている（貝谷，2010）。ちなみにシリーズのうちの一冊の序文において原著者は「本書は，実証的知見に支持されたSAD（社交不安障害：筆者注）の心理的治療，すなわち認知行動療法（CBT：Cognitive Behavioural Therapy）の構成要素を紹介する」と記しており，ここではESTs（実証的知見に支持された治療法）の概念とEBPの概念は明らかに区別されている（貝谷，2010）。SADに対するCBTは多数あるESTsの一つであり，CBTと「エビデンスのある心理療法」が同義でないことは明らかである。

このように本邦の臨床心理学においては，「エビデンスに基づく実践（EBP）とは，実証的知見によって支持された特定の治療法（ESTs）を患者（クライエント）に用いることであり，それは認知行動療法（CBT）を行なうということと同義である」という二重の誤解が，現在も完全には払拭されていないように見受けられる。

それではなぜ，前記のような主張が誤解であると断言できるのだろうか？それはAPA自身が，2005年にそれまでの心理学におけるEBPにおける混乱を整理するコンセンサスを発表したからである。

EBPPとESTs ——米国心理学会によるコンセンサス

　APAが提唱したEBPは，初期においてはESTsとの概念的な区別が不十分であり，もともとのEBP概念の源流であるEBMの基本的概念との矛盾もしだいに明確になったため，種々の批判と議論が巻き起こった。APAはこの混乱を整理するために，2005年に *American Psychological Association Statement: Policy Statement On Evidence-Based Practice in Psychology*（EBPP）を公表し，2006年にEBPPガイドラインを公表した（APA, 2006）。この声明では，EBPPの定義は以下のように定められている。

　「心理学におけるエビデンスに基づく実践とは，患者の特徴，文化，意向という文脈において，入手可能な最良の研究成果を，臨床技能に統合することである（Evidence-based practice in psychology（EBPP）is the integration of the best available research with clinical expertise in the context of patient characteristics, culture, and preferences.）」。この定義は，サケットらが2000年に公表したEBMの定義（2003）とほぼ同じ内容を表しており，米国の医学研究所が公表した見解とも合致するものである。ここにおいて，EBPPとEBMの間にみられた概念の不一致は解消されることになった。EBPPガイドラインでは以下のようないくつかのポイントが強調されている（APA, 2006）。

① EBPPの操作的定義は「患者の特徴，文化，意向という文脈において，その時点で手に入る最良の研究成果を，臨床技能に統合すること」である。
② EBPPの目的は「実証的に支持された，心理学的評価の基準や，事例の定式化，治療的関係性，介入法を提供することによって，有効な心理学的実践を促進すること」である。
③ EBPPとESTsの概念は異なるものである。ESTsは治療法から出発し「その治療法がある集団に対して有効であるかどうか？」を問うものである。EBPPは患者から出発し「その患者において，特定の効果を得ることに役立つ最良のエビデンスとは何か？」と問うものである。

ESTsとは特定の心理治療法のことであり，EBPPは臨床判断のための方法である。

④心理治療法についてのメタアナリシスは，広く採用されている心理治療法のほとんど（CBT以外の多数の治療法をも含む：筆者注）が，広く採用されている医学的治療法と同等かそれを超える効果量があることを示している。すべての心理治療法がRCTの対象となっているわけではないが，このことはそれらの治療法が効果的であるという可能性を否定するものではない。

⑤実証的な研究法は，RCTに限定されるものではなく，その研究目的に応じて複数の研究法があり得る。EBPPの実践者は，各々の研究のタイプに応じた長所と限界を理解しなければならず，治療の方法，個々の治療者，治療関係，患者自身が治療に強い影響を与えることを理解しなければならない。

このようにして，少なくとも2006年の時点で，米国の心理学界においては，EBPPにおける概念的混乱がほぼ払拭され，EBMとの概念のずれも修正されたと考えられる。ここにおいて，臨床心理学領域でそれまで不当にハイジャックされていたEBPは無事救出され，解放されたということができるだろう。

解放のあとで──「こころの臨床」におけるEBPの役割と展望

ここまで述べてきたように，1990年代から続いていた心理学界におけるEBPをめぐる混乱は，少なくとも2000年代のなかばには解消され，EBPは「個々の患者（クライエント）のケアにおいて，最新・最良のエビデンスを適切に用いて臨床判断を行うことにより，患者（クライエント）の最大幸福を目指す実践」として「こころの臨床」の世界においても定着するはずであった。

しかし不思議なことに，本邦のこころの臨床の領域においては，「エビデンスに基づく実践」という言葉が明示的に語られることは近年減少してきているように思われる。このことは，こころの臨床におけるEBPがもはや役割を終えたということを意味しているかのようにもみえるが，筆者はそうは考えてい

ない。

　特定の薬物治療や心理治療の有効性を実証しようという強いモチベーションによって，欧米では膨大な数のRCTやメタアナリシスの研究が行われ，私たちは現在それらの知見についてのデータベースに容易にアクセスすることができる。その中には「期待を裏切るような結果」を示す報告もあり，「解釈に苦しむ」ようなデータもある。

　たとえば，出版バイアスを考慮することで，中等度までのうつ病に対しての最新の抗うつ薬の有効性を否定するようなメタアナリシスが報告されたり（Kirsch, 2008），児童・青年期の患者への抗うつ薬の投与が，自殺関連行動を明らかに増加させるというメタアナリシスの情報も得られている（Baldessarini, 2010）。また，多くの心理療法に関するRCTの結果においては，RCTがデザインできるような技法のほぼすべてが対象患者グループへの有効性を示し，異なった治療法間の差は見出されないという一般的傾向がますます明らかになっている。さらに，心理治療がRCTにおいて有効性を証明できるかどうかは，対照群の設定方法に強く依存しているということも明らかになっている。

　このようなエビデンスの蓄積から，こころの治療の領域における非特異的効果の重要性が，逆説的に証明されつつあるという指摘もある（原井，2011）。こういった「最新・最良のエビデンス」を「目の前の個々の患者への実践」に活かすためには，質の高い「実践知」が必要とされるが，その実践知がどのようなものであるかについての議論はおそらく十分ではない。とくに現在までの「経験的な常識」を覆すような実証的知見が得られた時に，いかにして誠実な態度でみずからの診療を変えていくことができるかということは難しい課題である。

　身体医学におけるEBMの歴史上の例を挙げるならば，心筋梗塞の急性期における抗不整脈薬の投与がむしろ死亡率を高めてしまうというエビデンスが得られた時に，臨床医はそれまで広く行われていた治療方針を放棄することをためらわなかった。こころの治療の領域で，個別の治療者と患者に焦点をあてたEBPが展開していくことの重要性は，ますます高まっていると考えられる。

文　献

Guyatt GH：Evidence-based medicine. ACPJ Club 114；A-16, 1991.
古川壽亮：エビデンス精神医療－EBPの基礎から臨床まで．医学書院，2000.
上島国利ほか編：EBM精神疾患の治療2011－2012．中外医学社，2011.
丹野義彦：エビデンス臨床心理学－認知行動理論の最前線．日本評論社，2001.
丹野義彦：エビデンス・ベイスド：evidence-based practice. *In* 松原達也ほか編：産業カウンセリング辞典．P.35, 金子書房，2008.
Sackett DL, Rosenberg WMC, Gray JAM et al：Evidence based medicine: what it is and what it isn't. BMJ, 312；71-72, 1996.
Sackett DLほか：Evidence-based medicine－EBMの実践と教育．エルゼビア・サイエンス，2003.（Sackett DL, Straus SE, Richardson WS et al：Evidence-based medicine: how to practice and teach EBM. 2nd ed. Churchill Livingstone, 2000.）
Task Force on Promotion and Dissemination of Psychological Procedures: training in and dissemination of empirically-validated psychological treatments: reports and recommendations. Clin Psychol, 48；3-23, 1995.
Chambless DL, Sanderson WC, Shoham V et al：An update on empirically validated therapies. Clin Psychol, 49；5-18, 1996.
Chambless DL, Baker MJ, Baucom DH et al：An update on empirically validated therapies II. Clin Psychol, 51；3-16, 1998.
貝谷久宣：監修者序文 エビデンス・ベイスド心理療法シリーズ刊行にあたって．*In* 貝谷久宣, 久保木富房, 丹野義彦監修：社交不安障害．pp.3-4, 金剛出版，2010.（Antony MM, Rowa K：Social Anxiety Disorder. Hogrefe & Huber Publishers, 2008.）
American Psychological Association：Evidence-based practice in psychology: APA presidential task force on evidence-based practice. Am Psychol, 61；271-285, 2006.
Kirsch I, Deacon BJ, Huedo-Medina TB et al：Initial severity and antidepressant benefits: a meta-analysis of data submitted to the Food and Drug Administration. PLoS Med, 5；e45, 2008.
Baldessarini RJ, Tondo L：Psychopharmacology for suicide prevention. *In* Pompili M, Tatarelli R (eds.)：Evidence-based practice in suicidology: a source book. Hogrefe Publishing, 2010.
原井宏明：うつ病にプラセボは有効か？　経過観察（watchful waiting）はよいか？」*In* 上島国利ほか編：EBM精神疾患の治療2011－2012．pp.108-114, 中外医学社，2011.

参考書籍

斎藤清二：医療におけるナラティブとエビデンス－対立から調和へ．遠見書房，2012.

第3章　質的研究と量的研究

　論理的に整合の取れた理論構造は，天才の頭脳の中で無限に作ることができます。しかし，その理論を自然が採用しているかどうかは，まったく別問題です。そのため，自然がどの理論を実際に採用しているのかを観察等で調べることは，理論構築と同じかそれ以上に重要な科学作業だと考えているのです（戸塚洋二，2009）。

　実践とは，各人が身を以てする決断と選択をとおして，隠された現実の諸相を引き出すことなのである。そのことによって，理論が現実からの挑戦を受けて鍛えられ，飛躍するのである。実践が理論の源泉であるというのは，そのような意味で考えられるべきなのである（中村雄二郎，1992）。

I. はじめに

　さまざまな対人援助領域において，実践と研究との関係に関する議論は多い。心理療法家のアイデンティティをもつ人であっても，実践者だからといって全く研究的視点をもたないことは許されないだろう。ましてや，近年の心理臨床の実践者は，その資格取得の前提として何らかの研究を行い，修士論文等の審査を受けることが通常であるため，臨床心理学あるいは心理臨床領域における研究とはどうあるべきかという議論も活発に行なわれている。しかし，純粋に学問のための研究，学者を育てるための研究ならともかく，日常の実践と密接な関係をもった研究とはどうあるべきかという問題には簡単な結論はないように思われる。

　本稿では，主として心理療法に関わる実践者にとっての研究について問題点を整理し，現時点における実践研究のありかたについての考察を行いた

い。臨床心理学領域における研究法には非常に幅広いものが含まれるが（下山，2003）それらの全体像の概観を得ることは本稿の目的ではない。あくまでも心理臨床，心理療法という実践との関連で研究というものを考えていきたい。

II. 実践研究，実践科学という考え方

　心理臨床とは，臨床心理学という学問の単なる臨床現場への応用ではない。そうではなくて，対人支援としての現場での臨床実践がまず先にある。実践の現場で刻々と体験される現象のシークエンスを注意深く観察し，記述し，データを収集して分析し，そのプロセスをより深く理解し，実践の改善に益するような新しい知を創出し集積し伝達する，このような一連のプロセスが実践研究のひとつの典型であると考えられる。しかし，ここで起こってくる素朴な疑問は，そういった活動は科学的な研究と言えるのだろうか？という問いである。

　過去 20 年ほどの間，医学・医療の世界においては，統計疫学的な研究こそが臨床研究であるという考え方が広く流布してきた。いわゆる科学的根拠（エビデンス）に基づく医療 Evidence Based Medicine：EBM というムーブメントである（Guyatt, 1991；Sackett ら, 1996）。この潮流は臨床心理学にも影響を与え，心理療法の分野においても，効果研究 outcome study こそが臨床における科学的研究であり，事例研究などの心理臨床における伝統的な研究方法は科学的研究とは言えないとする主張さえなされるようになった。しかし筆者は，実践研究は効果研究とは異なる種類の科学的研究であると考えている。本稿ではまず，実践領域における科学的研究とはなにかという問題についての議論から始めたいと思う。

　本論文の冒頭に掲げた文章は，日本を代表する実験物理学者で，ニュートリノ観測の業績でノーベル賞を確実視されていた戸塚洋二氏が，仏教学者である佐々木閑氏のエッセイに触発されて，自身のブログの中で語った「多世界宇宙論」へのコメントである（戸塚，2009）。ここには，科学の基本的な原則が明瞭に示されている。科学の営みとは，生活世界における現象体験を基盤とした，理論生成とその実証（私たちが生きている現象界での出来事と，その理論がどのくらい適合しているかの検証）のサイクルが作り出す，継続的で漸進的なプ

ロセスである．戸塚氏のコメントにおける「自然」の代わりに，「私が実践を行っているこの現場（ローカルなコンテクスト）」という言葉を代入してみると，これは心理臨床の実践にほぼそのままあてはまる．

　実際に私たちが生活し，実践活動を行っている現象世界において，理論は常に発展途上であり，最終的に真実が証明されるということはおそらくありえない．ここでは理論と仮説は同義である．そうすると，臨床の実践とは，現場で体験される現象から仮説を生成し，その仮説が次の実践体験に妥当するかどうかを吟味しながら検証し，その経験に基づいて仮説を改変し，さらに精緻化していくという連続的なプロセスということになる．つまりこれは，心理臨床の実践において，世界（あるコンテクスト）がどの理論を実際に採用しているのかを吟味しながら，理論をさらに改良していく作業であるとも言え，これはまさに科学的な営みの定義を満たしていると考えられる．そしてちょうど多次元宇宙の併存が論理的には許容されるように，科学における正しい理論は複数あってもかまわないということになる．言葉を換えれば，ある実践を説明し，予測し，改良するために必要な科学理論は一つであるとは限らず，複数の科学が併存することは論理的に許されるということでもある．

　物語と対話に基づく医療 Narrative Based Medicine：NBM の創始者であるグリーンハル Greenhalgh, T. は，クーン Kuhn, T.S. のパラダイム論を援用して，複雑な実践領域における科学研究文献の包括的レビューを行なうための新しい方法論を開発した（Greenhalgh, 2006）．クーンによれば，科学的研究とは，基本概念，単独あるいは複数の理論，合意されている方法論的アプローチ，採用されている道具のワンセットを必ず備えている．そしてどのような科学的知見も，ある特定の研究パラダイムの中で解釈されることによってのみ意味をもつ．言い換えればどのようなグループの研究者も，パラダイムと呼ばれる特定の「眼鏡のレンズ」を通して世界を見ている．あるパラダイムの中では当たり前のものとして解釈され共有されるものが，別のパラダイムにおいては，全く共有不能になってしまう．たとえば行動科学と呼ばれるひとつのパラダイムは，特有の定義，理論，方法論，道具をもっているし，臨床疫学というパラダイムにはまた別のセットがある．そしてこれが，別の科学パラダイムにシフトするならば，用いる方法論や道具が全く異なるばかりか，その拠って立つ理

論も，その概念（目的を含む）も異なるということになる。たとえば，精神分析やナラティブ・アプローチは，行動科学や臨床疫学とは全く異なった，定義，理論，方法論，道具のセットを採用している。重要なことは，そのようなアプローチが科学であると言えるかどうかは，採用されている道具（たとえば尺度調査や，MRIなどの電子機器を使っているかなど）によって決まるのでもなければ，特定の方法論（統計学的方法が採用されているかどうかなど）によって決まるのでもないということである。それらが科学であるかどうかは，「どのような科学パラダイムが，この研究において採用されているか」という疑問に対する，詳細な省察と説明によって明らかにされるのである。

III. 実践研究の目的

　それでは心理臨床という現場において，実践的な研究は何のために行なわれるのだろうか。研究の目的は，その研究者の研究関心，あるいは研究疑問とよばれるものと密接に結びついている。「研究というひとつの行動を通じて，あなたはいったいどのようなことを知りたいのか？」という問題意識は研究を企画し，実践するにあたって，最も重要なポイントであり，あなたの研究という活動のそもそもの前提となる。もちろん，臨床における実践研究の目的は多数ありうるし，本稿でそのすべてを網羅することはできない。しかしここで重要なことは，研究の目的と，研究に用いる理論，方法論，道具の間には，整合性がなければならないということである。逆に言えば，その研究が科学的妥当性をもつかどうかは，どのような方法論を採用したか，どのような道具を用いたかによって決まるのではなく，あくまでもその研究の目的と理論，方法論，道具のセットの間との整合性で決まるのである。

　ここでは，心理療法をめぐって実践研究を行おうとする時に採用される，大きな2つの研究目的を例示することによって，この問題について考えていきたい。

　仮にあなたが，摂食障害のクライエントに多数接している心理療法家であるとする。あなたの臨床疑問が，「神経性過食症の患者さんに，ある特定の心理療法を行うことは，何もしないかあるいは他の治療を行うよりも，より良い治

療効果（摂食行動の改善，社会的機能改善等）が得られるか？」というものだったとする。この臨床疑問についてエビデンスの二次資料集を検索すると，複数の無作為割付臨床試験（RCT）のシステマティックレビューにより，認知行動療法を含む複数の心理療法の有効性が証明されているという情報が手に入る。そうするとあなたは（もしあなたが認知行動療法の訓練を受けており，患者さんが了解するならば），目の前の患者さんに認知行動療法による治療を試みてみようという判断をすることになる。これが，通常のEBMのステップによる考え方であり，エビデンス情報の利用法である。

　次に，認知行動療法の専門家の立場から考えてみよう。彼はこの治療法が，他の方法よりも治療効果が優れているということを，他の専門家や一般の人びとに対して主張したいという希望をもっている。もし今までにそれについての実証的研究が行なわれていないならば，彼はその研究を自分で行なわなければならない。その研究はRCTによって行なわれるべきである。このような介入治療の効果を証明するためには，無作為割付による対照群との比較が必要で，対照群のない治療成績のみでは，この治療法の一般的有効性を主張できない。

　ここまでの例示において重要なことは，このように，「ある治療法が別の治療法よりも一般的に優れている」ということを，誰かに対して主張したい場合，それを主張するためには，RCTを代表例とする「効果研究 outcome research」を行なうことが必要だということである。そしてその結果が，データベースとして共有されれば，その研究成果は，複数の治療者が臨床判断に利用することが可能になる。また，その成果が臨床ガイドラインに取り入れられれば，それは，その領域における治療の標準化に一歩貢献したことになる。

　ところで，すでに認知行動療法には有効性があるという情報を知っている治療者は，次に何をしたいと考えるだろうか？　もちろん認知行動療法を行なったからといって，クライエントのすべてに有効なわけではない。また心理療法を施行することに伴って，いろいろな問題点や，患者にとって不都合な点も生じるかもしれない。そこで，この治療のプロセスにおける改良すべき点を明らかにし，この方法をさらにより良い治療法にしたいと思うのが，治療者（＝心理療法家）の自然な態度ではないだろうか。それでは，「ある心理療法が別の心理療法より優れているかどうかを知ること」ではなく，「その心理療法のプ

ロセスをより質の高いものに改善していくこと」が，その実践者／研究者の関心であるとしたら，そこで用いられる方法はどのようなものが適当なのだろうか。

　もし改善する点がすでに分かっているのであれば，「改良前の認知行動療法」と「改良後の認知行動療法」とでRCTを行うということをすぐに思いつく。しかしこの方法は極めて効率が悪い上に，そもそもどこを改善すべきか？という疑問に答えてくれるものではない。このような場合，ある方法をより良いものに改善するために最も有効な研究法は，「効果研究」ではなく，質的改善のための探索的研究であり，筆者はそのような目的の研究を「質的改善研究 quality improvement research」と呼ぶことを提案したい。重要なことは，質的改善研究は効果研究とは全く異なるパラダイムによって行なわれる研究であるということだ。

　質的改善研究の目的は，「すでに行なわれている，あるいは行なわれることになる実践」をより質の高いものにするための実践知 practical knowledge を創生，あるいは発見し，それをできる限り明示化して集積することである。いまだ効果があるかどうかが分かっていない介入法の効果を検証するための研究ではないし，自分の方法が他人の方法よりも優れているということを主張することを目的として行なう研究でもない。そうではなくて，その時点では最善と思われる心理療法のプロセスを丁寧に行ない，同時にデータを収集し，そのデータの分析を通じて，新しい実践に役立つ知を創生し，明示化し，伝達し，他者と共有することによって，その領域での実践知を豊かにするための研究である。本論文の冒頭に掲げた中村（1992）の言葉に従うならば，そのことによって，理論が現実からの挑戦を受けて鍛えられ，飛躍するのである。そう考えると，臨床現場での心理療法に関連した研究の大部分は，こういった質的改善研究であると言える。現在までの，臨床研究における混乱は，実践現場での研究は効果研究でなければならないという誤解による部分が大きいと思う。もちろん，効果研究は重要な臨床研究の一つである。しかしそれは，臨床研究のすべてではないし，質的改善研究とは全く目的の異なる研究なのである。

IV. 質的研究と量的研究

　質的改善のための探索的研究は，一般に質的研究 qualitative research と呼ばれる方法で行なわれる。質的研究は，量的研究 quantitative research と対比して説明されることが多い。質的研究と量的研究の特徴を，以下に簡略に対比的に述べる。

1. 数値 vs テクスト

　量的研究で扱われるデータは原則として数値であり，統計検定が可能な数量化された情報だけがデータとして扱われる。データ収集のためには，定量的なデータを採集するための，信頼性の確保された測定のための道具（測定装置や尺度など）が必要である。それに対して，質的研究においては，データの多くは数値化されないものであり，その代表的なものはテクスト（文章記述）である。データの収集法としては，研究者による参与観察 participating observation や面接 interview がその主なものである。

2. 実験研究 vs 参与観察研究

　量的研究は通常実験的な研究であり，統制群と対照群を設け，できる限り両群の間にばらつきを生じないような条件統制が行なわれる。RCT はその代表的なものである。それに対して質的な研究は，基本的には自然な環境において，現場で実際に生じてくる出来事や経験についての語りや観察記録を採取することを基本とする。心理臨床の現場において RCT を行うということは，臨床を現場とはしているが，あくまでも条件統制を加えた実験研究であるということは明確にしておかなければならない。比較される2つの介入法の優劣に関する評価がすでに定まっている場合，臨床場面において RCT を行なうことは，劣った介入法に割り振られた参加者が不利益を蒙ることから，倫理的に問題が生じる。RCT そのものは元来，研究の意図を十分に理解したボランティアを対象として行なわれるべきであり，当然インフォームド・コンセントが必須である。これに対して，質的研究では，目の前の患者に対して最善の結果が期待

できる方法をとりつつ，実際に現場で起こることについての情報を集めるということであるから，患者に害を与える可能性は少ない。もちろん研究参加者となることについてのインフォームド・コンセントは必要である。

3. 仮説検証 vs 仮説生成

量的研究はすでになんらかの仮説が存在しており（たとえばAという治療法はBという治療法より効果が優れている），それを検証するために研究をデザインし，データを集め，統計解析を行なうことによって仮説の検証を行うという研究である。RCTによる効果研究はその典型例である。それに対して質的研究では，多くの場合，仮説は事前には存在せず，研究データの収集を行いながら仮説を生成していく。このためには，データの解釈と分析が必要であり，そのためにいくつかの方法が確立されている。しかし，生成された仮説の妥当性をどう考えるかという点については，量的研究に比べるとあいまいな点があり，質的研究の評価基準についてはさまざまな議論がある。

4. 論理実証的パラダイム vs 解釈学的パラダイム

量的研究の基本となっている認識論は，実証主義 positivism であり，これは近代科学の認識論とほぼ同義である。それに対して，質的研究の依って立つパラダイムは，主観的現実，意味の解釈，価値観，個別性などを重視し，解釈学的パラダイムと呼ばれる。質的研究は，臨床現場において刻々と体験される「生きられた現象体験」を重視するとともに，その経験に人びと（患者や医療者）が付与している解釈と意味に焦点をあてる。質的研究それ自体は，実証主義とは異なったパラダイムに属する「一つの科学」であるということができる。

5. 質的研究における方法論の選択

質的研究の方法論には非常にたくさんのものがある。臨床心理学領域において用いられる方法論も複数あり，本稿においてそのすべてに触れることはできない。大きく分けると，得られたテクストデータに対して，コード化，カテゴリー化を行い，それらを連続比較することによって，最終的には何らかのスキーマを生成することを目的とするタイプの方法群と，テクストデータのある

程度のまとまりを重視し，シークエンスやストーリーという観点からの解釈をその分析法の中心とするタイプの方法群がある。前者の代表例としては，KJ法（川喜田，1967），グラウンデッド・セオリー・アプローチ（GTA）（木下，1999/2003；才木クレイグヒル，2006）などがあり，後者の代表例としては，ナラティブ分析（Greenhalgh, 2006）やライフストーリー研究（やまだ，2000），などがある。研究者自身の実践現場のコンテクストに応じて，どのような質的研究の方法論を選択するかという問題は，やはり研究の目的に相関して選択されるべきであると筆者は考えている。複数の質的な研究法を，研究者の関心に相関して選択することの正当性を担保する理論として，西條は構造構成的質的研究法を提唱している（西條，2007/2008）。質的研究法についての入門書，教科書は，近年本邦において多数出版されているので，読者はそれらを参照してほしい。

V. 質的研究としての事例研究

心理療法あるいは心理臨床の領域において，事例研究は最も重要な研究方法であるとされてきた。河合隼雄は『臨床心理学』誌の創刊号の巻頭論文において，「臨床心理学の研究においては，事例研究が極めて有用である。そのことは臨床心理の実際に従事している者にとっては自明に近いことである」と述べている（河合，2001）。しかし，事例研究がなぜ実践研究として有用であるかということは，必ずしも自明のことではない。筆者は臨床実践における事例研究法の意味について，すでに何度か論じてきた（斎藤，2008a，2008b）。事例研究の目的は必ずしも一つに明確化できるものではないが，ある特定の心理療法の実践を通じて詳細な質的データを収集し，その分析を通じて新しい実践知の創出と継承，あるいは共有を目指すことで臨床に貢献するものとして定式化できる。

近年，医学を初めとする臨床領域において事例研究の価値が低下したことの一因は，事例研究の目的があたかも効果研究であるかのように誤解されたことが大きいと思われる。しかし，ある特定の心理療法の治療例についての事例研究は，その心理療法の有効性を一般的に証明するため効果研究にはなりえない。

たとえ心理療法的介入の前後で何らかの客観的な効果指標を設定して評価したとしても，その効果がその心理療法自体によるものであるのか，それ以外の要因の影響であるのか，自然経過であるのかを判別することは不可能である。さらに一例だけの経験をすべての症例に一般化することは論理的にできず，統計検定による検証の素材としては，事例研究は最も不適切なものである。それを無理に主張しようとすれば，それは全く論理性を欠く，質の低い研究とみなされてしまうことになる。心理臨床領域における事例研究の多くは，効果研究ではなく質的改善研究であるということを明確に認識することは重要であると思われる。

次章（第4章）においては，本章で概観された臨床における研究法の見取り図をふまえて，質的研究としての事例研究の意味についてさらに論を深めていく。そのために，河合隼雄が提唱した事例研究理論の変遷について，より詳細にその歴史をたどるとともに，河合自身の遺した事例研究を素材とするメタ研究の試みを提示する。

文　献

Guyatt GH（1991）Evidence-based medicine. ACP Journal Club, 114：A‒16.
Greenhalgh T（2006）What Seems to Be the Trouble：Stories in Illness and Healthcare. Oxon UK：Radcliffe Publishing Ltd. 斎藤清二訳（2008）グリーンハル教授の物語医療学講座．三輪出版．
河合隼雄（2001）事例研究の意義．臨床心理学，1(1)；4‒9.
川喜田二郎（1967）発想法―創造性開発のために．中央公論社．
木下康仁（1999）グラウンデッド・セオリー・アプローチ―質的実証研究の再生．弘文堂．
木下康仁（2003）グラウンデッド・セオリー・アプローチの実践―質的研究への誘い．弘文堂．
Sackett DL et al（2000）Evidence-Based Medicine：How to Practice and Teach EBM, Second Edition. Churchill Livingstone Pub. エルゼビア・サイエンス編（2002）Evidence-Based Medicine―EBMの実践と教育．エルゼビア・サイエンス，東京．
才木クレイグヒル滋子（2006）グラウンデッド・セオリー・アプローチ―理論を生み出すまで．新曜社．
西條剛央（2007）ライブ講義・質的研究とは何か（SCQRMベーシック編）．新曜社．
西條剛央（2008）ライブ講義・質的研究とは何か（SCQRMアドバンス編）．新曜社．
斎藤清二（2008a）ナラティブ・ベイスト・メディスンと臨床知―青年期慢性疼痛事例にお

ける語りの変容過程，*In* やまだようこ編：質的心理学講座2――人生と病いの語り．東京大学出版会，pp.133-163.

斎藤清二（2008b）事例研究という質的研究の意義．臨床心理学，8(1);27-34.

下山晴彦（2003）臨床心理学研究の課題．*In* 下山晴彦編：よくわかる臨床心理学．pp.206-207．ミネルヴァ書房．

戸塚洋二（2009）がんと闘った科学者の記録．p.277．文藝春秋．

中村雄二郎（1992）臨床の知とは何か．p.71．岩波書店．

やまだようこ編（2000）人生を物語る．ミネルヴァ書房．

第4章　事例研究という質的研究の意義

「河合隼雄を『対象化』するだって！　何を馬鹿なことを言っているんだ。みんな一人一人が『俺が大将だ！』と思ってやればいいんだよ」（河合隼雄，2006年3月，私信）。

I. はじめに

　前章でも述べたように，河合隼雄は『臨床心理学』誌の創刊号の巻頭論文において，「臨床心理学の研究においては，事例研究が極めて重要である。そのことは臨床心理の実際に従事している者にとっては自明に近いことである」と述べている（河合，2001）。しかし，本邦の臨床心理学の創成期において，事例研究が臨床心理学の研究法として重要であるということは，必ずしも自明のことではなかった。近年，「臨床心理学における研究は事例研究に偏り過ぎている」という批判が，臨床以外の心理学の分野，あるいは臨床心理学の内部からも聞こえてくる。臨床心理学を志した時点ですでに事例研究の重要性が自明なものとして受け入れられていた世代の者にとって，その自明性から一度脱同一化し，事例研究の意味を再構築する努力をしない限り，このような批判や疑問に対して説得力をもって反論することは難しいだろう。すなわち，臨床心理学における事例研究の重要性を，ある程度対象化して捉えなおす必要があり，このことはとりもなおさず，本邦における臨床心理学の構築の中心的存在であり続けてきた河合によって，事例研究法の理論がどのように発展・展開してきたかを明らかにするメタ研究の必要性を示唆すると思われる。このような試みとしては，すでに山本（2001）による論考があるが，本稿では，屋上屋を

重ねる愚を避けつつ，河合によって公表された事例研究に関する代表的な論考，およびそれに関連した文献を検討することによって，河合の提唱した事例研究の理論的変遷を描写してみたい．

II. 河合による事例研究理論の展開

　1974年に，京都大学教育学部心理教育相談室の紀要として発行された『臨床心理事例研究1』には，非常に興味深い論争が掲載されている．それは，鈴木が報告した事例研究「神経症様状態にあった一女性の事例」（鈴木，1974）に対する，精神科医である藤縄のコメント（藤縄，1974），そして河合による「藤縄先生のコメントを読んで」と題する再コメント（河合，1974a）である．藤縄は，鈴木が報告した事例の鑑別診断について詳細なコメントを述べた上で，「6回の面接過程で知られたことを根拠に，あまりに仮定・憶測を重ねて解釈を加えられることには，わたしは賛成できません」と述べている．これに対して河合は，「治療者は患者の主観の世界へとかかわっていく．そのためには，自らの主観の世界も尊重しなければならず，両者のかかわりの中に生じた事象を，何らかのまとまりをもったものとして把握しなければならない．その把握したことを，自分なりの言葉で表現したものが，いわゆる〈憶測〉である．しかし，ここにそれが個別の世界の記述でありつつ，なおかつ普遍的なものにつながりをもつとき，それは憶測とは受け取られず，説得力のあるものとなるはずである」と反論している．この論争において河合が強調した，「個別の世界の記述でありつつ，なおかつ普遍的なものにつながりをもつ」ものは，この後の河合の事例研究理論の展開の中核的テーマとなった．

　河合は，『臨床心理事例研究3』において，「事例研究の意義と問題点――臨床心理学の立場から」と題する本格的な論考を公表した（河合，1976/1986）．その中で河合は，「自然科学とは何かを素朴に考えてみると，それはあくまでも客観的事実に基づいているものであり，それらの事実の観察によって帰納的に得た仮説を，事実に照らして検証するということになろう」と述べ，事例研究が科学論文として認められる条件を5つ提示しているが，河合自身は明らかにこの条件に満足してはいない．河合は「科学論文としての価値はあまりも

たないかもしれないが，教育・訓練の過程に必要なものとしての事例研究」が実際にありうることを強調し，その根拠として，「〈個〉をあくまでも追求してなされた内容が多くの他人に役立つのは，それが何らかの意味で〈普遍性〉をもつことを示すものであり，一体ここで〈個〉と〈普遍性〉の関係はどうなっているのかという疑問が生じてくる」と論を進める。そして，「実は事例研究の本質はここにかかっているとさえ考えられる」と強調し，この「個から普遍へ」の問題が，「臨床心理学の科学性の問題」をも包含するテーマであることを明らかにしている。

　河合の心理療法理論構築の一つの結節点である『心理療法序説』(1992) において，河合は「心理療法の科学性」と「事例研究の意義」について，コアとなる理論を提示している。それは，哲学者中村雄二郎の提唱した「臨床の知」(1992) モデルである。河合は，「心理療法は従来の〈科学〉とは異なるものである。臨床の知を築く上で極めて重要なことは，主体者の体験の重視であり，その〈知〉は内的体験を含めたものなのである」(p.277) と述べている。

　さらに同書において河合は，事例研究のもうひとつの重要な側面に触れている。それは，事例報告の「物語」としての側面である。「優秀な事例報告が，そのような個々の事実をこえて，普遍的な意味をもつのは，それが〈物語〉として提供されており，その受手の内部にあらたな物語を呼び起こす動機（ムーヴ）を伝えてくれるからなのである」(p.278)。また河合は，心理療法の科学性について，「（心理療法を）人間の〈科学〉として主張するためには，事象を記載し，そこに何らかの〈法則〉を見出すことが望ましい。ただ，その際に，その事象に観察者の主観が組み込まれている，という困難な事情がある。このような主体の関与を前提とするとき，〈物語る〉ということが，もっとも適切な表現手段になると思われる」(pp.79-80) と述べている。ここで河合は，心理療法（臨床心理学）を「科学に対立するもの」と見るのではなく，むしろ「人間の科学」として，「近代科学とは異なる科学」として定義しようとしている。そのための有力なモデルとして，「臨床の知」モデルと「物語論」が採用されていると考えられる。

　2001年の「事例研究の意義」（河合，2001）においては，「臨床の知」のモデルが，臨床心理学における事例研究の基礎づけとして，ほぼ自明のこととし

て解説されている。そしてこの論文においては,「事例研究とは科学でありうるのか?」という疑問はほとんど強調されておらず, むしろ, 人間の行なうさまざまな営み, 特に科学, 宗教, 芸術(アート)との関連の中で, 事例研究の意義が考察されている。さらに,「心理療法における事例研究の意義を考える際に, 科学や宗教について考えるよりは, 芸術における作品との類比を考える方が実際的であると思う」とさえ述べている。

「普遍性を追求する方法としての科学」という問題については,「近代科学の普遍性は, 研究者の主観と無関係に現象を研究するという方法によって得たものであり, これを没主観的普遍性と呼んでおこう」として, 事例研究において重要性をもつ普遍性を「間主観的普遍性」と呼び, これは「人間の主観と主観のからみ合いを通じてのみ感じ取られるものであるだけに, 主観を通じてしか表現できず, したがって没主観的普遍性のようには直接には表現できないものである」としている。

ここで河合は, 事例研究の目的を,「個々の事例の詳細な記述から間主観的普遍性にいたること」であると結論している。そして, この「間主観的普遍性」は, 事例が「語られること」から「浮かび上がる」ものであり, それ自体は言語的に明示することは困難であるとされている。さらに河合は,「旧来の〈学問〉や〈科学〉にとらわれず, 新しい知の在り方を求める努力の一環として事例研究があることをよくわきまえ, その意義を考えつつその発展につくすべきである」と結論している。

III. 河合の事例研究理論と現代の科学モデル

ここまで, 河合が公表してきた文献群を通じて, 河合自身の事例研究理論の展開について描写してきた。筆者なりに, 近年の臨床領域における科学論的発展からの考察を付け加えて以下に述べてみたい。

事例研究の科学的研究としての意義は, 近代科学の範囲には収まらない。事例研究の科学性は, 近代科学を超えた科学論を必要とする。河合は, 出発点としての科学を「事実の観察によって帰納的に得た仮説を, 事実に照らして検証する」(河合, 1976/1986)と述べているが, 実は河合の理論展開において

この科学論の構造そのものはほとんど変化していない。変化していったのは，「事実とは何か？」の方である。近代科学（自然科学）は，事実とは「客観的に実在するもの」であるという実在論をその前提にしている。しかし，河合が一貫して扱ってきた「事実」とは，むしろ「主観的な経験」である。この「主観的経験」とは，当然のことながら，「〈客観的な事実であるとして〉主観が経験すること」をも含んでいる。したがって，通常体験される「主観」と「客観」を両方とも扱える科学こそが事例研究にふさわしい科学であるということになる。もしもこの「主観とも客観とも分類できない経験」を「現象」と呼ぶならば，主観をも扱える科学とは「現象を経験することから生成される仮説を，新たな現象の経験に照らして検証することにより，精緻化するプロセス」ということになる。たとえば河合の心理療法は，クライエントが報告する夢を重視するが，この「夢の体験」は，通常の意味で言う「客観的事実」からは最も遠いものである。しかしそれが「語られる」時に，その「夢の経験の語り」そのものは，一つの現象として疑うことができない。したがって，「夢の体験の語り」でさえも扱いうるような科学論があるとすれば，それは，全ての事例研究の科学的な意味を保証するものとなるだろう。

　それでは，そのような科学論が現代においてありうるのだろうか？　一つの可能性として，グリーンハル Greenhalgh, T. らが提唱するメタナラティブ・マッピング（Greenhalgh ら，2005）の考え方が参考になると思われる。グリーンハルは，「改革の普及 diffusion of innovation についての系統的レビューを作成する」という目的で研究を開始した時，著しい困難に陥った。もちろん系統的レビューの作成という方法論は，実証科学的研究法として広く認められている。しかし，改革の普及に関する研究は，実は異なったパラダイム（定義，理論，方法，道具のワンセット）による科学的研究の複合体であり，単一の科学パラダイムによってレビューを作成することはできない。そこで研究チームがとった方法論は，異なった科学パラダイムの研究伝統によるそれぞれの信頼できる一次研究をできるだけ収集し，それらの研究伝統を時系列的に整理し，各々の科学パラダイムをメタナラティブ（時間の流れにそって，その研究伝統の，始まり，展開，終結の流れをストーリーラインとして描き出すこと）として記述することであった。研究チームは，495 の一次文献資料を用い

て，最終的に13の科学パラダイムのストーリーラインを描き出すことに成功した（Greenhalghら，2005）。その中で特に注目されるものは，知識利用研究 knowledge-utilization research と物語研究 narrative research である。

知識利用研究は，「個人や集団がどのようにして知識を獲得し，構築し，統合し，応用しているかについての研究」と定義される。ここで言う知識 knowledge とは，明示知（形式化されガイドラインのようにコード化されている）と暗黙知（形式化されず「実践のコツ」として具体化される）の双方を含んでいる。特に暗黙知と明示知の循環的な生成のサイクルを重視し，そのサイクルの大部分は暗黙知の次元において進行するとした，野中のモデル（Nonaka, 1994）は，臨床の知を重視する心理療法の事例研究と強い親和性をもっている。

物語研究は，臨床心理学における事例研究の文脈では，「心理療法において語られる物語を研究すること」として定義されるだろう。物語研究は，心理療法において，語ること，語りなおすこと，そしてそれらが「語りの主体としてのクライエントの変容」にどのような影響を及ぼすか，に焦点をあてることになるだろう。

このように考えると，河合が展開した事例研究理論の到達点は，現代のメタレベルの科学論が提示している視野の中にぴったりと納まるということが分かる。合理的，論理実証主義的な科学研究の伝統は，多数ある科学伝統のひとつに過ぎない。それ自体の価値が失われたわけでは全くないが，「自然科学の知」は「科学」という名称を排他的に独占することはもはやできず，「複数の科学的な知」のうちのひとつに過ぎないのである。

IV. 河合自身による事例研究の質的分析

河合は『臨床心理事例研究1』（1974）において，「夢分析による学校恐怖症高校生の治療例」と題する事例研究を公表しており，この論文は後に『心理療法論考』（1986）に収録された（河合，1974b/1986）。河合はその論考や著書において，しばしば自らの事例の一部を例示しているが，事例研究としての一貫した形式と内容を備え，一般向けに公表されているものは少ない。その意味

でこの事例研究は，一次資料として重要なものである。

　以下にこの論文について，筆者なりのテクスト分析を行い，特に河合が後に展開する事例研究理論との関連に焦点を当てて考察してみたい。本稿の制限枚数によって，その全てを述べることはできないので，ごく一部の内容に焦点を絞った考察を行なう。

　この論文の第3章，「治療過程」には，全10回の面接において報告された19の夢と連想が全て記載されている。面接場面でのクライエントの発言，それについての治療者の感想や解釈などが，必ずしも区別されることなく自由に述べられている。ここでは，データ（結果）と解釈（考察）が混在している。このような記述形式は，通常の科学論文では珍しいが，近年報告される，データに密着した解釈と意味の生成をその本体とする質的研究としては，むしろ一般的な形式である（木下，2003）。以下に，第3章の「治療過程」における河合の記述を，著者（河合）によるひとつの「語り」と考え，特に著者がどのような「視点」と「枠組み」から語っているのかに注目して考察してみたい。

　最初に気づくのは，河合の語りには「私」という主語が一切でてこないということである。もちろん，科学論文においては，「私は○○だと考える」という記述はあまり用いられず，「○○だと報告されている」などの受動態が多用されることが一般的である。しかし，本論文の河合の語りにおける主語省略は，それとは異なった印象を与える。第1回面接の冒頭で，河合は以下のように書き始めている。

　　一人で来談。よい体格である。上述したような経過を簡単に述べ，「自分でも全然わけがわからない」と沈んだ様子。次に家族のことも少し述べるが，父親についてはあまり真実を知らされていないらしく，父は生まれたときからいないし，別に会いたいとも思わないと述べた。

これはもちろんクライエントの描写なのであるが，ここでは，「クライエントは」とか「事例は」という主語を一切用いていない。そして次の文章に続く。

そのうえ，問題が深いので本人もまったく意識化することが困難であり，これが立ち直る最後のチャンスという感じも見受けられたので，夢分析をすることを決意し，説明する。

この文章では，前半は「クライエント」が主語のように見えるが，同じ文の後半では，主語を補うとすれば，「治療者は」あるいは「私は」が主語となるべき文章に変化している。哲学者である永井（2006）は「国境の長いトンネルを抜けると雪国であった」という，川端康成の『雪国』の冒頭部分を例にあげて，「もし強いて〈私〉という語を使うなら，国境の長いトンネルを抜けると雪国であったという，そのことそれ自体が〈私〉なのである……これは主体と客体が分かれる以前の〈純粋経験〉の描写である」と説明している。

もちろん，河合の語りが全て「〈純粋経験〉の描写である」，などと言うつもりはない。しかし，少なくとも河合の記述では，「私は」「筆者は」「クライエントは」「文献では」といった，「視点」の明示が最小限しか行なわれておらず，しかしそれだからこそ，語り手の視点が固定されることなく自由に移動しているかのように感じられる。これは特に夢の解釈の部分において著しく，治療の中盤から夢のシリーズが劇的に展開していくにつれて顕著になっていく。

　　この連想のとき，友人のところから「逃げ出したい」といったことから，夢の中で陰謀団から逃げ出そうとしていることに気づき，これは自分にとっては陰謀団と思っているが，実は自分を学校に連れて行こうとしてくれている友人たちではないか。そうすると，自分をかくまってくれた女は良い女か悪い女か分からないと述べる。そして，自分の母親は自分の小さいときから，悪いことをしないように，あるいは，悪者におそわれぬようにかくまってくれていたが，それがかえって災いして，自分は自立的になることができず，登校もできなくなっていたのだと気づくのである。

この記述では，最初の方はいったい誰の視点から語られているのかが分からない。あるいは，著者の視点とクライエントの視点が混ざり合ってしまっているとさえ言える。ここでは，主が客になり客が主になる融合体験が起こっているのではないかとさえ思われる。この論文における記述は，おそらく河合が心

理療法を行なうごとに記載した面接記録に基づいて行なわれていると想像されるので，そのような主客融合体験が，セッションの現場においても生じているのだと思われる。さらに，この論文記述を読む読者にも，この主客融合の雰囲気は暗黙知的に伝わるだろう。しかし河合の記述はその混沌にとどまらない。そこからさらに視点を転換し，より客観的な記述と結びつけることを通じて，混沌の中に秩序を築きあげていくのである。

> この夢によってクライエントは洞察を得たが，そのような観点からすれば，この夢のなかの未知の女友達の動きが非常に興味深い……なおクライエントは自分を「かくまってくれる女性」のイメージから，母性の negative な面に気づいたが，また逆に，このような「かくまってくれる女性」としての母への回帰が，クライエントの自立の前に必要であったとも考えられる（この点については Henderson（1967）を参照）。

ここでは，「クライエントは」という主語を導入することによって，主客の分離が試みられ，続く「非常に興味深い」の主語は明らかに「治療者＝私」であることから，治療者＝語り手の視点においても主客に区切りを入れることが試みられている。さらに，客観的な外部情報である文献引用を加えることによって，語られる主題は完全に対象化され，秩序を取り戻している。このような視点の転換が，比較的短い文章の中で連続的に行われることが，河合の語りの形式の特徴をなしているように思われる。

ところで，この「視点の転換」のテーマは，クライエントの夢のシリーズの内容にも現れている。河合が初回夢 initial dream であると解釈した夢2において，劇的な夢がテレビのスイッチを変えた感じで「日本シリーズで巨人と阪急が戦うところ」という体験に変わってしまったことについて，河合は以下のようにコメントしている。

> しかし，彼の自我は夢のなかでも，そのような変化には耐えがたかったのであろう。場面をテレビの画像と化して，自我との間に距経をとり，スイッチの切り替えという姑息な手段によって，この苦しみを逃れようとする（傍点は引用者）。

上記の記述はこの論文の読者に対して，少し違和感を与える。河合の夢解釈は，一般的に，夢内容に対して単純な価値判断（良い，悪い）をしないところに特徴がある。にもかかわらず，このスイッチの切り替え（距離をとること）を「姑息な手段」と断定する表現は，河合の語りの中では異質である。同様の表現はその後も何度か経過の描写や夢の解釈の中に現れる。河合の解釈の根底には，「距離をとる＝傍観的態度をとる」ことは，病的で姑息な態度であり，それは変化しなければならない，という一貫した価値判断が存在するようにさえ見える。その結果，傍観者的態度を捨てて，行動的にコミットすることが，「望ましいこと」として期待されているように見える。そして夢においても現実においても，それが生じるのである。

> 夢15においても，例のごとくテレビを見るという傍観者の立場に身をおいていると，何事かがおこり，はね起きるほどのことが生じている。これらは，今まで別々に，少しずつ変化しながら生じてきた，劇的な追いかけられるテーマ，学校での日常的なテーマ，何かを見ているというテーマが交じり合ってきて，統合されていくような動きが生じているのではないかと思われる。

　しかし，このような，「傍観的な立場」が壊れ，「クライエントが心の深い層との接触を回復」することは，自立へのエネルギーを回復することでもあるが，それは同時に行動化の危険にも通じるものである。実際に河合は，夢のイメージと現実の行動を結びつけて，以下のように考察している。

> 夢17も，クライエントにとって大きい意味を感じさせるものであった。それはタックルして他人のもっているボールを奪うという，今までにしたことのない行為をなしているからである……空高くはずんだボールは，彼の心のはずみを表しているが，この行為事態（引用者註：自体の間違いか？）は少し非難されるべきことである。事実，クライエントは実際に少しacting out的な行動をしていたのである……この程度の行為は，クライエントがその攻撃性を統合していくためには必要なことと思われるが，大事にいたらなくてよかったと思った。

　上記の河合の記述の最後の部分は，これまでの記述とは異なった印象を受ける。「大事にいたらなくてよかったと思った」のは，あきらかに「個人として

の河合」であり，それは傍観者（あるいは解釈する研究者）の視点から述べられたものではない。この「傍観者」の問題は，クライエントの問題であると同時に，治療者の問題でもあり，さらにそれを超えて，「心理治療者とクライエントの関係において，観照的な視点とコミットする視点をどのように両立するか」という普遍的な問題に関連していると考えられる。

最終回の第10回に報告された夢について，河合は，いくつかの解釈しきれない点について率直に述べている。夢19の後半部分，「……みんな坐って食べることに抵抗を感じて，部屋の中を歩きまわって，窓を開けて外の景色を見ていた。海があってきれいだった。手前には港や工場があり，大阪か神戸のような感じだった」について，河合は以下のように述べている。

> ……紅茶とケーキを共に食べることができなかったのは，クライエントの心のなかにある「抵抗」を表しているものと思われる。最後に大阪か神戸のような感じがした点に関しては，明確な解釈をすることができなかった。

上記の「明確な解釈をすることができなかった」という記述は重要である。なぜならば，研究論文を執筆する時に，「解釈できた部分」のみを記載し，「解釈できなかった部分」は省略することができるし，そうすることがむしろ普通だからである。しかし，「解釈できなかった」ところの周辺にこそ重要なポイントが隠されている可能性が高い。

上記の夢の記載と解釈を比較してみると，夢の記述にある「部屋の中を歩き回って，窓を開けて外の景色を見ていた。海があってきれいだった」の部分について，何の解釈も記載されていないことに気づく。もちろん，論文には制限枚数があり，夢の記述の全ての解釈が記載できるわけではないから，そこで必ず「選択」が必要となる。その選択は意識的になされる場合もあるが，その時点では言語化できない「無意識＝潜在意識レベル」の要因によることもありうる。そして，河合の拠って立つ「深層心理学」を認識論とする限り，分析の焦点はこのような「潜在意識レベルでの選択（あるいは選択しないこと）」にこそ当てられなければならない。

そうすると，この論文において，河合が一貫して注目してきた，「夢の中で，

テレビや映画を見る」ことによって示されている「クライエントの傍観的立場」と，この「窓を開けて外の景色を見る」というクライエントの夢の中での行動の関係に注目する必要がある。ここには，明らかに窓枠＝フレイムの変容がある。テレビや映画という枠を通じてみる光景と，窓を開けて（しかしあくまでも窓の枠を通して）見る海岸の光景とは，経験のレベルが異なっている。クライエントは，単に窓枠を移動させたのではなく，窓枠のレベル自体を変容させた re-framing と考えられる。この変容の過程を河合はこの論文において言語化できなかった（あるいはあえて言語化しなかった）ということが，ここまでの記述から読み取れる。

　なぜこのようなことが起こったのかについては，筆者の個人的な想像の域をでないが，以下にできる限り言語化してみたい。この論文記述のテクスト分析によって明らかになったように，夢の解釈を記述する時の河合の視点は，自由自在に異なったレベルを移動している。これを別の形で表現するならば，河合は常に参照枠（フレイム）を自由に変えながら，夢の解釈とその記述を行っていると言える。このことは，おそらく河合の心理療法の現場における河合自身の在り方そのものの反映なのではないだろうか。しかし，もしもこの「フレイムを自在に移動させる」という在り方が，意識的なものではなく，文字どおり「身についた」ものであったとしたら，それを言語化することは非常に難しいだろう。これは「実践の知＝暗黙知」そのものだからである。しかし，事例研究を記述することの目的が，読者に「実践知を駆動するムーヴ（動機）を伝える」こと（河合，2001）であるならば，河合にはこの「自分自身によっても言語化できない知」を伝える工夫が必要とされるということになる。それがぎりぎり実現されているのが，この事例研究なのではないだろうか。河合は自らの実践知を「フレイムの自在な変容」というような概念として言語化（形式知化）するのではなく，実践とその解釈（解釈自体も実践の重要な要素である）を率直かつ詳細に語り（記述する）ことによって，むしろそれでも語りえなかったことを通じて，暗黙知と形式知のサイクルに乗せることに成功しているのではないだろうか。

V. おわりに

河合は自身の事例研究の「おわりに」において，以下のようにまとめている．

> 夢の全継列を眺めると，夢2, 5, 9, 16で示される，クライエントのアニマ像の発展に結びつく重要なテーマをもった流れに対して，学校や仲間たちとの日常的な関係を示す継列，クライエントの傍観的立場を示す継列が適当に配されていて，いわば音楽におけるロンド形式のような発展過程を示していることは，非常に興味深いことである．人格の発展過程において，日常と非日常，外界と内界，などの相対立するものの統合を行なうことが必要であることを考えると，このようなロンド形式の発展過程は真に当を得たものと考えられる．

河合の事例研究を一つの質的研究と考えるならば，第3章までの事例についてのデータと解釈を経て，何らかの仮説が生成され，その仮説はコアカテゴリー，カテゴリー間の関係を示すスキーマ，あるいはそれをストーリーラインとして記述したものとして提示されることになる（木下，2003）．

そういう意味では，ここで河合が提示した「仮説」は「心理治療のプロセスは音楽におけるロンド形式のような発展過程である」ということになる．非常に興味深いことは，これは河合が約四半世紀後に到達した，「心理療法における事例研究の意義を考える際に，科学や宗教について考えるよりは，芸術における作品との類比を考える方が実際的であると思う」という記述（河合，2001）と重なるということである．すなわち，1974年に事例研究として，隠喩あるいは物語として部分的に形式知化された「臨床の知」は，その後の長い期間の理論的精緻化を経て，新たな形で明示されるに至ったと言えるのではないだろうか．しかも，この「音楽におけるロンド形式のような」という表現は，完全に言語化（概念化）されれば失われてしまう「間主観的普遍性」を極めてうまく表現している．なぜならば，「ロンド形式の音楽」は，我々が実際に体感できるものだからである．そしてその音楽はひとつの作品に限定されるわけではなく，それらの作品を聴く（あるいは演奏する）体験は一人ひとり異なっている．しかし，そこにはおそらく，ある種の共通の普遍的な感覚が再現され，

かつそれは（ある程度）伝達・共有が可能である。

このようにして，河合が追求してきた事例研究理論は，すでに河合の事例研究そのものの中に先取りされる形で具現化されていたということを，今我々は見出すことができるのである。

文　献

藤縄昭（1974）鈴木論文に対するコメント．臨床心理事例研究（京都大学教育学部心理教育相談室紀要），1;101-102．

Greenhalgh T, Robert G, Macfarlane F, et al.（2005）Storylines of research in diffusion of innovation：A meta-narrative approach to systematic review. Soc Sci Med, 61;417-430.

河合隼雄（1974a）藤縄先生のコメントを読んで．臨床心理事例研究（京都大学教育学部心理教育相談室紀要），1;102．

河合隼雄（1974b/1986）夢分析による学校恐怖症高校生の治療例．臨床心理事例研究（京都大学教育学部心理教育相談室紀要）1:3-12．（『心理療法論考』，pp.26-41，新曜社，所収）

河合隼雄（1976/1986）事例研究の意義と問題点―臨床心理学の立場から．臨床心理事例研究（京都大学教育学部心理教育相談室紀要），3;9-12．（『心理療法論考』　新曜社，pp.288-296 所収）

河合隼雄（1992）心理療法序説．岩波書店．

河合隼雄（2001）事例研究の意義．臨床心理学，1:4-9．

木下康仁（2003）グラウンデッド・セオリー・アプローチの実践―質的研究への誘い．弘文堂．

永井均（2006）西田幾多郎―〈絶対無〉とは何か．NHK 出版．

中村雄二郎（1992）臨床の知とは何か．岩波書店．

Nonaka I（1994）A dynamic theory of organizational knowledge creation. Organization Science, 5;14-37.

鈴木睦夫（1974）神経症様状態にあった一女性の事例．臨床心理事例研究（京都大学教育学部心理教育相談室紀要），1;94-100．

山本力（2001）心理臨床実践と事例研究．In 山本力・鶴田和美編：心理臨床家のための「事例研究」の進め方．pp.2-13．北大路書房．

第Ⅱ部

事例編

第5章 境界例における自己治療的ドラマ
――問題行動を繰り返した女子学生の一事例――

はじめに

境界例の心理療法には，種々の困難が伴うことはよく知られている。その大きな要因の一つとして，問題行動や，依存，攻撃性といった形で発現されるクライエントの強大な心理的エネルギーの渦に，治療者が巻き込まれてしまうということが考えられる。しかしこの「巻き込まれる」ということには明らかに治療的な意味が含まれていると考えられ，「治療者自身が完全に飲み込まれてしまうことなしにどこまで巻き込まれ得るか」ということが，最も重要ではないかとさえ思われる。ここでは問題行動を繰り返した一女子学生との約1年にわたる面接経過を提示し，境界例の病態と治療過程の背後にあると想像される深層のドラマとその治療的意味について考察したい。

I. 事例の概要

事例（Aさん）は大学4年生。イライラ感，抑うつ感，不眠などを訴え，相談室に来談した。父母は某県で自営業を営む。2人姉弟の長女。高等学校を卒業後，予備校生活を経て大学へ入学，3年次，4年次へ進級の際にそれぞれ1年ずつ留年している。

2年前から同じ大学の学生Kと交際していたが，Kの卒業とともに交際は破綻した。AさんはこれをKの裏切り行為によるものとして強い敵意を覚え

た。このころからAさんはイライラと自己嫌悪の繰り返しにより不眠状態に陥り，市内のX病院の精神科外来にて抗うつ薬，精神安定薬を投与されていた。この治療関係は長続きせず，途中からY病院の精神科外来に転院，しばらくは薬剤投与のみを受けていた。

面接は原則として週1回，1時間とし，約1年間にわたり合計45回行なわれた。面接の経過を以下の5つの時期に便宜的に分けて述べる。

第1期（9回）：治療者がAさんの病態を理解しておらず，見かけ上の良好な関係が感情転移を促進していた時期。

第2期（9回）：Aさんの行動化 acting out が明らかとなり，治療の枠構造を守ろうとする治療者との対決 confrontation が繰り返された時期。

第3期（9回）：行動化を繰り返しながらも，次第に洞察が生じて来た時期。

第4期（9回）：行動化の収束と，最大の対決が生じた時期。

第5期（9回）：終結へ向かった時期。

II. 面接の経過

[第1期：第1回〜第9回]

初回面接時に短い夢が2つ報告された。

夢1：自分のうしろから何物かがナムアミダブツ，ナムアミダブツといいながらついてくる。

夢2：私の目の前にキツネが一匹いて，私はそのしっぽを捕まえようとするが，するりと逃げてしまう。そこで，怖がらせないようになでるふりをして捕まえようとするが，なかなかうまくいかない。

連想としては特にはっきりしたものはないが，目覚めた後，非常にいやな気分だった。またボーイフレンドのKはどちらかといえばタヌキよりキツネを連想させると述べた。

Kとの交際は2年前にはじまり，Aさんは結婚を望んでいた。前年の3月にKは卒業し，県外に就職した。今年の1月にAさんはKから他の女性と結

婚するつもりだと告げられた。ところが実際には昨年の5月にすでにKはAさんに内緒で結婚していたことがわかった。AさんはKの裏切り行為に怒り，精神科へ行くからといって治療代を請求したところ，Kは金銭を払った。そこでさらに金銭を要求したところそれも郵送されて来たという。しかしAさんは，お金は送り返して，Kとはきっぱりと関係を切るつもりだと述べた。

　カウンセリングに通うようになってから，Aさんの抑うつ感は急速に軽快したように見えた。面接では周囲の男性（K，AさんがKより以前に交際していた男性L，病院の医師，所属研究室の教官など）に対する敵意の表出が著明であった。Aさんは自分の家族との関係や，幼少児期のエピソードについては，あまり具体的なことは話したがらず，自分が父親似であるが，父とはうまく話せないことや，母とは性格が合わないといったことを時おり話に混ぜる程度であった。

　Aさんは来室直前から髪の毛を脱色しはじめていたが，次第に髪の毛の脱色について強迫的とも思える執着傾向を示し，奇怪な印象を周囲に与えるほどであった。

　面接7回目あたりから，治療者に対する陽性感情転移を思わせる言動（「先生は素晴らしい人だ」「先生に出会って私は救われた」など）を明らかに示すようになり，面接時間以外もほとんど終日，待合い室などにいりびたるようになった。

[第2期：第10回～第18回]

　たまたまAさんが，自分の相談記録の一部を見てしまうという事件が起こり，Aさんは初めて治療者に対して敵意を示し「治療や観察の対象にされているということには我慢ができないので，カウンセリングはやめたい。治療者には相談室外で会ってほしい」と治療者に要求した。これに対して治療者は，カウンセリングを受けるかどうかは本人の自由であること，センター外で会う意志は全くないこと，指定の時間の面接であればいつでも応じるということを明確に提示した。Aさんは面接をやめると言って帰って行ったが，翌週にはまた面接を受けたいといって再度来室し，このパターンはその後治療者との対決が生ずるたびに繰り返された。最初の対決の後再開された面接（第11回）

時に，Aさんは夢を二つ報告した．

夢3：何かの芝居に出演している．私が主役である．自分の役は魔女のようであり，黒い服を着て演技をしなければならない．ブーツも履かなければならないのだが，うまく履けずにモタモタしている．

夢4：芝居を見ている．主演は1歳違いの自分のいとこ（従妹）である．ところが，見ていてもどういう芝居なのかよくわからない．どうやら「良心」とか，その他の抽象的なことを表現しようとしている芝居らしいのだが，私はどうしても理解できず悩んでいる．

　これらの夢の連想として，いとこは性格は明るいが，きついところもあり，Aさんと性格も容姿もよく似ているという．叔父，Aさん，いとこは似たような性格で，芯はまじめで情熱的なところがある．母と弟はAさんや父とは性格が違う．父は無口で，Aさんと話すときは照れているようでなかなか話ができないが，Aさんは父が好きである．母は口やかましく，干渉にはうんざりする．というような家族のことが話された．
　その後，Aさんはラブレターもどきの内容の手紙を治療者あてに郵送したり，治療者の自宅に電話をして，設定された面接時間を反古にしようとするなどの行為を繰り返すようになった．治療者はそのつど，「話したいことがあれば，約束された面接の時間に相談室で聴きましょう」と答えることで対応し，面接の枠構造を遵守させるよう努めた．Aさんは治療者との面接を中断している間も待合い室などにいりびたり，看護師と雑談したりして時間を過ごしていた．この間，Aさんは研究室にほとんど出席せず，卒業研究も，資格試験の準備も，就職活動も何も行っていないようであった．
　その頃からAさんはKに対する脅迫行為を再開するようになった．またKより以前に交際していたLに対しても，深夜に無言電話をかけたり，Lの車を損傷させたり，Lの勤務先のトイレに落書きするなどのいやがらせを頻回に行なうようになった．このような事実をAさんは治療者に詳細に報告し，かつ治療者に自分の心情的共犯者の役割を強いる（「先生が敵に回ったら私はおしまいだ」などという表現をする）ことによって，治療者を深刻な葛藤情況に追い込んだ．Lとの交際中に何があったのかについては，Aさんは暗示的な

言い方をするのみで具体的なことは決して話さなかった。いたずら書きの内容などから類推すると，LはAさんとの交際がうまくいかなくなったあと，他大学の女子学生と深い関係になったらしく，それをAさんは自分に対する強い侮辱ととらえ，Lとその女子大生に対する凄まじい敵意を面接時毎回のように表現した。

　治療者はAさんを境界例と考え，Aさんの問題行動の背後にある両価的感情をできるかぎり共感的に傾聴するよう努力するとともに，治療の枠構造の破壊の意図に対しては毅然とした態度で対応するよう努めた。しかし一方では，治療者はAさんが表明する陽性転移感情はいずれ治療者に対する激しい敵意に変わることを予想し，その事態を予想するたびに強い不安に襲われた。これは治療者がAさんへ陰性の逆転移をおこしていることを示していると思われた。そこで治療者は，自身がAさんに対して逆転移感情を抱くことは避け得ないことをはっきり自覚し，できる限りそれを意識化しつつ行動するよう努力した。またAさんの問題行動が法律的，社会的問題に発展する可能性は十分考えられたが，治療者は信頼関係のある上司にのみ事態の概略を報告し，治療者自身の心理的負担の軽減といざというときの責任分担を図り，他の職員や関係者に対しては医療上の秘密の厳守を第一とし，こちらから情報を与えることは一切しないことにした。

［第3期：第19回〜第27回］
　9月に入り，Aさんは相変わらずLに対するいやがらせ行動を執拗に続けていたが，時どき自分のとっている行動は異常なのではないかという洞察が生じるようになってきた。このころセンターの待合い室に常備してあった漫画作品『日出処の天子』（山岸涼子作）を読み，主人公の厩戸王子（聖徳太子）に強く共感したということが語られた。19回目の面接時に短い夢が報告された。

　夢5：母親が死んでしまい，自分はとても悲しんでいる。

　この時の連想は特にない。また同じ頃Aさんが語った自分の心理の分析を以下に掲げる。

自分は3つの異なった人格に分裂しているように思う。第1の自分は現実的問題（卒業研究，就職活動など）に対処しているが，あまり見通しが良くないことを感じて憂うつに感じている。第2は未来に明るいイメージを持ち，昂揚感（全能感）に満ちている自分。第3は強い敵意と攻撃性に満ちて暴れ回っている自分。現在，第2の自分が前面に出るのは1日のうち1～2時間に過ぎず，主として第1の自分か，第3の自分が支配している。第1の自分が前面に出て実験などをある程度こなしたあとで，第3の自分が出現して悪さ（いたずら電話など）をする。第1の自分はエネルギーが弱く，自分としては嫌いで，第2，第3の自分が好きである。第3の自分が求めているものは「本当の幸せ」で，それは第2の自分が求めているものに比べればちっぽけなものであるが，それが満たされないために第3の自分は荒れ狂うのである。

第22回目の面接時に再び短い夢が報告された。

　夢6：私が寝室で寝ていると，母親がそっと覗きに来てふすまを少しあけて見ている。私は寝たふりを続け，母親は寝ていると思って出て行く。

この夢の連想は特にないが，自分は人並みのことができない，人並みの幸せを感じることができないと感じられ，何とも言えない寂しさと不安を感じると訴えた。また25回目の面接の際，このどうしようもない寂しさ，落ち込みの気分について再び触れ，以下のように述べた。

　これは第4の自分とでも呼ぶべき気分で，この気分に支配されると絶望と自己嫌悪で死にたくなり，ギリギリまで追い詰められると第3の自分が出現する。もし第3の自分がいなければ，私はいつも落ち込んで泣いてばかりいるのである。私は本当に分裂しているように感じる。

この頃からAさんは就職活動に具体的に取り組むようになるが，その内容は，「某国立大学の就職担当者に顔写真入りの手紙を出して，そのコネクションで採用してもらい，ゆくゆくはどんな手段を用いてでもその大学の管理職

になる」というような非現実的な内容を含んでいた。それでもいくつかの大学の研修生の採用試験を受けたり，見学に行ったりという活動を続けていた。またこの頃，予備校時代の親友からAさんの態度や考え方を批判され，大喧嘩をするというエピソードがあった。また『精神病の話』という本を読んで，中井久夫氏の精神療法に感動し，治療者にそのコピーを渡して，「先生は私に対して四大（筆者注：仏教が説く物質の構成要素，地・水・火・風）になろうとしているのか？ 私は先生を狂気に追い込もうとする闘争をしているのだろうか？」といった疑問を示すこともあった。

[第4期：第28回〜第36回]
　11月に入り，AさんはLに対するいやがらせ行動をやめ，髪も黒く染めた。卒業研究もそれなりに少しずつ行なうようになった。就職活動を兼ねて，奈良地方を旅行した際に高校生の運転するバイクと接触するという交通事故を起こし，その補償などの問題で憂うつになることがあり，面接中にも「自分はだらしなくてどうしようもないと感じている」など自分を責める発言が目立ってきた。卒業後は出身地に帰ろうかと思うようになってきた（以前は地元にだけは絶対に帰らないと言っていた）。
　12月に入り，Aさんの様子が随分落ち着いてきていることに治療者はやや楽観的な気分になっていた。12月末の第35回目の面接時，Aさんは「昨日からイライラした気分だったが，この絵を描いたら気持ちが落ち着いた」と言って，自分で描いた「厩戸王子」の水彩画を治療者へのプレゼントだと言って持参した。ところが会話中に「先生は私をけむたがっているのではないか」という話題から，治療者はつい「あなたに対して怖さを感じていた」と自分の気持ちを話してしまった。するとAさんは治療者に対していままでにないほどの強い怒りを示し，「私は中学生の頃から友人たちにも怖い人だと言われ傷ついてきた。今まで交際してきた男性たちも君にはかなわないなどと言いながら自分から離れていった。治療者も全く同じではないか。自分は常に損ばかりしている。自分はまわりの人がすべて憎い。憎い人は皆死んでしまえばよい。もうここには二度と来ません」と叫んで，面接室を飛び出した。治療者は今こそ治療の正念場であると感じていたが，正直なところあまりに激しい敵意の表出

に恐怖を禁じ得なかった。その日のうちに2回，Aさんから電話があり，1度目は「腹をたててしまって申し訳なく思っているのでカウンセリングを続けてほしい」という内容であり，2度目は「やはり腹がたつ。治療者が敵に見える。自分を怖がらない人でなければ関係をもてない」というものであった。

しかしAさんは早くもこの2日後には再度来室し，治療者に対して「今までのカウンセリング記録をすべて破棄してほしい」と要求した。この時「私は先生が憎くて，夜中に無言電話をかけたくなるくらいなのに我慢している。こんな気持ちは分からないでしょう」と言うAさんに対して，治療者は「あなたの話を聴き始めた時から，次にその対象になるのは私だろうと覚悟していた」と答えた。Aさんはしばらく黙っていたが，「私が先生にそんなことができるわけがない」と答え，このやりとりはAさんにかなりのインパクトを与えたように思われた。

[第5期：第37回～第45回]
1月に入って，Aさんは遅まきながら卒業研究に全力を注ぐようになった。精神科外来通院は中止し，薬剤の服用もすべて中止した。面接時の態度も以前のギラギラした感じはほとんどなくなった。Aさんは自分でも「イライラすることはなくなったが，自分を強く責める気持ちが出てきて，無気力になっている」と述べていた。また「私は予備校時代に，あなたはガラスを通して世の中を見ている，と易者に言われたことがあるが，自分はそのガラスを割ろうとしていたのではないかと思う。ガラスを割るのはとても苦しいし，傷付くことだった。そのガラスの破片で随分多くの人にとばっちりをあたえたかもしれないが，結局ガラスは半分しか割れなかった。今は割れていない方の半分に身を寄せて他人を見ている。今これ以上割ることはできない。ガラス越しに見ていることが他人から見れば，冷たいとか怖いとか見えるのだろうが，このガラスは純粋に自分の防御のためにあるのです」と述べた。

39回目の面接でAさんは次のような夢を報告した。

夢7：背の低い門があり，その門の上に大きな白い花（何の花かよくわからないが，葬式の花を連想した）が載っている。門のあたりに女の子が一人いる。

その奥をのぞきこむと，遠くに治療者とその奥さんがいるのが見える。奥さんは鮮やかな赤いワンピースを着ている。

連想として，この夢を見たときに，Aさんは自分と治療者との関係は終わったと感じたという。
41回目の面接で再びAさんは印象深い夢を報告した。

夢8：私は島に住んでいる。この島は以前は本土との間に橋がなく，その間の海峡は無気味なアマゾン河のようなところだったので，食糧の買い出しなども大変だった。今は本土との間に橋がかかったので車で行き来できる。島の町は暗い。私が本土へ出かけると，本土の町にはコンサートホールや，2階が下宿屋になっている女性用の洋品店，まだ建築物の立っていない造成地などがある。このホールに関係したスターのような華やかな女性が一人いるようで，私たちのグループがこの町で生活していくためにはこの人の協力が必要である。そこで，その女性の従者である三枚目風の女性にお菓子をあげて，仲を取りもってもらうことにした。結局その女性は私たちのために協力してくれることになったようだ。

Aさんはなんとか卒業研究論文をまとめ，卒業可能となった。治療者としては果たしてAさんがどの程度「良くなっている」のか，この時点では自信がなかったが，卒業を契機に面接を終了することにした。最終面接（45回目）でAさんは，「今年の1年間は自分にとって何だったのか，あまり思い出したくない。思い出すと自己嫌悪に陥る。自分の中の3つの部分が今は分裂せずに1つになっているが，どの部分も消えてしまったわけではない。自分と他人を隔てているガラスは結局壊すことはできない。しかし以前と今を比べると，少なくともガラスが自分を守るためにあるということは分かるようになった」と述べた。

Aさんは卒業後，資格試験に合格し地元に就職した。その後治療者はAさんから近況報告の電話を2度受け取ったが，Aさんの話すところによれば，特に問題をおこすことなく無事に過ごしているようであった。

III. 考　察

　この事例の正確な診断については，厳密には詳細な議論が必要であると思われるが，

1. 対象に対する強い依存傾向（一体化欲求）と激しい敵意が交互に出没を繰り返した。
2. 問題行動により周囲を巻き込み，振り回す傾向が著しかった。
3. 背景にある基本的な感情が，無力感，悲哀，言いようの無い不安などであり，基本的信頼感の欠如の反映が示唆された。
4. 明らかな幻覚，妄想などはなく，ある程度現実機能が保たれていた。

　以上のような点から，本事例は境界性パーソナリティ障害（境界例）に属すると考えることはほぼ妥当であると思われるので，以後はその診断を前提として論を進めたい。
　境界例のクライエントはしばしば強烈な感情転移，逆転移関係に治療者を巻き込み，激しい行動化によって，関係者を振り回す。このような状況がなぜ生じるのかについては，河合（1986）が述べているように，原因－結果という因果的連関によってみることはほとんど治療的な助けにならず，強烈なエネルギーを有する元型的なコンステレーションとして読み取ることの方が有効であろう。実際この事例の約1年にわたる治療経過は，「治療者が対象としての患者を治療する」という意味での「治療」といえるようなものでは全くなく，クライエントともども強大な渦の中に巻き込まれ，ようやく辛うじて流れからはい上がって来たような印象を受けている。したがってこの事例の経過を把握し考察するにあたっては，通常の客観的視点からの考察を試みるだけでは不十分と思われる。そこで今回は以下のようないくつかの仮定を設け，それに従ってこの事例の経過を把握しなおすとともに，設けた仮定そのものの妥当性についても考察を試みたい。

第5章　境界例における自己治療的ドラマ　75

仮定1：この事例の治療のプロセスの根底には，元型イメージの演ずる普遍的な要素をもったドラマが存在するのではないだろうか。

仮定2：そのようなドラマの存在を仮定するならば，それはクライエントを中心とした現実の人間関係に強く投影されているはずである。言いかえれば，クライエントと治療者を含む現実の人間関係は，元型的ドラマにおける元型イメージの役割の表現として理解可能であろう。

仮定3：このドラマはクライエントの内界のドラマの反映であると同時に，治療者の内界のドラマとも関連をもっているはずである。したがってクライエントおよび治療者の夢，ファンタジーなどからその断片を知ることができる可能性がある。

仮定4：このドラマがファンタジーとして投影されるにふさわしい対象が，現実の人間関係以外にも存在し得るとすれば，それを併せて考察の対象とすることは有用である可能性がある。この事例の場合，その投影対象を，山岸涼子作の漫画作品『日出処の天子』が担っていたという仮説を提出してみたい。その妥当性の根拠は，以下のようにいくつか挙げることができる。

①クライエントはこの物語に強く魅惑されており，この作品の主人公の厩戸王子を自分と同一化していると思われる言動がしばしば見られた。これはクライエントの内界のドラマとこの作品が相似関係（ホモロジー）にあることを推定させる。

②治療者も同様にこの作品に強い関心を抱いていたこと。

③治療過程における重要な転回点に一致して，この作品や主人公に関連した現象が現実場面にも出現してきたこと。たとえばクライエントが斑鳩（この作品の舞台）に憧れて，奈良旅行をした時に交通事故をおこし，以後の経過に重要な影響を与えたこと。治療者との最大の対決の直前に，主人公の厩戸王子の水彩画を描き，それを治療者にプレゼントしていることなど。

④ Guggenbühl-Craig（1989）によれば，「ユング心理学でいう元型とか生得的行動様式というものは，神，英雄，映画スター，漫画のキャラクターなどで象徴的に表現され，これらのさまざまな元型は互いに

エロスによって結びついている」。したがってある漫画作品を元型的ドラマとして解釈しようとする態度はあながち見当はずれとは言えない。

⑤この作品は，多くの読者に共感されているという事実がある（大城, 1987）。Meier（1989）は「一般的同意そのものが偏在的，同一的な人間の魂の鏡であり，その理由から一般的同意の言責は心的な事実性にいくらか一致しているに違いないし，真剣に受けとめられることを要求できる」と述べている。つまり多くの読者を魅惑するストーリーは，その起源が普遍的無意識レベルにある可能性が高く，「真剣に受けとめる」価値があると思われる。

仮定5：以上の理由より，①クライエントの内界におけるドラマ，②クライエントをとりまく現実的人間関係に表出されるドラマ，③『日出処の天子』における元型的ストーリーとしてのドラマ，の間には形式的な相似関係にあることが推定され，各々を比較しながら理解することは，深層に存在すると仮定されるドラマの全容への接近に益する可能性がある。

以下に『日出処の天子』の概要を掲げる。

　この物語は6世紀の日本を舞台とし，厩戸王子（後の聖徳太子）を主人公としている。この作品は日本古代史の史実に沿ったストーリーを縦糸としているが，同時に厩戸王子と蘇我毛人をめぐる深層心理劇として読むことができる。厩戸王子は両性具有的存在として描かれており，学問，政治，宗教などにおける天才的能力ばかりでなく，超常的能力をもっていることが強調されている。しかもその超能力は「魔」としての性格が強く，王子は全能でかつ「悪」を合わせもった存在として描写されている。しかしそれゆえに王子は実母である穴穂部間人媛から「人間ではない魔」として怖れられ，通常の母子関係は保たれていない。蘇我毛人は常識的な普通の人間として描かれているが，王子の超能力を知ってもこれを怖れることがない。王子は毛人を，もともとは一体であり失われた自分の半分として強く求めることになる。この関係は同性愛関係として描写されているが，むしろ自己愛的要素が強い。またそれゆえに毛人は王子の不完全さを補完する『救済者』として希求されることになる。しかし毛人は

次第に物部氏の斎宮である布都姫に魅かれるようになる。毛人に裏切られたと感じた王子は，『奪って行く者』である布都姫を強く憎悪し，自身の超能力を駆使して二人の仲を妨害する。しかし結局そのような行為は自分自身をさらに傷つけるだけであることを自覚するに至る。毛人が最終的に王子の愛（一体化要求）を拒絶するシーンは圧巻である。

最終的に王子は毛人に対する愛を断念し，自らの孤独を受け入れる決意をする。まさにその直後，眼前の池の水の中から王子は溺れている一人の白痴の少女を助け上げる。この少女は後に王子の妻となり，王子は男性として子をなす能力を初めて手に入れる。

『日出処の天子』のストーリーは，主人公の厩戸王子の魂の救済の物語と考えることができる。厩戸王子はそれ自身，人間的なものを越えた超常的な存在であり，その内部に男性－女性，善－悪といった対立を包含する存在である。しかし彼は「良い母から疎外された子どもである」という重大な問題を抱えており，このため全能に近い能力をもちながら，孤独と悲哀に悩まされている。厩戸王子は明らかに一つの元型イメージを具現していると思われるが，同時に境界例の心性との間に極めて共通したものが感じられる。おそらくはこの孤独と悲哀（基本的信頼感の欠如に基づく背景不安に近いものであろう）から自身を救済するために，蘇我毛人との一体化を強く求める自律的な動きが生じるのであろう。毛人は厩戸王子にとって魂の救済者である。しかし同時に毛人は布都姫（王子からみれば，救済者を奪う者）という異性に心を移すことによって，厩戸王子にとっての『裏切り者』となる。ここに『救済者』に対する強い一体化欲求と，『裏切り者』および『奪って行く者』に対する強い敵意と破壊衝動とが併存する状況が生まれる。この状況は境界例のクライエントと治療者の間におこる転移，逆転移の状況と極めて類似している。この危機的な状況に双方が耐えるなかで次第に意識化が進み，最終的には『救済者』との一体化を断念し，自らの出口なしの孤独を自発的に引き受けた時に，救済が生じるというパラドックスが起こる。この救済は白痴の少女との結婚という形で象徴されており，この結果初めて王子は新しい生産的なものを生み出す（子どもを作る）能力を得るのである。また同時にこの時，『救済者』と『裏切り者』という対立も解消される。これは原始的な自己愛的欲求の断念（これは同時に自分の限界

＝無能さを受け入れることでもある）とともに，真の成長が生じ，現実能力が増すという過程に対比させることも可能であろう。しかしこのドラマは本質的に魂による魂自身の救済という意味合いが強く，自我が関与する余地は乏しいように思われる。

本事例のクライエントの基本感情は，本人が第4の自分と呼ぶ実存的虚無，背景不安とでも呼ぶべきものであると思われる。これはおそらくは母子一体感の欠如，基本的信頼感の欠如に由来するものと想定される。これが早期の幼児体験に由来するものか，生得的なものかという問題はさほど重要とは思われない。また「自分はガラスごしに現実を見て来た」という表現もこれと密接な関係を有していると思われ，言い換えればGuggenbühl-Craigの言うところの対象に対するエロスの欠如（1989）を反映するものと想像される。

クライエントと，以前の交際相手であるK, Lとの関係は，形式的には全く同一の経過を示している。それは，①過度の理想化と依存，②交際の破綻と相手の逃亡，③激しい敵意の表出と脅迫，というパターンである。これは『日出処の天子』でみられた，①『救済者』との一体化願望，②『救済者』の裏切り，③『裏切り者』と『奪って行く者』に対する強い敵意，にそれぞれ対応する過程と考えられる。クライエントと治療者との関係もほとんど正確にこのドラマの役割に対応しており，治療者は『救済者』と『裏切り者』の元型イメージを同時に投影され，その役割を演じさせられていることが明らかである。この関係を表示すると**表1**のごとくになる。

ここで，現実の治療関係のなかでいったい何がなされたのかということが問題になる。ここまで述べてきたような元型的なドラマそれ自体が自己治療的な意味を有しているとするならば，その普遍的無意識レベルのドラマと意識とを

表1 各ドラマにおける役割の相似関係（ホモロジー）

	『日出処の天子』におけるドラマ	Aさんをめぐる現実のドラマ	
		ボーイフレンドとのドラマ	治療者とのドラマ
救済を望む者	厩戸王子	Aさん	Aさん	Aさん
救済者－裏切り者	蘇我毛人	K	L	治療者
奪って行く者	布都姫	Kの妻	女子大生	治療者の関係者

結びつけることが治療的意味をもつことは十分に想像できる。Samuels は、ポストユンギアンの発達派における分析心理学的治療においては、「分析家は自分自身が体ごと患者の投影するイメージとなり、患者のためにそれが『受肉』するにまかせる」ことが重要であると述べている（Samuels, 1990）。これは言い換えれば、ユング Jung, C.G. の「能動的想像」（訳書, 1985）を、治療者とクライエントの現実の治療関係の中で再現することに近いと思われる。すなわち、濃密な転移 - 逆転移関係の中で、クライエントは治療者に投影された自身の内界の人物と想像上の体験を共有することになり、これが治療的な意味をもつ経験になるのではないかと考えられる。ユング派の考え方に従えば、この体験は単なる幼時期体験に基づく両親イメージの再体験ではなく、元型イメージに基づく体験であるということになる。

　さらに治療関係における考察を進めるにあたって、ここでクライエント自身が述べている「分裂した自分」について少し考察してみたい。現実的なことをこなす能力を有するがエネルギーに乏しい「第1の自分」は、クライエントの自我をあらわすものと思われる。「第1の自分」は生命エネルギーの源から切り離された状態にある。「第2の自分」、「第3の自分」はともに生命エネルギーに満ち溢れており、元型レベルにその本源を有する心的コンプレックスとして理解可能と思われる。この「第2、第3の自分」の出現は、現実面からみればクライエントの示す病理であるように見えるが、同時にクライエントの元型レベルでの自己治癒過程を促進する重要な要素であるとも考えられる。「第2の自分」（全能感と至福的気分をもたらす）と「第3の自分」（激しい敵意、恨み、破壊的な攻撃性をともなう）は著しい対照を示しているが、これは二つの異なった元型イメージ（たとえば『良い母』と『恐ろしい母』）が交互に現れていると考えることもできるし、一つの元型（たとえば『太母元型』）の肯定的な側面と否定的な側面が分割されて現れていると考えることもできる。

　しかしここでは元型の働きを表現するには、単一の人格的メタファーよりも、二つのメタファーの間の関係としてとらえる方がより有効であるとする見方（Guggenbühl-Craig, 1981）に従い、第2の自分を『良い母 - 保護された子ども』、第3の自分を『恐ろしい母 - 殺される子ども』という元型的状況のコンステレーションとして理解しておきたい。『良い母 - 子ども』がコンステ

レートされた状況では，クライエントと関係者は好む好まざるにかかわらずこの役割を演じさせられることになる。この際にどちらもがどちらの役割（『救済者としての良い母』，『保護された者として原初的な全能感を抱く子ども』）をも演じ得る。このことは『恐ろしい母－子ども』がコンステレートされた状況ではよりはっきりしてくる。クライエントが『恐ろしい母』として『裏切り者の子ども』（治療者）を攻撃したり，治療者が『恐ろしい母に殺される子ども』の役割を押し付けられ，恐怖を感じて逃げようとしたり，『反抗する子ども』としてお互いに敵対したりというようなことが現実場面でも頻繁に起こってくる。しかしこの二つの状況はもともと一つの元型の二つの側面であり，各々が一見何らの関係を持たずに交互に出現する状況は，近い将来両者の間に関係が生じ，新たな第三の状況の出現の可能性を示していると考えることができる。この事例の治療過程においては，『良い母－子ども』『恐ろしい母－子ども』の相互関連性の回復は，治療者に投影されていた『救済者』イメージと『裏切り者』イメージの対立が解消されることにほぼ正確に対応しているように思われる。言い換えれば，「救済者を求めること」を断念することは，『裏切り者』が消えることであり，これは太母元型による呪縛から少なくともある程度自我が解放される過程と共に起こったのではないかと推定される。

　実際の治療経過においては，この大きな治療上の転機は，第35回から数回の面接経過中に起こっているものと思われる。この間に「現実に何が起こったのか」を明瞭に言語化することは困難であるが，一つの説明としては以下のようなものが考えられる。「あなたに怖さを感じていた」という治療者の自己開示は，Ａさんにとっては『救済者』による『裏切り』の告白である。それに対して，それまである程度抑制されていたＡさんの敵意が，全面的に治療者に向かって解放された。ここで「辛うじて」治療者がつぶれずに持ちこたえたことは，おそらくＡさんにとって大きい経験であり，前記のような「分裂の統合」をもたらすことを可能にする「容器」の役割を果たしたのではないだろうか。すなわち，河合（1986）が「まさしく正面から受けとめ得たとき――大変な心的エネルギーを必要とするが――クライエントは必ずそれを評価し，治療は進展する」と述べているのに近いことが起こったものと思われる。

　次にクライエントの報告した夢を，この仮定された元型的ドラマと関連づけ

ながら考察してみたい。

　第1の夢は無気味な雰囲気の夢であるが，これからおこるドラマの背後にある，広い意味での宗教的な要素を暗示しているのかも知れない。

　第2の夢でクライエントの自我は，キツネというトリックスター的な動物で表現されている無意識の要素と関係を持とうとしているのであるが，うまくいかない。連想でキツネをボーイフレンドと結びつけたのは興味深い。深層のドラマにおいて，ボーイフレンドはクライエントにとって『救済者』と『裏切り者』の二つのイメージを統合してくれるトリックスターの役割を担わされていると考えられるからである。

　夢3，夢4は，クライエントの演じているドラマがようやく明らかになり，治療者との新しい関係が始まった時期に報告されたものである。夢3ではクライエントが，まさにこれからのドラマの中で魔女（恐ろしい母）の役を演じなければならないということがはっきり示されている。しかし黒い靴をうまく履けないということは，どこか魔女の役割に徹しきれない（地に足がつかない）ということを示しているのだろうか。夢4ではクライエントの分身と思われるいとこを主役として，今度は「良心」をテーマにした劇が演じられる。夢3と夢4はおそらく相補的な関係にあり，ここで演じられるドラマが「悪」と「良心」という矛盾，対立したテーマを内包していることを示していると思われる。しかしこの時点でクライエントの自我は，その全体像を理解することができない。この根本的に対立したテーマの統合は，自我レベルよりもっと深いレベルでしかなされ得ないのであろう。

　夢5は現実的にはいまだ波乱が続いている時期に報告された夢であるが，クライエントの深層で「母なるもの」に重大な変化がおきつつあることを示していると思われる。夢6もその一連の流れと思われるが，「娘を気遣ってくれる良い母」の側面が示されているものの，自我は気づかないふりをしている。

　夢7は治療場面での最大の対決が行われたあとに生じた夢である。この夢には「治療者を救済者として求めることの断念」というテーマがはっきりとあらわれているように思われる。葬式の花（それ自身は全体性の表現であるとともに死と再生を見守るものとしての意味があるように思われる）を載せた門の向こうに，治療者と治療者の妻がいて，ここでは『救済者』も『裏切り者』も

『奪って行く者』も消滅している。門の付近に佇む少女は，太母元型の呪縛から解放され新生したクライエント自身の姿なのだろうか。

夢8では，ドラマを演じきったクライエントが新しく得たものがはっきりと表現されている。以前は本土から隔絶され，食糧（生命エネルギー）の補給もままならず，明かり（意識）も乏しい島に孤立していたクライエントの自我は，架橋によりしっかりと本土と結ばれている。本土にはコンサートホール（情緒機能発現の場）や女性用の洋品店（女性的なペルソナを得る場）などクライエントの内面を充実させ得る新しい要素がたくさん存在しており，未だ建設中の要素もある。コンサートホールに関係したスターのような女性はおそらくクライエントの自己（セルフ）の一つの表現ではないだろうか。しかし自我がセルフと関連をもつためには，まず三枚目の女性（現実機能をあらわしているシャドウではないだろうか）に仲を取りもってもらう必要がある。当分は自身の現実機能にエネルギーをつぎ込む（お菓子を贈る）必要があるだろう。クライエントのその後の歩みは，知り得た限りではこの流れに沿っているように筆者には思われる。

最後に**表2**において，Aさんとボーイフレンドが演じて来たドラマ（以下，

表2　3つのドラマにおける救済劇としての相似関係と，対応すると思われるクライエントの夢

救済の過程	ボーイフレンドとのドラマ（ドラマ1）	治療者とのドラマ（ドラマ2）	『日出処の天子』のドラマ（ドラマ3）	クライエントの夢
救済者との蜜月関係	◎	○	○	
救済関係の意識化	なし	○	◎	
救済者による一体化の拒絶	○（逃亡）	○（治療関係順守）	◎	
裏切り者に対する敵意行動	◎（脅迫・厭がらせ）	○（行動化）	○	魔女の夢
奪って行く者に対する敵意行動	○	○	◎	
救済者との一体化の断念	なし	○	◎	葬式の花の夢
得られたもの	なし	ガラスが半分割れた現実適応能力	白痴の少女との結婚子をなす能力	島と本土の架橋三枚目の女性

◎あり（行動レベル，言語レベルで明らかに）　○あり（少なくとも心理レベルで明らかに）

ドラマ1と呼ぶ），Aさんと治療者が演じたドラマ（ドラマ2），『日出処の天子』のドラマ（ドラマ3），の3つのドラマを，『救済劇の過程』という観点からその相似関係を整理し，さらにそれぞれの過程に対応していると思われるクライエントの夢を対比させてみた。このドラマは最初に『救済を望むもの』と『救済者』の蜜月関係ではじまる。次いでドラマ2，ドラマ3では双方における救済関係の意識化が生じるが，これはドラマ1では双方無意識のままにとどまっている。次いで救済者による一体化の拒絶の表現が生じる。そのあと『裏切り者』『奪って行く者』に対する敵意，攻撃と『救済者』との一体化願望が併存する過程が続くわけであるが，ドラマ1では『救済者』との一体化の断念，が生じないのに対し，ドラマ2とドラマ3ではそれが生じるとともに，『救済を望む者』は貴重なものを手にいれ，救済が完了している。

　ドラマ1とドラマ2，3の過程を比較すると以下の2点に相違がある。第1は『救済関係の意識化』の有無である。第2に，救済者イメージを投影された者が『一体化の拒絶』を表現する際に，全面的な逃亡という形で状況から逃げ出そうとするか，それとも一体化は拒絶しながらも関係を継続し，厳しい状況に耐え続けるか，という点が異なっている。これは境界例の心理療法における重要なポイントが，「意識化」と「治療構造の厳守」である（河合，1986）という一般的合意に矛盾しない。もちろん救済の過程がどのような形で成就するかについては，決して公式的な答えは存在しないように思われる。ここで治療者が取るべき態度は，この自己治療的な元型的ドラマの役割を受け入れ，救済が自発的に生じるまでその経過と緊張にじっと耐えながら役割を遂行するということであろう。しかし，元型イメージに治療者の自我が完全にのっとられてしまう危険は常にあり，治療構造の厳守，治療者自身の内的ドラマの意識化の努力が重要であることは言うまでもないが，それにも増して治療構造全体が何らかの象徴によって守られているということが必要ではないかと推測される。

IV. おわりに

　境界例と思われる一事例の治療経過を報告し，深層に存在する元型レベルの自己治療的ドラマへの接近という観点から考察を試みた。本論文の考察で用い

たような手法が適切なものであるか否かについては，今後さらに事例の集積による検討が必要と思われる．最後に論文の性質上考察の中では具体的には触れなかったが，このようなドラマは治療者の内界におけるドラマともホモロジーを明らかに有している．実際『恐ろしい母－子ども』の問題や，「いかにガラスを割るか」という問題は治療者にとっても常に重大な課題である．あらためて「患者は治療者を治療するために治療者のもとを訪れる」という事実を痛感させられる．

文　献

Guggenbühl-Craig A 樋口和彦・安渓信一訳（1981）心理療法の光と影―援助専門家の力．創元社．
Guggenbühl-Craig A 長井真理訳（1989）魂の荒野．創元社．
Jung CG 松代洋一訳（1985）超越機能．創造する無意識．pp.77-136, 朝日出版社．
河合隼雄（1986）境界例の心理療法について．心理療法論考．pp.229-233, 新曜社．
Meier CA 河合俊雄訳（1989）夢の意味．創元社．
大城宜武（1987）漫画の文化記号論．弘文堂．
Samuels A 村本詔司・村本邦子訳（1990）ユングとポストユンギアン．創元社．
山岸涼子（1980-1984）日出処の天子（全11巻）．白泉社．

第6章 心身症における三つの悪循環
――多彩な身体症状を呈した一事例の経過から――

I. はじめに

　筆者は内科医であるが，広い意味での心身症的な病態をいかに扱うかが，現代の内科診療において最も大きな問題のひとつであると常々感じている。ここで「広い意味での心身症的病態」とは，「身体症状を伴い，器質的異常を有するか否かにかかわらず，身体，心理，社会的な要素を含む全人的な観点からの援助が必要な病態」という程度の意味で用いており，一般に言われている狭義の心身症，身体症状を伴った神経症はもちろん，いわゆる不定愁訴症候群，自律神経失調症などを含むものである。このような病態をどのように理解し，どのように対応していくべきかについては，系統的，統一的な見解は得られておらず，日常の診療や健康管理の上で苦労させられることが多い。山中（1988）は心身症の病態理解における因果論的思考法に基づいた方法論の限界を指摘し，総合的・解釈学的現象学的方法論による理解の有用性を主張している。

　本稿では不定の身体症状の出没をくり返した一事例の経過を提示し，このような病態を把握するための一つのパースペクティブを提案してみたいと思う。本稿で用いるような方法論が妥当なものであるか否かは，さらに症例を集積し，詳細な検討を加えることにより明らかになっていくものと思われる。

II. 事例の概要

生育歴：事例（B君）は来室時，21歳の男子である。他県の出身で，幼小児期には特に問題はなかった。小学2年のとき両親が離婚し，B君は妹とともに母に育てられた。母はB君が小学5年のとき，現在の継父と結婚した。小学校6年生から中学2年まで，腹痛，下痢などの出没に苦しめられた。高校へは良好な成績で入学し，生徒会長などをつとめた。大学へ入学してからは，大学の近くのアパートに下宿。家族は他県に継父（自営業），実母（事務職），実妹1人，継妹2人がいる。

現病歴：大学入学直後より，腹痛，下痢，食欲不振などをくり返し，保健管理センターへ頻回に来室をくり返した。以下に比較的大きなエピソードを列記する。

1年生の5月，腹痛，食欲不振が著しいため，治療者により上部消化管内視鏡検査および血液検査が施行されたが，器質的異常は認められなかった。2年生の9月，腰痛を訴え，整形外科にて椎間板ヘルニアの診断を受け，保存的治療を受けた。同年11月，夜間急に息苦しさを感じ，救急病院へ入院した。診断は過換気症候群発作で，数日で退院した。翌年3月，嘔気，嘔吐あり，再び治療者の診察を受けたが異常は発見されなかった。3年生の8月，頭痛，眼痛にて眼科を受診。眼圧上昇を疑われるが精密検査では異常なしということであった。同時に咽頭部違和感を訴え，耳鼻科を受診するも異常なしと言われた。

同年9月16日，出没する多彩な身体症状を訴え，保健管理センターへ再来室した。治療者が定期的なカウンセリングを提案したところ，本人も承諾し，原則として週に1回，50分間の面接を行なうことにした。面接は翌年6月まで，約10カ月間にわたり合計27回行なわれた。面接中にB君は17の夢を報告した。本稿ではページ数の関係でそのすべてを詳記することが困難なので，後に考察で述べるように，事例における「意識と無意識の関係」が比較的明瞭に示されていると考えられる夢9編を詳記し，他の夢（その多くは断片的なものであった）については治療者が命名した簡単な題名のみを示した。

III. 面接経過

第1期（第1回～第4回）

眼痛，頭痛，食欲不振，腰痛，不眠などの多彩な身体症状を訴えた。生育歴，将来の進路の不確かさ，クラス内での友人関係に関するストレスが語られた。

【第1回：9月16日】「今年に入ってから，ずっと体の調子が悪い。中学生までは気が弱く，自己主張もはっきりできない性格だったが，高校に優秀な成績で入学し，リレーの選手や生徒会長に選ばれたりして自信をもち，性格が変わったと思う。大学1年の冬，クラスのなかで孤立してしまったことがある。しかし自分でも意外なほど，そういう状態になっても精神的に平気だった。しかし最近あまりにも体調が悪いので，やはり無理をしているのかなと思ったりする」。

B君は比較的淡々と話し，強い感情表出はほとんどみられなかった。治療者は無用なコメントや解釈はせず，共感的に傾聴する態度に徹するよう努めた。最小限の内科的な対症的投薬の他は投薬を行なわない方針とし，「また来週様子を聞かせてください」ということで初回面接を終えた。

【第2回：9月24日】「右目がひどく痛み，肩や背中も痛み，頭痛もする。現在進級できるかどうかの瀬戸際。将来は大学院へ進んで研究者になりたい。現在の両親は放任主義で無関心。実の父に遊んでもらった記憶はあまりない。小学2年のとき父母が離婚してからは，母が働いて自分たち兄妹を育ててくれた。そのため家に一人でいることが多かった。自分は一人でいることに慣れている。自分の性格は母に似ており，我慢強いほうだと思う。小6から中2までしょっちゅう腹痛，下痢があった。地元の高校に進んだことには不満はない。大学へ入って感じているのは，自分はまだ子どもらしさを発揮して遊んでいたいのに，まわりのクラスメートはみんな変に大人ぶっているので，何をしてもまわりから浮き上がってしまうということ。1年のとき，クラスのなかで孤立してから自分を抑えるようになってきた。無理に抑えている感じがしてうっとおしい。ストレスがあるとすればそれだろう」。

治療者は「そのような状況のもとで，体調が狂うのは，むしろ当然のように

思われる。気長にやりましょう」とコメントした。

【第3回：10月1日】「頭痛は軽快してきたが，目の具合が悪く肩も痛い。食欲もない」「試験はなんとか通りそうな見込みになってきた」「1年生のとき，ガールフレンドを巡って，クラスメートの男性と気まずくなり，それを巡ってクラス全体が敵と味方に分かれて反目するような状況になった。彼女が板挟みになって苦しんでいるようだったので，自分が身を引いた。そのときはとても悲しかったが，自分はたいしたことではないと思い込もうとしていた。それが自分の体調を崩した原因かもしれない」「故郷には仲間がいるが，ここには親しく話せる人が少なく，事件があってからは特に付き合いをさけている。自分を発散させる場が少ない」。

B君は相変わらず淡々と語るが，少し表情に明るさが戻ってきたように思われた。試験休みで実家へ帰るため，次回の面接は2週間後とした。

【第4回：10月15日】「しばらく実家へ帰って遊びまわり，だいぶ発散できた。朝は体調が良いのだが，午後になると目が痛くなり，肩が凝って頭も痛くなる」。治療者が「重大な病気かどうか心配なんだね」と明確化すると，「友人からどこか悪いのじゃないかとよく言われる。無理していないはずなのに，こんなに体調が悪いのはどこかに病気が隠れているのではないかと不安になる」と答える。進路については「地元の大学院へ進みたいのだが，なかなかむずかしい」とのことであった。

第2期（第5回〜第17回）

この時期は主としてB君の報告した夢について語り合った。身体症状は変動が激しく，痛み，下痢，不眠，アレルギー症状などが出没した。

【第5回：10月22日】「頭痛，肩凝りは軽快したが，右目がひどく痛む。食事をとった後，顔面の下部が紅潮し空咳が出る」。

不眠が続くということなので，治療者が「夢を見ませんか？」と尋ねると，以下の夢を報告した。

　　夢1：広い駅のホームに居る。ホームがいくつもあり，大勢の人たちが列車を待っている。その人たちのなかには，知人や野球の選手やアイドルタレントな

どが混じっているようだ。そこへ幽霊列車という感じの，ボロボロの列車がゆっくりと到着しホームに停まる。列車の窓に射撃の標的の人形の板のようなものがパンパンと起き上がり，それぞれが機関銃をもっていて弾を乱射してくる。そのために大勢の人たちは掻き消すようにいなくなってしまう。僕はあわてて階段を駆け上がって逃げようとするが，階段の上の方にも同じようなものがいて，機関銃を乱射してくる。しかたなく階段の隙間から地下の穴のようなところにもぐりこむ。そこには自分の他にもう一人細身の若い人物（女性のよう）が逃げ込んでいる。しばらくそこに隠れていると，穴蔵の天井が上から壊されて，巨大な形をしたものが覗き込む。その大きなものを見上げると，それは大魔神のようなものなのであるが，顔のあたりはぼやけてよく見えない。さらに追いかけられ，空中へ飛んで逃げようとするところで目が覚めた。
連想：大魔神のような人物の顔を見ようとしてもはっきり顔が見えないのは，自分が何におびやかされているのかわかっていないということだろう。空を飛ぶ夢はよく見る。何かに追いかけられる夢もよく見る。いつも逃げるのは一人で，追いかけて来るのは集団である。

　治療者は，夢の内容の迫力に正直言って圧倒されたが，特にコメントはせず，「また夢を見たら覚えて来てください」と伝えた。
【第6回：10月29日】「右目がひどく痛む。胃腸の調子はまあまあである。レポートや再試で忙しい」。今回も夢が報告された。

　夢2：山の上から僕ともう一人の男（誰かわからない）が道を降りて行く。坂の上から笠をかぶって袈裟のようなものを着た坊主のような男が二人，右手にこん棒をもって追いかけて来る。僕たちは山をかけ降りて逃げるが，下は人口芝のグリーンのようでところどころに穴があいている。なんとか逃げおおせたあとで，なぜか今度は自分一人でまた山を登って行く。
　連想：人工芝の場面はゲームのゴルフの場面そのものだった。最近の夢のパターンはほとんどが誰かに追いかけられては，撃たれたりしそうなところで目が覚める。

【第7回：11月5日】今回は夢の報告はなかった。「目はあいかわらず痛い。風邪気味でだるいわりには夜眠れず昼間だるい。あまり歓迎していないのに友人たちがよく下宿にやってくる。僕は妹から『兄ちゃんは幼い顔しているよ』

などと言われることがある。まわりの友達はみな老けているように思える。だから自分だけ浮き上がってしまうのだろう」「ガールフレンドが欲しいのだが，現在まわりにピンとくる人がいない。以前とは女性の好みが変わったような気がする」。

　好みの女性のタイプなどの話題は，楽しそうに話す。

【第8回：11月12日】この回も夢の報告はなく，症状の報告のみであった。「目は痛いが，眼科でコンタクトレンズを作ったら少し軽快して来た。食欲がなく，肩が痛い。いつも寝不足」。

【第9回：11月19日】「目の痛みは良くなって来たが，風邪が良くならない。下痢，腹痛がある」。

　今回は印象深い夢が報告された。

　　夢3：大きなお寺があって，そこで葬式が行なわれている。大きなたたみの広間があって，そこに細長いテーブルが並べてあり，たくさんの食器や皿が並べられている。見知らぬ男たちが皿を運んでいる。僕は手にコーラのビンをもっており，その栓を抜くときにコーラがこぼれて皿のうちの数枚を汚してしまう。僕は汚れた2枚の皿をもって外へ出て，寺の裏側へまわる。途中は砂利の敷いてある駐車場のようなところ。裏へまわると屋根のかかった洞窟の入り口のようなところがあり，そこは洗い場になっている。下はコンクリートで皿が積み上げてあり，一人の男が泣きながら皿を洗っている。その男は自分と背格好が同じで，自分の分身のように感じられた。僕は彼に皿を渡して一緒に洗ってくれるように頼むと，男は引き受けてくれる。僕が寺の裏側へ戻ると，そこにM教授によく似た中年の男がいて，腹を立てた様子で僕になぐりかかってくる。僕はそれを払いのけると急いで逃げ出し，自分の自家用車に飛び乗って車を発車させようとする。するとその男はウインドウのすきまから手を入れてドアを開けようとする。そこで僕はあわてて窓を閉めるが，男は反対側の窓から手を入れてくる。あせってエンジンをかけて車を発進させると，その男はさっきより若返った姿でバイクに乗り追いかけてくる。しばらく行くと道が急に細くなり，車が通れなくなってしまう。そこで僕は車を乗り捨てて，ちょうど通りかかったオートバイの男からオートバイを借りて，それに乗って逃げ出す。しばらく逃げて，倉庫の軒下のようなところでようやく停まる。気が付いてみると辺りは夜である。翌朝になって，乗り捨てた自家用車を取りにいこうと思

い，寺のあるはずの場所へ戻ってみると，そこにあるはずの寺はなく，見慣れた国道の通りに自家用車だけがおいてある。僕は頭をたたかれたようなショックを受けて目が覚めた。
　連想：M教授は古いタイプのものの考え方をする人で，新しいもの好きの自分の行動は絶対に認めてもらえないだろうという人の典型。

　治療者は，夢の最後の部分から雨月物語のストーリーを連想したことをB君に告げた。
　【第10回：11月26日】昨晩友人と徹夜マージャンをして，朝まで体調は良かったのだが，朝食後吐き気，嘔吐あり，下痢もあると言って元気がない。このためにこの日は点滴を施行した。夢の報告はなかった。
　【第11回：12月3日】「目の痛みはない。下痢は続いている。夜，目が冴えて眠れない」。

　夢4：男性の友人（N，O）が二人僕の下宿へやってくる。Nと僕は激しく言い争いをしている。Oは一人離れて黙々とゲームをしている。僕とNの口論が最高潮に達したとき，突然Oは立ち上がりゲーム機をぶち壊す。
　連想：Nは自分は身勝手なくせに，他人を身勝手だと言ってなじるような男で，現在冷戦中である友人。Oは下宿へよく遊びにくる男だが，ガールフレンドに対して無責任な態度をとった前歴のある男で，人間的に好きではない。

　治療者が「ゲームについてどう思うか」と尋ねると，B君は「ゲームは得意だが，これがあるために歓迎しない友人がおしかけてくるので困っている」と答えた。
　【第12回：12月10日】「目の痛みも，腹の調子も比較的良くなり，夜も眠れる。しかしジュースやコーラを飲むと顔が真っ赤になり咳が出るというアレルギー症状があり，左足がひどく痛む」「母親から『大学院には進学しないで，就職してほしい』と言われた。自分としては気が重いが，これ以上義父に迷惑はかけられないと思っている」「アイドルタレントと結婚することになる」というごく短い夢を報告する。
　【第13回：12月17日】「体調はまあまあ」「大学院進学の見込みはほとん

どなくなり気が重い」「男性の友人が死んでしまう」という内容のごく短い夢を報告する。冬休みのため，次回の面接は3週間後とした。

【第14回：1月14日】「初詣でに行ったところ，腰痛と左足の痛みのため途中で動けなくなった。胃の調子が悪い」。

今回は三つの夢を報告した。「成績表をもらう夢」「学校で絵を描く夢」の2編の断片的な夢を報告したあとで，以下の夢が報告された。

夢5：女性アイドルタレントのPのコンサートがあるので聴きに行こうと思い，公演会場の裏口から楽屋へ入る。部屋のなかで若い女性が二人机にもたれながら雑談している。僕が「Pちゃんは？」と尋ねると，びっくりしたように「そこに居るよ」と答える。見るとPが床にはいつくばって拭き掃除をしており，僕を見てニコッとする。そこへファンが大勢おしかけて来て，僕は彼女と手を取り合って逃げ出す。

連想：B君はPのファンであり，気分の良い夢であったが，他のファンの怒りを買うのではないかと，少し不安に感じた。

【第15回：1月21日】この回は夢の報告はなかった。「胃の調子が悪い」「腰と足と，最近また目と頭が痛む」「夜は比較的よく眠れる」。治療者は身体症状に対して対症的な投薬を行ない，あとはいつも通り傾聴にとどめた。

【第16回：1月28日】今回は来室時より，いつもと少し様子が違った。「今朝目覚めてから胸が苦しく，吐き気がして，頭もボーッとして夢のなかにいるような感じ」。治療者が「最近印象に残る夢を見なかったか」と尋ねると，B君は以下の夢を報告した。

夢6：友人と三人で高速道路を自動車で西に向かって走っている。京都付近で，湖か沼のある付近に倉庫のような建物がある。僕たちは車を降りてその建物のなかに入り，窓から眼下の湖を見ている。湖は崖の下の遥か底のほうにある。その湖岸へ自動車で男がやって来て何かを水中に隠している。ところがわれわれがそれを見ていたことをその男は感づいたらしく，男は倉庫の方へやって来る。その男は最初一人だと思っていたが，ここでは数人になっている。僕たちは自動車に乗って倉庫を逃げ出し，別の倉庫に入り，木箱のようなものの

陰に隠れる。すると戸が開き，茶色いコートを着てサングラスをかけたいかにもヤクザという感じの男を先頭に，数人の黒いスーツを着た男たちが，手にピストルをもって乱入してくる。僕は手にピストルをもっており，先手を取れば勝てるのではないかと思い，木箱の上に跳び乗ってピストルを発射しようとする。ところがその瞬間，茶色いコートの男の銃が火を吹き，僕は胸を撃たれて血が噴き出して死んでしまう。そのとき別の男が「馬鹿！　殺すんじゃねえ」と叫んだようであるが，そこで僕は目を覚ましてしまった。目が覚めたときの寝覚めはそれほど悪くなかった。

　治療者は「これだけの大きな体験をした以上，しばらくこのような感じが続くのは無理もないと思う。日常生活は最低限のことだけこなして，あとはできるだけ休息をとるように」と指示した。

　【第17回：2月4日】「前回来室時から，2〜3日のあいだ一日中ボーッとしている状態が続き，アルバイトから帰るとすぐ寝るような生活をしていた。その後，ボーッとした感じはなくなったが，自分のものの感じ方が以前とはなんとなく変わってしまったようで，今までだとイライラしたりあせったりしていたことが，変に醒めてしまったようであまり気にならなくなった。体の調子としては腰の痛みだけはあるが，ほかの症状はほとんど消失してしまった。現在の一種の無気力さは，特に居心地は悪くない」。

　夢の報告はなかった。治療者は「身体症状が軽快したのは悪いことではないと思う」と，とりあえずB君に告げたが，B君に本当のところ何が起こったのか，しばらく様子を見るほかはないと考えた。

第3期（第18回〜第27回）

　第2期の最後に劇的な体調の変化があり，その後身体的な症状は改善傾向にあるものの，無気力に近い気分を訴えていた。しかしB君の日常生活は一貫して適応範囲にあり，気分の変化に伴う現実的な不適応はみられなかった。夢はときどき報告された。進級が決まってからは，授業の関係などで，面接は平均2週に1度となった。

　【第18回：2月11日】「体調は良い」「しかしいつも無気力な感じがする。授業とバイトをこなして帰って寝ることのくり返しである」「進級もめどがつ

き，大学院進学の問題もなるようにしかならないと感じられる」。身体症状の訴えはないが，相変わらず淡々と語る。「妹に腹を立てている」という短い夢を報告する。

【第19回：2月18日】「調子良い。腰は少し痛むが，日常生活にはさしつかえない」「何かをしなければならないという気持ちがほとんどなくなってしまった。プレッシャーはなくなったが，同時に緊張感もなくなってしまった」。

治療者は「身体症状がないのは良いことだろう。無気力についてはもう少しどうなるか見ていこう」と話す。その後数回は同じような雰囲気の面接が続いた。

【第20回：2月25日】「体調はまあまあ良い」。「中学の先生をなぐりとばす夢」を報告する。

【第21回：3月3日】「体調はそう悪くない。再び大学院進学のことについて考えている」。「四つの色分けされた土地をめぐるゲームの夢」を報告する。春休みに入り，面接は約1ヵ月中断した。

【第22回：4月7日】「体調は悪くない」「大学院進学の見込みがまた出てきたが，試験に合格しないといけないので，ややプレッシャーを感じている」。

夢7：サッカーのゴールキーパーをしている。最初のシュートを簡単に受けとめられると思ったのに，こぼしてしまいゴールされてしまった。そこで完全に自信をなくしてしまい，そのあとは敵に入れたいほうだいにシュートされてしまった。味方が「どうしたんだ」と声をかけてくれるが，自分はまったく意気消沈してしまっている。

連想：最近の「どうなってもしょうがないや」という無気力さと似た気分を夢のなかで味わった。

【第23回：4月14日】「体調はまあまあだが，腹の調子が少し悪い」「卒業研究の所属教室が決まった」。

久しぶりに非常に印象の強い夢を報告した。

夢8：夢のなかで寝ていたようで，目覚めると自分のアパートの台所で女性のかっこうをした男性（いわゆるおかま）が料理を作っている。このおかまはど

こかで見たことのある人のような気もするがはっきりしない。びっくりして飛び起きて部屋のドアを開けて外へ逃げ出す。するとそのおかまは後を追いかけてくる。車のなかに隠れてやり過ごし，部屋へ戻ってドアを閉める。すると外からドンドンとドアをたたいたりしているようである。そのまま夜になり，そっとドアを開けて外の様子を見ると，おかまはドアの外に座って待っているようである。そこであわててまたドアを閉める。このままでは外に出るわけにもいかず困っている。

連想：おかまについては思い当たることはない，どちらかといえば嫌悪感を覚える。

しばらく続いていた身体症状の消失状態が，わずかであるが変化して来ているように治療者には感じられた。治療者は「おかまといえども，締め出すのはどうかなと感じる」と感想を述べたが，B君にはピンと来なかったようであった。

【第24回：4月28日】「体調がまた狂ってきた。夜眠れず，腹痛，下痢がある」「大学院進学の問題で，もっと勉強しておくのだったという後悔や，焦りが出てきて，少し情緒不安定である」。

夢9：僕は自分の車を運転して道路を走っている。その前を男が二人乗った軽自動車が走っている。突然目の前の車がこちら側の車線に侵入して来たため，僕の車は追突し前方が大破してしまう。前の車から男が降りて来て，「悪い悪い。修理代はもつから」などと言うが，僕は「そんな問題じゃないだろう」と言って喧嘩になる。

連休のため次回の面接は2週間後。

【第25回：5月12日】「体調はまあまあ」。夢の報告はなかった。

【第26回：5月26日】「下痢をすることがときどきある」「今春からずっと無気力な感じで何か生き生きとした感じがしない」。夢の報告は今回もなし。

【第27回：6月9日】「体調はまあまあ」「大学院は一応本学と地元の二校うけることにし，両親の許可も受けられそうである」。

B君は4年生の研究室所属となり，本格的な卒業研究にはいるため多忙となること，あわせて治療者の所属変更の都合もあり，面接は27回で打ち切り

となった。この時点で体調は完調とはいえないものの，面接開始時に比べれば，身体症状は著明に軽快していた。その後 B 君は無事卒業し，大学院へ進学した。ときどき身体の不調を訴えることはあったようであるが，日常生活はそれなりに過ごしているようである。残念ながらその後夢の内容の進展を知る機会は得られていない。

IV. 考　察

　本事例は，多彩な身体症状を長期間にわたり訴え，精神心理的症状としては，不眠，イライラ感，軽い憂うつ感などがあり，面接後半では無気力感に変わるが，これらの症状のために現実不適応を起こしたことはない。このような多彩な症状が出没する事例は，内科診療においても非常にしばしば経験される。このような患者に対して，上記に掲げたような個々の症状ひとつひとつを取り出して診断名をつけ，それによって症状の全体像を説明しようとしても，ほとんど無意味であることはほぼ間違いがない。また患者の病状を全体として説明するための診断病名としては，「自律神経失調症」「不定愁訴症候群」「身体表現性障害」などというような候補が考えられる。しかし，このような病名はある意味では何も診断していないと同じことであり，なんらの治療方針を示唆するものではない。

　一方で，この病態は心理社会的なストレスによって引き起こされたものであるとする理解の仕方は可能であり，一見説得力をもつようにみえる。もちろんこの事例において，生育環境，友人との交友関係，進級や進路の問題など，いわゆるストレッサーは大いに存在するものと思われ，それに対して十分な注意をはらうことは事例の全体像を理解するためには欠くべからざることであろう。しかしながら「『ストレス』が原因で『症状』が結果である」というような単純な因果論的な解釈は，治療の役にはあまりたたないものであるように筆者には思われる。実際，この事例を取り巻いている環境のストレッサーは簡単に取り除けるようなものではないし，事例は環境に対して少なくとも不適応にはなっていないにもかかわらず，このような症状を呈している。B 君自身の言葉を借りれば「体の調子さえ良ければ自分には何の問題もない」のである。

筆者はこのような症例に対して Balint（1957）が述べているように，あえて病名を付けず「未組織の病気」として一括しておく方が実際的であると考えている（斎藤，1989a）。その理由は，この事例のような病態はおそらく単一の原因による結果とは考えられず，そのような病態に対してあえて病名を付けることは，科学的にみて正確ではあり得ないし，同時に後に述べる，患者の症状をめぐる悪循環を助長し，病態を固定化あるいはむしろ増悪させる可能性が強いと考えられるからである。

さて本事例を「未組織の病気」の状態としてひとまず理解したとしても，そこからどのように病態理解を進めていくべきなのだろうか。本稿では筆者は以下の点を強調したい。

(1) 身体医学における現在までの病態の理解は，主として病気の「原因」を見つけだし，それを除くことによって治そうとする因果論的見方に立脚している。山中（1988）が指摘しているように，ストレスや性格の関与を重視する従来の心身医学的な病態理解においてもこれは例外ではない。ここで「精神身体症状の原因は何か？」という問題の設定の代わりに「症状を増強，固定化させている悪循環は何か？」という問題設定を行なうことは，このような病態を理解し治療方針をたてる上でより有効である可能性がある。

(2) 事例の自我意識が自身の身体症状をどう感じているかということを抜きにして，本事例のような病態を理解することはほとんど不可能である。治療者がこの点を理解しようとするならば，患者を単なる客観的対象物として扱うことは不可能で，医師と患者との関係は間主観的な関係となる。このような関係においては，「この事例の病態」そのものはもはや「まわりから切り離された患者個人だけ」に属するものとは言えず，治療者を含む患者の環境，患者の自我と身体の関係，患者の内界などを包含するシステムに属すると理解しなければならない。また各システムのどのレベルに焦点を合わせるかにより，複数の病態理解が可能となり，それらはおたがいに必ずしも相いれないものではないだろう。ここではBertalanffy（1968）の提唱した一般システム論的な考え方が利用可能

であると思われる。

以上の考察にのっとり，この事例の経過を次の三つのシステムレベルに個別に焦点を当てることにより，考察してみたい。
　1：医師－患者関係
　2：自我意識と身体の関係
　3：意識と無意識（普遍的無意識を含む）の関係

1. 医師－患者間のコミュニケーションにおける悪循環

　事例はさまざまな身体症状をもって，多くの医療施設を訪れている。しかしながら各医療施設において，種々の検査などが行なわれているにもかかわらず，明確な診断はなされていない。またある病名の診断が下されても，事例が望むような形での解決，すなわち「症状の原因を突き止めて，それを除去してもらうことにより，症状から解放される」ということはまったくなされていない。しかも，一般にこのような器質的異常が明確に指摘され得ない病態は，「実態のはっきりしない不定な訴え」として，真剣に扱われないか，あるいは「もし症状のあるのは事実であったとしても，どうしようもない」として突き放されてしまう傾向にある。したがってそこには，以下のような一種の悪循環が生じる。

　　［患者の訴え］→［原因の検索］→［検索の失敗］→［突き放し］→［患者の不安と不満の増強］→［訴えの増強］→［突き放し傾向の増強］

　この悪循環を推進している主たる要因は，第一には，患者，医師双方に存在する「症状があるからには，必ず原因が同定できるはずだ」という非論理的信念 irrational belief（Elisら，1975）である。すでに述べたように，このような病態においては単一の「原因」はそもそも同定できないので，原因追求の努力の結果は必ず失望か，明らかに間違った原因のでっちあげによる一時しのぎかのどちらかをもたらす。これはいずれにせよ患者の不安，不満を増強させる。
　悪循環を推進するもうひとつの要因は，医師の側にある「私はこの患者をど

うしても治さなければならない。それができないとすれば私は最悪の医者だ」という非論理的信念である。これがあると，原因同定ができなかった場合，医師の自尊感情は著しく傷つけられ，結果的に「何かの理由をつけて患者を突き放す」という傾向を助長する。

なお，ここで筆者は，このようなシステム論的な考察を行なう際に陥りやすい落とし穴について指摘しておきたい。それは，「治療者自身を含むシステム」を考察しているつもりで，いつのまにか治療者自身をシステムの外に置き，システムを客観的に考察しようとしたり，操作しようとしたりする傾向である。これについてはシステム論の主唱者の一人である Bateson 自身が強く警告しているところである（Bateson ら，1987）。この問題を完全に解決することは困難であるが，治療者が自身のもつ非論理的信念に常に目をむける努力が重要であると思われる（斎藤，1989b）。

論を元に戻すと，この医師－患者関係レベルにおける悪循環を断ち切る最も有効な方法は，医師の側からみれば以下の3点に要約される。①原因がまったく同定できないが，症状は頑固に持続するような病態は明らかに存在するという事実を認める。②「自分は必ず患者を治せるというわけではないし，いつでも患者の希望に添えるというわけではない」という事実を認める。③上記①②を認めた上で，患者の訴えに素直に耳を傾け，理解し受容することを続ける。

これを一言で言い換えると「患者を治す見込みのないまま患者に会い続ける」という苦痛に耐えて行く強さを医師がもち得たとき，上記の悪循環は消失に向かって動き始めると思われる。

2. 自我と身体のコミュニケーションにおける悪循環

事例が「原因不明の身体症状」に苦しめられているとき，事例の「自我意識」は自分の「身体」をどう見ているであろうか。自我にとって「身体がもたらす苦痛」は自分を苦しめる敵であり，「原因を発見して根絶やしにされるべき外部からの侵略者」であると認識されていると思われる。この背後には「身体は常に快適性を自我に対して保証すべきであって，そうでないとしたらそれは許されざることである」という潜在意識レベルでの信念が存在することがうかがわれる。しかしこの信念はおそらく程度問題なのであって，身体の不都合

な点を感じて，それをなんとかしようとする態度はある意味では当然のことである。しかしながら，意識的な努力によっても身体症状が改善しなかったり，出没をくり返したりする本事例のような経過においては，このような一見常識的な姿勢が，重大な悪循環を引き起こす可能性がある。それは以下のようなものと思われる。

　　［身体症状の出現］→［身体症状に対する憎悪，身体症状が解消しないことにより誘発される不安・憂うつ感・怒り］→［自律神経系・内分泌系を介しての身体症状の増悪，および症状を感ずる閾値の低下］→［不安・憂うつ感・身体に対する敵意の増強］→［症状の増悪・固定化］

　ここにみられる悪循環は，心身症的な病態には非常にしばしば観察されるものであり，経験的には理解しやすいものであると思われる。しかしこのような過程，特に不安や憂うつ感などの情動がどのような精神－身体的メカニズムを通じて，身体症状を増悪させたり，感覚域値の低下をもたらすのかは必ずしも明らかにされていない。こういったメカニズムの解明は今後の問題として留保されなければならないと思われる。
　このような悪循環を緩和させるのに最も有効な変化は，患者自身において「身体症状を『撲滅すべき敵』とする認知」から，「身体を『病んでいる親友』として受け入れる認知」への転換がなされることであろう。しかし一般にはこのような認知の変化を治療者の積極的な働きかけのみによって引き起こそうとすることは困難であるように思われる。この転換は一言で言えば，「こころとからだの和解」とでも表現すべき根本的な認知の変容過程であると思われ，筆者の私見では，Meier（1986）の言う共時性 synchronicity の観点から理解すべき過程であると思われる。Meier（1986）は，「心身医学領域における『治癒』の過程は，心と体のいずれかが先行する原因－結果の連鎖から起こるのではなく，共時的事象として起こる，より高次の第3のものの布置——全体性の象徴ないし元型——によってのみ生起するのではないか」と述べている。この共時性の概念規定については，現時点での筆者の言語化能力を超えることと，本稿の本旨からはやや外れると思われるので，機会を改めて述べるこ

とを試みたいと考えている。

3. 意識－無意識間のコミュニケーションにおける悪循環

これまで医師－患者間のコミュニケーションレベルおよび，患者の自我－身体間のコミュニケーションレベルにおける，身体症状をめぐる悪循環の存在について考察してきた。しかしこれらの悪循環が，事例の身体症状を増悪させていることは十分考えられるとしても，症状がそもそも何によって生じて来ているのかはこれだけでは説明されていない。そこで，ここでは事例の意識と無意識の間におけるコミュニケーションという側面に焦点を合わせ，考察を続けてみたい。ここでは特に事例によって報告された夢に表現されている内容から，事例の内界に起こっているドラマと身体症状の関連について考察する。しかしながら二つの理由から，本事例の夢の解釈は本稿では不十分なものにしかなりえなかった。

第1に，事例の内界のドラマは始まったばかりであり，部分的な解決にさえほど遠い状況にあるものと思われる。第2に治療者側の問題がある。事例の内界のドラマをともにたどっていくためには治療関係が不十分であり，これは主として治療者が十分な心理療法的訓練を受けていないことによる力量不足に起因すると思われる。したがって興味本位の立場から夢の解釈を強引に行なえば，それはきわめて不正確かつ独善的なものになってしまう可能性が強い。また心身症における「心因」に不用意にアプローチすることは，重大な危険が伴うことも予測される（河合，1986）。そこで今回は，事例の夢に暗示されている，事例における意識と無意識の関係に焦点を合わせて考察するにとどめたい。なお実際の面接のなかでは，治療者による夢の解釈は行なわれず，夢の内容と連想の聴取が行なわれたのみである。

事例による夢の報告に先立ち，第1回から第4回までの面接では，事例の身体症状，生育歴，進路の問題，クラスメートの問題などが語られた。この間，筆者が最も強く印象を受けたことは，B君の語りの内容，B君の全体から醸しだされる雰囲気と，B君自身が感じていると思われる感情のあいだに，何とも言えないギャップが存在していると思われることであった。B君自身の語る事実の内容は十分劇的なものであり，またB君自身から発せられる雰囲気は明

らかに「非常に重大な状況にあって，困っている」というものであった。にもかかわらず，B君が感じているのはせいぜい「こんなに体の調子が悪いということは多分ストレスがあるんだろう」とか「ストレスがあるんだとすればたぶんこれなんだろう」というような，まるで他人事のような感じ方であるように思われた。これはB君の自我と感情，意識と無意識のあいだにかなり強いコミュニケーションの障害が存在していることをうかがわせた。

　夢1〜3で語られた共通のテーマは「恐ろしい敵に追いかけられ，ほうほうの体で逃げ回っている」というものである。このテーマはB君の夢にくり返し，くり返し現れているものであり，B君の内界に強くコンステレートされている状況であることが明らかである。ここで追いかけて来るものはB君自身の無意識の総体であり，逃げているB君自身はB君の意識であると仮定することは十分可能であると思われる。追いかけて来るものは，夢1では幽霊列車に乗ってやって来た正体不明の標的のような人形，および顔のはっきりしない大魔神のような巨大なものであり，夢2では二人の僧侶，夢3ではM教授と次第に現実的，人間的な存在への変化が認められる。迫って来る無意識と意識の距離が近づくにつれて，次第に無意識の内容が意識との対話が可能な形をとってきていると思われるので，これはいちおう好ましい変化であると思われる。しかしいずれにしても接近してくるものは恐ろしく，攻撃的であり，意識はひたすら逃げるのみである。ここでは影（シャドウ）が無意識全体を代表していると思われる。夢4で下宿へやってくる二人の友人も，B君の影であると思われる。B君の自我はこの影を受け容れようとせず，敵対関係にあることが明らかであるが，ここでは口論という形ではあるが対話が行なわれており，これも意識と影の接近を反映するものであろう。なお夢3では葬式のテーマが，続いて友人の死のテーマが断片的に現れており，無意識のレベルでなんらかの大きな変化が起こりつつあることを推測させる。この後，夢5では一転して女性のアイドルタレントが出現する。ここまでは無意識は自我にとって受け入れ難く，自我を脅かす敵としての側面（影）を主として見せてきたわけであるが，ここでは無意識の魅力的な，自我を魅惑する側面（アニマ）が出現している。しかし，影から逃げようとする努力が自我をさらに悪い状況に追い込むのと同様に，アニマに魅惑されてただ不用意に無意識に接近することは危険

を伴う場合もあるように思われる。

　夢6は事例の夢のシリーズにおいてひとつの転回点をしめすもので，ここでは初めて意識と無意識（影）との直接対決が行なわれているが，自我がヤクザの形をとった影に撃ち殺されるという結果に終わる。その後，現実世界においてB君の「ものの感じ方」が変化し，同時に身体症状の劇的な軽快が起こったことは，きわめて興味深い事実である。これについて，「意識が無意識の接近を拒否しているあいだ続いていた身体症状が，無意識に追いつかれたとたんに必要がなくなり消失した」というように理解することは，一つの可能性として許されるように思われる。しかし，このような急激な転回がクライエントにとって望ましいことであったかどうかについては，簡単に結論を出せない問題であろう。一方でB君の自我を撃ち殺した影は，その直前になにか貴重な宝物を湖（無意識）の底に隠しており，これは自我が影との関係を通じて貴重な物を手に入れる可能性を示していると思われる。

　面接の第3期において身体症状は軽快したものの，B君の無力感はむしろはっきり自覚されるようになっている。これはおそらく夢7に表されているように，意識の防衛が敗北した結果「敵（無意識）の侵入（シュート）を防ぐ手段がない」という状況を反映しているように思われる。ところが夢8において，再び無意識は今度は女性の格好をした男性（おかま）という形をとってB君を訪れ，B君の自我は再びこれを締め出そうとしている。この前後から再び軽度ではあるが身体症状が出現しはじめていることは，おそらく偶然ではないと思われる。ここで無意識が男性的要素と女性的要素の結合した形で現れていることは興味深いが，ここではこれ以上の考察は避けたい。さらに夢9では交通事故（追突＝俗な表現で「おかまを掘る」）という強引な形で無意識が意識に接近を試みている。残念ながら事例との面接は非常に中途半端なままで打ち切られており，これは双方の事情でやむをえなかったとは言え，今後の展開が好ましくない方向へ動くとすれば，治療者に責任がないとは言えない。幸いB君は表面的には一応大きな問題なく過ごしているようにみえる。

　ここで事例における意識－無意識のコミュニケーションにおける悪循環の存在を考察してみると，それは以下のようなものであると推定される。

［無意識の接近］→［意識による無意識の拒否，逃亡］→［さらにショッキングなかたちでの無意識の接近］→［さらに強い拒否，逃亡］

この悪循環が断ち切られた（意識が無意識につかまえられた）ときに，劇的な身体症状の軽快が起こったという事実から，このような内界での悪循環と身体症状の間に何らかの関係があるということが推定される。したがって患者の意識を無意識に向けさせ，意識と無意識の対話（できれば穏やかな形での）を促進するよう援助することは，このような悪循環を消失させるために有効であると思われ，ドリームワークや箱庭療法などが心身症に有効である一つの理由になっているものと推測される。しかしながらこのレベルでの内界のドラマは本質的には自律的性格を有するものと思われ（斎藤，1991），治療者の取るべき態度は，安易な介入をすることなく，事例の内界のドラマの進行を尊重しつつ見守ることであると思われる。

V. まとめ

以上の考察をまとめたものを**表1**に示す。本事例の身体症状が慢性に出没をくり返す背後には，三つのレベルにおける悪循環の存在が仮定できる。これらの悪循環を促進している因子は，患者，患者の身体，患者の無意識がそれぞれ医師，患者の自我，患者の意識に接近し，コミュニケーションをもとうとしているのにもかかわらず，後者がそれを拒否していることにあると思われる。その際に接近の手段，信号の役割を担っているのが症状および，症状の訴えであると考えられる。悪循環を緩和して，症状を和らげるのに役立つ態度は後者による前者の尊重，受容である。目的指向的な解釈をするならば，心身症的な病態におけるこれらの症状，訴えは医師，患者の自我，意識にこのような変容をせまるために出現してくるという理解のしかたが可能であろう。

最後に，本稿で述べたようなアプローチがどのような範囲の病態に適用可能かという問題について，筆者の印象を述べておきたい。筆者の専門とする消化器内科領域の「いわゆる心身症」は，心理面からおおざっぱに分類すると，神経症的なグループと失感情的なグループに大別される（斎藤，1988）。このう

表1 心身症の病態に存在すると推定される三つのレベルにおける悪循環

	医師-患者間の コミュニケーション	自我-身体間の コミュニケーション	意識-無意識間の コミュニケーション
コミュニケーションの レベル	interpersonal	intrapersonal	transpersonal
接近を望むもの（つな がろうとするもの）	患者	患者の身体	無意識
接近を拒むもの（切ろ うとするもの）	医師	患者の自我	患者の意識
接近の手段（信号）	訴え（complaint）	身体症状	精神・身体症状／悪夢
悪循環を緩和する態度	医師による患者の尊重	自我による身体の尊重	意識による無意識の尊重

ち前者には本稿のようなアプローチが全面的に適用しうると思われる。後者のグループは普通の意味での心理療法に反応し難く、真の意味での治癒のためには、第2、第3のレベルへのアプローチが必要ではないかと筆者は考えている。もちろん消化器以外の広義の心身症においてもほぼ同様のことがあてはまると思われる。

内科の日常臨床においても、本稿のアプローチを適用しうる患者は多数クリニックを訪れていると思われるが、その多くは第1のレベルの悪循環が緩和されるだけで、かなりの症状の寛解が得られ、社会生活に復帰することが可能となっているのではないだろうか。河合（1986）が述べているように、心身症の「心因」に真にせまろうとすれば、普遍的無意識レベルの泥沼に踏み込み、「命をかける」ほどの覚悟が必要になると思われる。どのレベルまでのアプローチがその患者にとって必要かの判断には柔軟性が要求されるものと考えられる。

文献

Balint M（1957）The Doctor, His Patient and The Illness. 池見酉次郎他訳（1967）プライマリ・ケアにおける心身医学—バリント・グループの実際. 診断と治療社.
Bateson G, Bateson MC（1987）Angels Fear, towards an Epistemology of the Sacred. 星川淳・吉福伸逸訳（1988）天使のおそれ. 青土社.
Bertalanffy L（1968）General System Theory. 長野敬・太田邦昌訳（1973）一般システム理論. みすず書房.

Elis A, Harper RA (1972) A New Guide to Rational Living. 国分康孝他訳（1982）論理療法―自己説得のサイコセラピィ．川島書店．

河合隼雄（1986）心因ということ．心理療法論考．pp.133-141，新曜社．

Meier CA (1986) Soul and Body, Essays on the Theories of C. G. Jung. 秋山さと子訳（1989）ユング派の視点から見た心身医学．ソウル・アンド・ボディ．pp. 173-199，法蔵館．

斎藤清二・吉田百合子・加須屋実（1988）大学生における上部消化管疾患（2）―心身医学的アプローチ．第 25 回全国大学保健管理研究集会報告書，137-139.

斎藤清二（1989a）大学生の健康管理―心身医学的観点から．医学の歩み，148；470.

斎藤清二（1989b）論理療法の実際，自信のない場合．*In* 国分康孝編：論理療法に学ぶ．pp. 119-127，川島書店．

斎藤清二（1991）境界例における自己治療的ドラマ―問題行動を繰り返した女子学生の 1 事例．季刊 精神療法，17；150-160.

山中康裕（1988）心身症におけるこころとからだの総合的・解釈学的現象学試論．*In* 山中康裕他編：臨床的知の探求（下）．pp. 21-42，創元社．

第 7 章 こころとからだの和解の過程
―― 胃症状への固着を示した大学生の事例を通して ――

I. はじめに

　本報告は，胃症状に対する強い固着と対人恐怖を呈し，大学生ではあるが，いわゆる「不登校家庭内暴力」ときわめて類似した病態を示した一男子例の，約5年間にわたる面接経過である。本事例は狭義の心身症とは言えないが，身体症状への固着が著しく，事例の内界における，こころとからだの関係が問題になった。一般に，身体症状に強い固着を示す事例の心理療法には，困難がともなうことが多く，その治癒の過程において「こころとからだの和解」とでも表現すべき，根本的な認知の変容が必要とされるように思われる。
　この過程は，Meier (1986) が「心身医学領域における『治癒』の過程は，心と体のいずれかが先行する原因‐結果の連鎖から起こるのではなく，共時的事象として起こる，より高次の第三のものの変化――全体性の象徴ないし元型――によってのみ生起するのではないか」と述べているように，共時性 synchronicity の観点から理解すべき過程であると筆者は考える。本稿では，事例の精神，身体症状が劇的な軽快を示した，面接第 IV 期以降に報告された夢のシリーズに焦点を当て，この過程をできるかぎり言語化しつつ考察することを試みたい。

II. 事例の概要

事例：C君，21歳，大学3年生。
主訴：胃部不快感，対人恐怖，不登校。
家族背景：父（教員），母，祖父母（母の父母），兄（大学生，他県在住）の6人家族であったが，C君が大学2年のとき，父，祖父が相次いで死去し，現在は祖母，母と3人暮らしである。
生育歴：幼小児期はとくに問題なし。小中学校を通じて「手のかからない良い子」であった。兄は両親に反抗的であり「やっかいな息子」であったため，両親の関心はもっぱら兄に向いていた。中学校は運動部に在籍。高校は文化系の部活に在籍していた。中学校の半ばより，時おり胃の不快感を訴えていたが，日常生活には適応していた。大学受験の際，希望学部に不合格となり，現在の学部に入学した。
現病歴：入学後，3学年までは順調に進級した。2学年の終わりごろ，父が死去したため自宅から通学するようになった。このころから胃の不調を理由にほとんど大学へ登校しなくなり，4年への進級に失敗，留年が確定してからは，ほとんど家から外へ出ず閉じこもるようになり，母親に対して，「自分の胃が壊れたのは，母親が中学校のとき無理に塾へ通わせたためだ」などと言って，大声を出したり，ふすまを破ったりなどの行動をとるようになった。たまりかねた母親が，X年5月17日，大学の保健管理センターに相談に訪れた。本人の来室が不可能なため，母親に対する面接が開始された。C君はX年10月1日，胃の不調を主訴にX病院（心療内科）へ入院。身体の精査を受けるとともに，絶食内観療法を受けることになった。このころから母親が夢を報告するようになり，この期間中に，「ビルの四階から息子と二人で，濁流を見下ろす夢」に始まる28個の夢を報告した。

治療者は，同年11月3日，X病院入院中のC君を訪れ，初回の面接（#1）を申し入れた。C君はとくに抵抗を示す様子もなく，「胃の調子が悪いこと」がすべてであり，他人に会いたくないのも「胃のせい」であることなどを熱心に話してくれた。C君は3カ月の入院後退院し，保健管理センター

III. 面接経過

[第Ⅰ期：X＋1年2月27日〜10月18日，#2〜#30]

　この期間は，もっぱら胃症状についての訴えと，その形成過程についてが話題の中心であった。

　「小学2年生ころ，両親から『夜眠る前に物を食べてはいけない』と言われ，『食事を自分の意識で完全にコントロールしなければ胃が壊れる』と思うようになった。小学校時代は，『完全に空腹になるまでは食事しない』ということを守りとおして来た。中学1年生になり，塾に通わされるようになって，『このままではやっていけない』と思い，このコントロールを放棄してたくさん食べようとしたところ，ある日突然『胃が壊れた』と感じた。『胃が壊れてから』は，何をやるにも自分の理想にはとても届かない状態になった」(#2)。「胃が壊れたため，身体もやせて細くなり，ほおもこけて醜くなり，そのため他人からも悪く思われるようになった」(#5)。「少し勉強しようとすると，体に力が入ったり，目が霞んだりして集中力がなくなった。これもすべて『胃が壊れた』せいだと思っている。現在の問題はすべて『胃が壊れた』ことから来ており，けっして自分は怠けているわけではないのに，両親も他の人もまったくわかってくれない」(#8)というような内容が，くり返しくり返し訴えられた。

　面接の方針としては，C君の訴えを傾聴することに徹し，C君の感じている身体感覚をできるだけ治療者自身が共感するよう努力したが，これはしばしば困難であった。一方では，音楽や漫画，教育問題，政治経済の問題などに興味を示し，熱心に話してくれるようになった。こういった話題に対するC君の話しぶりは，個性的かつ論理的であり，治療者も「なるほど」と思わされることがしばしばであった。

　しかし，「世の中はすべてマスコミの陰謀に支配されている」(#13)。「政府は問題人物をひそかにリストアップしているのではないか」(#20)。「日本民族は栄養が足りないので，栄養豊かなアメリカにはかなわない。このままで

はアメリカにつぶされてしまう」(#23) などという，やや独特の論理づけも認められた。大学へは実習にだけ出席するようになった。C君は「Q元首相と王冠の夢：夢1（次項で詳記）」を #12 で報告したが，第Ⅰ期には散発的に五つの夢を報告したのみであった。母親とは不定期に面接し，7個の夢が報告された。母親が最後の面接で報告した夢は「自動車を運転して濁流に囲まれた坂道を下って行く息子を最後まで見届ける」というものであった。C君の「胃が壊れている」という症状に対する洞察は，次第に明確に言語化されるようになって来た。「夜眠る前に物を食べてはいけないと親に言われた小学生のときが，『自分の考え（わがまま）をとおして生きるか』『他人（親）の言うとおりに生きるか』を選択する分岐点だった。そのとき安易に後者を受け入れたのが間違いだった。中学生のとき『胃が壊れた』のはそのだめ押しに過ぎない」(#25)。「『胃が悪い』という身体感覚をまとめると，①常に胃のあたりがもたれている，②胃が食物を消化してくれるという信頼感がない，③胃が上から押されて底が抜けてしまうような感じがする，④（胃が悪いために）目が疲れ，視野が狭くなる，⑤頭がボーッとしてなにを勉強しても頭に入らない，⑥体に力が入り，筋肉がひどく疲れる，というようなことになる。これら①～⑥の感覚と『自分が勉強できないということ』『他人に会うのがたまらなくいやだ』ということは分割できない一つの感覚。この感覚の中央にあるものは『絶対的な高すぎる理想』である。この理想とのギャップがすなわち『胃が壊れているという感覚』である。今までは胃が治ればすべてうまく行くと思っていたが，このままでやって行くためには理想を下げるしかないと思っている」(#29)。「これらのことはまったく自明の理なのに，他の人，とくに母親にはまったく通じない。僕は1年間まったく同じことを言い続けてきたのだが，ようやく治療者が少しわかってくれるようになった」(#30)。

[第Ⅱ期：X＋1年10月25日〜X＋2年7月6日，#31〜#63]

「自分はなまけているのではなく，胃が悪いためになにもできない状態なのだ」というC君の主観が治療者に受け入れられたためか，「体調は少しずつ良くなって来た」という発言が多くなった。「胃が壊れたのはどうしようもないが，とにかく栄養をとってがんばって行くしかない」(#34)。「普通の

人が何を考えているのかわからないので，だれと話すときでも緊張してしまう」(#37)。「自分は本当の勉強をしてこなかったので，中学生からやり直さなければいけない」(#39)。「僕は，本質のみが大切で，枝葉はどうでも良いと思っている。しかし現実にはこれは他人に受け入れられない。自分の方が正しいのだが，自分の方が弱いのでどうしようもない」(#48)。「体力をつけるためには食べ物をたくさん食べる必要がある」(#51)。「僕の言う『強さ』とは『自己肯定感』のことである。それが自分にはまったくない。母と祖母は自分の価値観に固まっており，僕の価値観はつねに間違っているとされてきた」(#54)。「自分が内面を出せばむちゃくちゃに攻撃的で破壊的。だから出す気になれない」(#58)。「人間関係をやっていけるという気がしない。集団のなかの暗黙のルールのようなものを察知してそれに合わせることを意識的にやらなければならず，それをやり抜くには体力が足りない」(#62)。

「胃が壊れている」という訴えは減少し，代わって「栄養が足りない。体力の問題である」ということが全面に出て来た。しかし「授業に出たり，勉強をしようとしたりすると非常に疲れる」ため，後期の授業はほとんど出席せず，期末試験も受験せず，2年目の留年が確定した。

[第III期：X＋2年7月13日〜X＋3年2月2日，#64〜#88]

このころからしばしば夢を報告するようになった。「バス停留所からヘリコプターでどこかへ行く夢」(#64)。「よその家に入ろうとして，犬にほえられる夢」(#68)。「自動車，または自転車に乗って，だれかとどこかへ行く夢」(#73，#74)。

夢以外の話の内容は基本的には第II期とかわりばえのしないものが続いていた。#74において，ユダヤ人が世界を支配しているかどうかというような話題から治療者と激しい議論になった。C君は「個人が大切であるというようなことを強調するのは間違っていて，しょせん全体の秩序を乱すのはいけないことだ」というような趣旨を主張し，治療者はそれに反対の意見を自己開示し，かなり感情的な議論となった。この展開は，C君の内面における葛藤に治療者が巻き込まれ，治療者が片方の役割の代弁をさせられたように感じられた。

#75においてC君は，前回の議論のとき治療者に怖さを感じたが，「このよ

うな議論は必要だと思う」と述べた。「調子が良くなってきたと感じた。蛙が人間に変わるような印象的な夢を見たが詳細は覚えていない」(#76)。「大阪城の天守閣から下へ降りる夢」(#79)。「アイドル歌手と一緒にバスに乗ってどこかへ行く夢」(#81)。

このころ，C君の状況に進展がみられないのは治療者の消極的な姿勢に一因があるのではないかと，治療者は危惧していた。そこで #81～#85 において治療者は C 君のもつ非論理的信念 irrational belief（自分は絶対に出世しなければならない。それができない以上自分はまったく絶望的な状況である）に対して，論理療法的接近（斎藤，1989）を試みた。しかし C 君の「学歴社会が現実であり，これに個人で対抗することはできない。マスコミが，世間が，社会が自分を操作し，からめとろうとしている。それに対抗するには強くなる（具体的には出世する）しかない。しかしそれは現実にはできない」という信念はきわめて強固で，付焼刃の技法でそれを変えさせることなど不可能だと治療者は痛感させられることになった。#86 において，治療者は「話を聞いているとこちらがズッシリと重さを感じ，からめとられて身動きできないような気持ちになってくる」と率直に C 君に告げた。C 君は「現実がそうなのだからしかたがない。しかしこんな状況が現実には絶対にあるはずはないし，あってはならない。こうなったのは健康を損なったせいで，塾へ行かせた親のせい。しかし本当は健康になってもやはりやっていけないのではないかと思うときもある」と答えた。治療者は「C 君を変えようと試みるのではなく，なにかが起こるまでじっと待つことに徹する」方針を自分自身に再確認した。

現実的には，やはり勉強ははかどらず，対人恐怖も相変わらずで，学校へはほとんど出席できず，3 年目の留年が決定した。

[第Ⅳ期：X＋3年2月9日〜7月19日，#89〜#110]

毎回のように夢を報告する。「魔神のような存在と戦うが，味方がすべて敵に変えられてしまう夢」(#90)。「幕末の志士たちと会う夢」(#94)。「城の石垣を父に先導されて降りる夢」(#96)。

このころからゲーム「ドラゴンクエストⅡ」に熱中し，経過を詳しく治療者に報告してくれるが，途中で「水門の鍵」を見つけることができず，立ち往

第 7 章　こころとからだの和解の過程　113

生して苦しんでいる。約 1 カ月の苦労の後,「水門の鍵」を手に入れた。その直後に「川を迂回して泳ぐ夢：夢 46（次項で詳記）」(#101) が報告され，この後「日章旗の夢：夢 48（次項で詳記）」(#103),「アイドル歌手と一緒に敵と戦う夢」(#104),「見知らぬ土地へ行って熊手を取って来る夢」(#108) などの夢が続くようになった。また「月の 10 倍くらいの大きさの白く光る球体が一瞬空を飛ぶのを目撃し，UFO かと思った」(#110) というような経験も語られた。

現実面では，あまり学校へは行かず，家で少しずつ試験勉強をしたり，ゲームをしたりして過ごしている。体調はときどき非常に良くなったと感じることがあるが，一進一退である。

[第 V 期：X ＋ 3 年 8 月 2 日〜 X ＋ 4 年 3 月 23　日，#111 〜 #127]

治療者の所属変更（保健管理センターから附属病院へ）に伴い，面接は週に 1 度から 2 週に 1 度に変更された。この時期は劇的な夢が展開した。「学校から別世界へ行く夢：夢 59（次項で詳記），時間を支配する家族の夢」(#111)。「サーキットレース場の夢」(#112)。「自分を脅かしている怪物と和解する夢：夢 63（次項で詳記）」(#113)。

前期の試験は一応受けたが，合格点には達しなかった。「野球でヒットを打つ夢」(#114)。「列車で自分の町へ帰ろうとしている夢」(#115)。「迷路を抜けて自転車で帰宅する夢：夢 66（次項で詳記）」(#116)。体調はかなり良くなり，「続けられる」という感覚が出てきた。「建造中の遊園地の夢」(#118)。「友人同士が結婚する夢」(#120)。「学校が豪華マンションに建て替えられている夢」(#121)。「人並みの体調になった」と感じられると言う。「仲間と一緒に敵と戦う夢」(#123)。「ドラゴンやモンスターの闘技場の夢」(#124)。「街の中心部の交差点の夢」(#125)「動物たちに導かれて中国から日本へ戻って来る夢」(#126)。「円形の闘技場から逃げ出して来た夢」(#127)。

胃の症状についてはほとんど訴えがなくなった。今年進級できなければ，退学というタイムリミットまで追い込まれたが，このころから体調が良くなり，対人恐怖傾向も著しく軽減し，後期からはほとんどすべての授業に出席することができた。進級に必要な後期の試験も突破し，4 年生に進級が確定した。

[第Ⅵ期：X＋4年4月6日〜X＋5年4月5　日，#128〜#145]

　研究室に所属し，卒業研究を行っている。研究室内での対人関係もそれなりにこなしている。勉強にもかなり集中できるようになり，胃の症状もほとんどない。卒業後の進路について迷い，コンピューター関係の会社の面接を受けたり，音楽関係の会社に書類を出したりもするが，結局就職はせず，再受験を目指すことになる。面接は2〜3週間に1度となり，前半は卒業研究や進路のことについて話し，その後夢を報告し，最後はゲームや音楽などについての雑談で終わるというパターンである。「新しい家に引っ越した夢」(#130)。「海岸へ泳ぎついたシーラカンスをつかまえる夢：夢84（次項で詳記）」(#131)。「島を結ぶ橋を渡る夢」(#135)。「冬山の頂上を・迂回する道を見つける夢」(#137)。体調がひどく悪くなった後（下痢をしたり風邪をひいたり）で，調子が非連続的に良くなるようだと言う。「自分の邪魔をしていた老人を押し倒す夢」(#140)。「新築した家から，地下鉄の駅へ戻る夢」(#144)。最終回，「『キマイラのような怪物』と戦う予感の夢」(#145) を報告し，卒業とともに面接を終結した。

　卒業時に他大学の文系学部を受験するも不合格であった。しかしC君は「予想された結果である」として，落胆した様子はなかった。卒業約10ヵ月後に，治療者はC君宅に電話をしてみた。C君は再受験を目指して自宅で勉強中であった。思うほど勉強がはかどらないとはいうものの，体調は悪くないということであった。母親の話でも，以前のように荒れたりすることはなく，平穏に過ごしているようであった。

IV．C君の夢

　C君は，述べ145回の面接中に，断片的なものを含めて100の夢を報告した。面接第Ⅳ期〜第Ⅵ期を中心に，7編を詳記する。なお，面接中には夢の解釈はほとんど行われず，夢とそれに関する連想の聴取が行われたのみである。

夢1（X + 1 年 5 月 15 日）：原子力発電所の事故で放射能汚染が起こったらしく，家族や近所の人と一緒にバスで避難することになる．最初，バスに乗り込んだのであるが，なぜか，10 人くらいの同級生と一緒にバスから降りて歩いて行くことになる．同級生たちと「なつかしいなあ」などと話しながら歩き続け，Y 高校（母校）にたどりついて，校庭に入る．校舎の前にガラスケースが置いてあり，なかには王冠が数個入っている．ケースのなかには赤い布が敷いてあり，ガラスの一部が割れている．そこへ Q 元首相が現れて，ケースから王冠を取り出して頭に載せ，「やはり王冠は素晴らしい」などと言っている．ここで場面が転換し，みなが避難したところへ僕も合流しており，お風呂に入っている．

夢46（X + 3 年 5 月 2 日）：たんぼの畦道のようなところを自転車に乗ってどこかへ向かっている．道の真ん中にライオン（または虎か狼）がいて通れない．この動物は刺激しなければそれほど危険ではないと思い，僕は自転車を降りて道の脇を流れている川を泳いで迂回して行こうとしている．僕は泳ぎながら，「自転車を乗り捨てて来てしまったので，あとでライオンに追いかけられることになったら困るなあ」と思っている．

夢48（X + 3 年 5 月 16 日）：日本がアメリカに占領されているようで，僕たちの目の前をアメリカ軍楽隊がリパブリック讃歌のような曲を演奏しながら行進して行く．楽隊員の一人の若いアメリカ人が僕の前でクラリネットを吹きながら，僕の鼻先にクラリネットを押しつけてくるので，僕は邪魔で不愉快になり手で払いのける．すると男はまた同じことをくり返してくる．そこでまた払いのけると，近くにいた隊長らしいあごひげをはやした中年の男が英語でなにか話しかけて来る．怒られているのだと思い，英語で言い訳しようとするが相手には通じない．そのうちに男はピストルを取り出して僕に向かって乱射してくる．てっきり撃たれたと思ったが，弾はどうやらすべて外れたようで，隊長以下軍楽隊は去って行く．僕たちの並んでいる前で，ポールに掲げられた日章旗がスルスルと引き降ろされ，「日没とともに日の丸は降ろされ，二度と掲げられることはないだろう」というようなナレーションが流れ，僕たちは，悔しく淋しい気持ちを強く感じている．

夢59（X + 3 年 8 月 2 日）：僕は中学校の校舎のなかにいる．校舎のなかに今までに見たことのない階段がある．僕は不思議に思い，その階段を上がって行く．僕は禅の修行道場のような場所にたどり着く．黒い衣を着た若い僧侶が一

人座っており，僕がうろうろしていると「ここは聖なる道場だ。お前は何をしに来たのか？」と尋ねられる。適当にごまかしていると，その男は奥の方に入って行く。その男について行くと，そこは音楽室のような部屋であるが，畳が敷いてあり4人の男が座ってトランプの勝負をしている。一人は魔法使いのような人であり，他の3人はその弟子のようである。その首領格の男が，僕にトランプのブラックジャックに加わるように告げ，僕が勝てば元の世界に帰してやるが，勝たないかぎりここから出られないと言う。ところがこの男はすべてのカードを見通す力をもっており，僕はどうやっても勝てるはずがないという感じである。それでも1～2回勝負に挑戦してみるが，やはり僕は勝てない。そうこうしているうちに，なにか光が走って，その部屋にだれかが入って来たようで，それをきっかけに結界が破れ，僕は外へ出ることができたようである。

夢63（X＋3年8月30日）：僕は学校らしいところにいて，だれか敵に追いかけられている。ほうぼう逃げ回った後で，僕はドアを開けて別の世界（そこは宗教的な場所であるらしい）への通路へと逃げ込む。その通路は暗くて怖いのだが，敵はこちらへは入って来れないようで，敵はしかたなく向こうから戸を閉めてしまう。そのため僕は元の世界へ戻れなくなり困ってしまう。通路の向こう側の世界へ行こうとしていると，修道女のような若い2人の女性が現れる。僕が「元の世界へ帰りたいので，ドアを開けてください」と頼むと，彼女たちは「それではこちらへおいでください」と言って，僕を向こう側の世界へ連れて行く。そこには修道女たちの長と思われる，女優のRに似た中年の女性がいて，その他に数人の男女がいるようである。修道長は僕に「それでは占ってあげましょう」と言って，釜のなかに水を入れて火にかける。水が沸騰すると，水面に敵の姿が浮かび上がる。それは緑色の皮膚をしたカッパが人間になったような男で，胴がきわめて短く，肩からすぐ足が生えているような奇妙な姿をしている。僕は「これが僕の敵の正体か」と思うが，とくに感動はない。修道長は「それではおはらいをしてあげましょう」と言って，なにやらおはらいをしてくれる。その後，あまりはっきりしないが，僕は元の世界へ帰してもらったようである。元の世界でさっきの敵に出会うと，相手もそれほど敵意はないようで，「自分もいやだったのが，誤解されていたらしい」などと言い，僕たちはなんとなく和解したようである。

夢66（X＋3年10月11日）：学校の校舎のなかにいるらしく暗い。学校のなかは迷路になっているらしく，僕はあちこち走り回っているが，ほうぼうにし

かけがあってどうしても抜けることができない。ずいぶん探したあとで、その学校の住人（？）の小学校の同級生の男子が現れて、僕に迷路から抜けるための道を教えてくれる。彼の言うとおりに道を進み、長い廊下の向こうに出口の明かりが見える。そこを抜けると学校の玄関に出て、そこに自分の自転車がある。外は雨が降ったらしく、自転車は濡れている。またこの自転車は鍵が壊れており、僕は「よく盗まれなかったなあ」と思っている。僕は自転車に乗って走り出し、家へと帰って行く。

夢84（X＋4年5月30日）：断崖と岩礁と砂浜のある海岸へ、海洋生物の調査に来ている。教授風の老年男性が、いろいろな団体の人に説明をしている。波打ち際に白いヒモのようなものが打ち寄せられて来て、教授が「これは○○という現象だ」と説明している。そのあと波が次第に高くなって来たので、僕たちの集団はそろそろ帰ろうということになり崖の上に登る。すると教授が、「シーラカンスがやって来た。これは千載一遇のチャンスだ」と叫んで海へ飛び込む。僕たちは崖の上から様子を見ている。水は透明で浅く、様子がよく見える。続いて2〜3人の男が飛び込み、教授とともにシーラカンスをつかまえることができたようである。僕はいつのまにか船着き場のようなところにいる。するともう1匹のシーラカンスが足元に近寄って来る。まわりの人が「それをつかまえろ！」と叫ぶ。僕は一人で手を伸ばして、ようやくのことでシーラカンスをつかまえることができる。「今日は2匹もシーラカンスをつかまえることができた」と言ってみな喜んでいる。僕たちは研究室のようなところへ行って、薬用植物園の助手の先生がシーラカンスの解剖を始める。その先生は「これはマダガスカルでとれる古代の魚だが、ある反応が出ないので、シーラカンスではないようだ」と言っている。

V. 考　察

1. こころとからだ，内科診療と心理療法

　本事例は、胃症状に対する強いこだわりと、対人恐怖傾向が併存し、大学生ではあるが、いわゆる「不登校家庭内暴力」と類似した病態を示した。筆者は内科医であるため、扱う患者のほとんどは身体症状を主訴として訪れる。本事例の身体症状は、「胃がまったく働いていない」「胃の底が落ちる」などという、

常識的な内科症候論からは理解しにくいものである。このような場合，一般の内科診療においては「身体症状として理解しにくい症状は精神症状である」との，おおざっぱな二分法に従い，「これは内科疾患ではない」という論理で，患者を物理的，または心理的に突き放す傾向がある。それに対して，心理療法的接近を得意とする心療内科医，精神科医，心理療法家などの治療者は「突き放す」ことはしないが，患者の訴えをやはり「精神症状」ととらえ，その症状の原因を，事例の性格，発達的課題，家族病理，社会的環境などに求める傾向がある。いずれの場合においても，患者の「身体的な訴え」そのものは，患者にとって主観的には最大の問題であるにもかかわらず，正面から受け止められることはない。

筆者は，本事例の症状に対して，このどちらの態度をもとらず，「この症状は身体的なものか，精神的なものか」という問いをひとまず放棄し，あくまでも事例の主観に沿って付き従う態度を堅持するよう努めた。

本事例の訴える身体症状の形成過程を振り返ってみると，その発端は小学生の時期にまでさかのぼることがわかる。事例の訴える「胃が悪いことが自分にとっての諸悪の根源であり，それさえなければ自分にはなんの問題もない」という主観は，現実不適応を合理化するための単なる言い訳ではなく，深層レベルでの真実を述べているものと考えることが可能である。この構造は，分析心理学的心理療法の過程において「影（シャドウ）」の統合が行われようとする過程に生じる状況に類似しているように思われる。「影」は本来自分自身に属しているのであるが，意識から切り離されているために，外界に投影される。投影されたものは，「それさえなければこの世は完璧である」というような，諸悪の根源として感じられる。統合の過程において，「影」は最初自分の属する集団から遠く離れた存在（たとえば異教徒）に投影される。ついで，「影」と意識が接近するに従って，次第に投影対象は身近なものに変化する（たとえば身内の集団に属する魔女），さらに自分自身のなかに「影」を見いだすと，価値観の混乱を引き起こす転覆の時期となり，苦悩の時期を経て真の統合が達成される（Giegerich, 1988, 講演）。

本事例の場合，自分自身の「からだ」に「影」が投影されている状況にあると考えると理解しやすい。すなわち，彼の「影」は自身の胃袋として受肉し

ているのである。この仮定から二つの結論が導き出せる。一つは，このような投影が生じるということは，事例の内界において，「こころ：意識」と「からだ：無意識」のあいだに分裂が存在するということ，もうひとつは，この治療過程は「こころ」と「からだ」の分裂の統合，すなわち「こころとからだの和解」という比喩で表現されるような過程になるだろうということである。

2. 治療構造について

　筆者は，『心理臨床学研究』誌（斎藤，1991a）において，「広義の心身症」の病態における三つのレベルにおける悪循環の重要性について述べた。この観点は，本事例の治療構造の理解にも適用できると思われる。

　本事例の治療過程において，面接初期の本人の訴えはもっぱら「胃が壊れている」という妄想に近いほど強固な信念に集中しており，この訴えが周囲に理解されず拒絶されることが，症状への固着を増強させるという，第1のレベルの悪循環を形成していたことが見てとれる。この訴えの形成過程とその意味を理解しつつ，事例との安定した関係を構築することが，面接への導入，および第Ⅰ期，第Ⅱ期に要請された課題であったと思われる。

　母親と治療者に代表される周囲の環境がつくり出す，「抱える環境」（神田橋，1990）が形成され，確立されて初めて，事例の内界における「〈こころ〉と〈からだ〉，〈意識〉と〈無意識〉の関係の変容」という，本来のプロセスが進行しはじめることが可能になったものと思われる。このプロセスは，筆者の言う，第2，第3のレベルの悪循環（斎藤，1991a）が解消される過程であり，神田橋（1990）の精神療法の構造モデルに従えば，「主体による自然治癒の過程」ということになるであろう。したがって，治療者のとるべき態度は，この自然治癒のプロセスを，「妨げず」「引き出し」「障害を取り除く」ということになる。これを分析心理学風に言い換えれば，治療関係を含む全体に布置される「内なる治療者」の働きにあくまでも沿って行く態度ということになるだろう。

　この自然治癒力の発現過程は，客観的に定義できるものではなく，神話などに類例のみられる元型的なドラマとして暗喩的にのみ理解されるものである。筆者は，そういった過程の一例を，境界例の事例報告（斎藤，1991b）におい

て「自己治療的ドラマ」という表現のもとに描写することを試みた。

本事例の面接の第Ⅲ期においては，治療が進展しないことにいらだちを感じた治療者とC君の間に，何回かの対決 confrontation が生じた。この結末は，治療者の「患者を治そうとする意識的態度」の全面的敗北であり，そのような意識的態度の放棄の確認であった。しかし，この「『対決と敗北』を思わず引き出された」という事件は，明らかに「計算されざる揺さぶり」として，治療過程の進行に「棹をさす」効果を発揮したように思われ，この後，第Ⅳ期から，経過は急展開をみせる。

さて，筆者は前述の論文（斎藤，1991a）において，広い意味での心身症の病態にほぼ必ず認められる「自我と身体のコミュニケーションにおける悪循環」を緩和させるのに，最も有効な変化は，「こころとからだの和解」が生じることであり，この過程は Meier（1986）の言う共時性 synchronicity の観点から理解すべきであろうと述べた。しかし，前論文においては，この点についての詳しい論述は行い得なかった。なぜならば，前論文で提示した事例の経過は，「この過程を共に歩みとおした」とは言えない不十分なものだったからである。筆者は，今回提示した事例の経過においてこの過程をたどり，そこにおいて起こったドラマをできるかぎり言語化することを試みようと思う。その材料は主として面接の第Ⅳ期から第Ⅵ期にかけて報告されたC君の夢のシリーズである。

3. 癒しの過程と共時現象

夢は本質的に，象徴的，多義的であり，単純な翻訳的解釈は不可能であり，かつ有害でさえあることは十分承知の上であるが，筆者は，本稿であえて思い切った夢の解釈を試みる。これはあくまでも一つの理解の仕方の可能性として提示するものであることをお断りしておきたい。

夢1は治療者とC君の治療関係における初回夢 initial dream と思われ，全体の経過の先取りを含んでいると考えられる。C君の内界は，放射能汚染事故に象徴される危機に瀕している。この危機から逃れるため，あるいは危機を救うために，C君の自我意識は旅に出る必要がある。この内界の旅は，社会から要請された既製の道（バス）ではなく，個人的な道（徒歩で歩いて行く）

の旅になるであろう。旅の途中で，子ども時代の友人たち（子ども時代に自我と切り放され，生きられなかった部分：影）との関係を回復することが課題になるものと思われる。旅は，彼らを学校で象徴される場所（後の夢のシリーズにしばしば学校が登場し，それは迷宮の意味をもつと同時に，異界への入口である）に導き，そこで彼はガラスケースのなかに保存された王冠に出会う。王冠は新しい英雄の誕生を予感させる。王冠を隔離していたガラスケースはすでに破られている。C君の連想によれば，Q元首相は日本人でありながら，西洋的な自我を有する人として尊敬すべき人物であり，ここでは一種の英雄イメージを投影された存在と思われる。最後に，大勢の人たちと一緒に入浴する場面が出現し，これは，C君の自我が多くの無意識的人格といっしょにお湯（無意識）に浸ることを通じて，統合と変容が生じる過程を暗示しているように思われる。

　夢1から夢46までの間に，すでに2年間が経過している。この間，治療者，母親との関係は安定し，身体症状の訴えはやや軽快したものの，対人恐怖傾向，内閉傾向はむしろ増悪しているかのように思われた。夢46の出現する前の約2ヵ月間，C君はほとんど家に閉じこもって，「ドラゴンクエストⅡ」に熱中していた。このロールプレイングゲームは，一種の英雄伝説のストーリーで，竜退治のテーマを含むきわめて元型的な内容のドラマである。彼はガイドブックを一切用いず，独力でこのゲームに挑戦していたため，「水門の鍵：せき止められたダムから水路を回復させる鍵」を発見することができず，苦しむ状態が長期間続いた。ゲームのなかでようやくこの鍵を発見した直後に，夢46が報告された。

　夢46では，C君の旅の行く手を危険な動物が遮っている。この動物は，ライオンまたは虎，狼のように自我をのみ込もうとする無意識の動物的な情動や攻撃性であると思われる。道を進もうとすればこの危険な動物と対決せねばならない。しかし，現在の彼にこの強力な無意識の存在と直接対決するだけの力はない。進まなければならず，さりとて進むことができないという，解決不能の葛藤状況において，彼は，第3の道（自転車を降りて，無意識の流れ：川，に身をまかす）を発見する。実際この後，彼の報告する夢は，まさに「流れ出す」のである。

ここで，外界におけるゲームでの水門の鍵の発見（それにより，せき止められていた水流が回復する）と，夢が示す内界における無意識の流れの間に，意味のある偶然の一致を感じることは，あながち不自然ではないように思われる。

夢 48 では，日本がアメリカに占領されている。アメリカは，C 君の連想によれば「栄養状態が良いので大きなエネルギーをもっており，日本はとてもかなわない」と感じている国である。ここでは，大きな強いアメリカに，小さく弱い日本が侵入され，占領されているわけで，アメリカ的なものは男性的な攻撃性を含む無意識を代表しており，日章旗で象徴される日本的なものは「日本的な自我意識」を表しているとする解釈が可能である。日章旗が降ろされ，ナレーションが入るところの連想で，C 君は「南方で国のために死んで行った日本人兵士のことを思うと，悲しくなる」と述べ，140 回を越える面接のうちで，唯一の涙をみせた。ここで彼は，自我意識が無意識に「全面降伏」する辛さを体験しているものと思われる。この辛さは，筆者が「C 君の意識的態度を変えようとする，治療者の意識的態度」を放棄せざるを得なかったときに感じた辛さと，程度の差こそあれ，共通のものであると理解できる。このような「自我の明け渡し」の過程は，無意識の全体性による「癒し」が生ずるためには不可欠の過程であると思われる。

夢 59 と夢 63 で，彼はいよいよ異界への旅を経験し，そこで不思議な異界の住人たちとの交流を通じて重要な体験をすることになる。ここでは，学校が前述のように異界への通路を含む迷路の役割をしている。彼が入り込んだ場所は，「宗教的な」「神聖な」場所であり，別の夢では，ここには「時を支配する家族」が住んでいる。夢 59 では魔法使いのような 4 人の男性が彼を迎える。4 者性は全体性の象徴としてもっとも典型的なものであり（Jung, 1987），この異世界は全体性の象徴（自己 self）に支配されている領域であることが推測できる。このような領域での体験は，意識と無意識，こころとからだ，あるいは人格の全体における分裂を統合する治癒的な体験となり得るが，もしこの領域に自我が閉じ込められて現実世界との交通が失われてしまえば，それは狂気を呼び起こす危険性もあるものと思われる。そこで，自我意識がこの領域から現実世界へ帰って来れるかどうかが，この後の重要な課題のひとつとなるものと思われる。

夢63では，神秘的な年配の修道女（良い魔女：典型的なアニマイメージと思われる）を中心とする男女の集団が彼を迎え，釜のなかで沸騰した水を鏡として，彼の「敵」の正体をみせてくれる。この魔術的な儀式により映しだされた像は，C君の「敵」であると同時に，彼自身の「正体」であると考えられる。ここで，彼は「緑色の皮膚をした，カッパが人間になったような男で，胴がきわめて短く，肩からすぐ足が生えているような」奇妙な姿を見る。このイメージの解釈は難しいが，これは単なる心理的イメージではなく，もちろん現実の身体イメージでもない，強いて言えば，「こころでもからだでもない第3のなにか」のイメージであると考えてみたい。これは，パラケルススが，「第2の不可視の身体，身体症状を偽造する身体」として語っているもの（Meier, 1986）に相当すると思われるが，ここでは便宜的に「精神身体イメージ」と呼んでおきたい。この像からすぐにわかるのは，C君の精神身体イメージには「栄養を受け止め，消化吸収を行う場である腹部（当然胃を含む）が欠けている」ということである。ここでは，このような「欠陥をもった身体イメージ」そのものよりもむしろ，夢自我としてのC君の意識が，この「精神身体イメージの欠陥」を直視し，それを理解し受け入れるという過程が生じたことが重要であると思われる。この体験の結果，元の世界での敵は変化し，友好的になっている。ここで生じたのは，深層における「意識」と「身体（ただし，物質的な身体ではなく，精神身体イメージとしての）」との和解の過程と理解してよいのではないだろうか。C君の訴えは，ここまで終始一貫して「自分の胃が働いていない。そのため自分は十分な栄養が摂取できていない。このため他人から悪く思われる。これが自分の問題のすべてである」ということであった。この夢のイメージに触れることによって，C君が訴えていた一見理解しにくい症状は，こころとからだの区別が明確になされ得ない深層意識レベルにおいては真実（もちろん主観的真実であるが）であったことが理解できる。はっきりと正体を見てしまえば，もはやわけのわからないままにおびやかされることはない。現実的にも，この後胃症状の訴えはほとんど完全に消失し，経過中再発をまったくみていない。

このような夢が生ずる直前に，C君は「夜の街で，月の10倍くらいの大きさの白く光る球体が一瞬空を飛ぶのを目撃し，UFOかと思った」という現実

体験を報告している。Jung（1958）によれば，このような体験は「心的水準の低下に伴う，全体性の元型（自己）の顕現」によって説明可能であるという。

Meier（1986）は，前述のように「心身症の治癒は，より高次の第3のものの布置——全体性の象徴ないし元型——によってのみ生起しうるように思われる。しかしこれは共時的事象として起こるのであって，原因一結果として起こるのではない」と述べている。また von Franz（1964）は，共時性について，「このような意味のある偶然の一致を，ある個人の生涯に見いだすときには，どんなときでも，（その人の夢が明らかにするように）それと関係のある個人の無意識のなかにひとつの元型が活動性を与えられているように思われる」と述べている。

面接の第IV期から第V期にかけて，C君はほとんど現実の外界と交流をもたず，内閉状態にあり，元型的ドラマである「ドラゴンクエスト」に熱中していた。そのような状況のなかで，「水門の鍵の発見」と「C君の無意識の水流が流れ出すこと」が共時的に生じ，次いで，治療者とC君の内界において「意識的態度の無意識（より大きなもの）への降伏」が，あいついで生起した。続いて，全体性の元型の布置を推定させうるいくつかの事件，「UFOの目撃」「一連の元型的な夢」「精神身体症状の劇的な軽快」などが生じた。これらの事象を，因果論的に説明しようとすれば，魔術的因果論に堕してしまう。しかし，これらすべてを，外界と内界，こころとからだ，C君と治療者を含む世界全体に生じた共時的現象と理解し，背後にある全体性の象徴に注目することにより，その全体像を理解することが可能になると思われる。

現実の経過においては，これですべてが終わったわけでは決してなく，夢66に代表されるような「現実世界への帰還」が次の課題となったように思われる。幸いにしてC君の自我は，小学時代の友人（影あるいは自己の一側面）に助けられて，無事に現実世界へ帰りつくことができたようである。

夢84では，C君は海岸に泳ぎついた古代魚（古代の生物から人間にまで受け継がれている生命力の象徴と解釈できる）を海（無意識）から自らの手で引き上げ，手に入れる。これは，彼がこれまでの無意識との交流から得た成果であると言えるだろう。現実面でも，この時期は現実適応力が著しく増加し，いままでどうしてもこなせなかった授業の出席，試験などの課題をすべて突破し，

卒業研究における人間関係もそれなりにこなして卒業することができた。

しかしながら，C君の個性化の過程においては，まだまだ非常に大きな課題（おそらくキマイラによって象徴される無意識そのものとの戦い）への直面を必要とすることが予想される。筆者の印象では，これはC君個人の問題を越えた，日本人の男性的自我意識にとっての普遍的な課題であると思われる。単に，一事例にみられた病理としてとらえるのではなく，筆者を含む日本人の個性化の課題という観点から，考えて行きたいと思っている。

VI. おわりに

身体症状に強い固着を示した一事例の治療経過をたどることにより，こころとからだの和解の過程における，全体性の象徴の布置の重要性と，因果的ではなく共時的に状況を理解することの重要性について述べた。本事例の考察においては，多少強引な夢の解釈を行うことにより，ある程度この点を言語化し得たと考えている。しかし，このような過程が，患者自身によってどのくらい意識化されるべきか，ということはまったく別問題であると思われる。Meier（1986）が述べているように，「心身医学の領域に関する限り，このような過程に対して患者が意識的でなければないほどむしろ〈全体的〉であり〈治癒的〉である」ということも十分に考えられる。河合（1992）は「心身症は身体の病気として取り扱っているうちに治る，というのが一番好ましい道であろう」と述べている。おそらく心身医学領域の治療過程（こころとからだの和解）は，多くの場合患者，治療者双方にほとんど意識化されることなしに進行すると思われ，それがまさに自然治癒の過程の本態ではないかとさえ推測される。治療者としては，その過程を「自らの力で生ぜしめよう」とするのではなく，「じゃませず」「じっと見守る」ように努力することが重要なのではないかと思われる。

文　献

Jung CG（1958）Ein Moderner Mythus — von Dingen, die am Himmel gesehen werden.
　松代洋一訳（1987）空飛ぶ円盤．朝日出版社．

Jung CG（1987）Kindertraume. 氏原寛監訳（1992）十歳の女の子の透明な鼠の夢. 子どもの夢 I. pp.398-422, 人文書院.

神田橋條治（1990）精神療法面接のコツ. 岩崎学術出版社.

河合隼雄（1992）心理療法の諸問題. 心理療法序説. pp.209-215, 岩波書店.

Meier CA（1986）Soul and Body, Essays on the Theories of C.G.Jung. 秋山さと子訳（1989）ユング派の視点から見た心身医学. ソウル・アンド・ボディ. pp. 173-199, 法蔵館.

斎藤清二（1989）論理療法の実際, 自信のない場合. In 国分康孝他編：論理療法に学ぶ. pp. 119-127, 川島書店.

斎藤清二（1991a）心身症における三つの悪循環—多彩な身体症状を呈した一事例の経過から. 心理臨床学研究, 9(1);18-31.

斎藤清二（1991b）：境界例における自己治療的ドラマ—問題行動を繰り返した女子学生の1事例. 季刊精神療法, 17;150-160.

von Franz ML（1964）Man and His Symbol. 河合隼雄監訳（1975）個性化の過程. 人間と象徴－無意識の世界（下巻）. pp. 5-107, 河出書房新社.

第8章 元型的観点から見た摂食障害

I. はじめに

　拒食症（anorexia nervosa：神経性食思不振症）は，個々の事例による病態の差が大きく，各事例に共通した普遍的な病態理解はいまだ確立されていない。筆者はこれまで，拒食症の病態を分析心理学的・元型的観点から理解することを試みてきた（斎藤，1999）。筆者は本稿において「拒食元型」という言葉を使用するが，これはもちろん既定の概念ではなく，仮説として提示する一つの観点（パースペクティブ）である。拒食元型という観点を拒食症の治療に導入することは，病態のより深い理解を助け，治療関係の改善に役立つというのが筆者の主張である。その妥当性については，本稿において提示する病態水準の異なる3事例の治療経過に基づいて順次考察したい。

II. 事例提示と各事例の考察

事例1：Dさん　16歳女性

　中学1年時体重50kgであったが，ダイエットを始め，間もなく無月経となる。中学時の成績はトップクラス。高校1年の6月，体重37kg（標準体重の−25%）のやせと，無月経を主訴に来院した。本人の身体的，精神的愁訴はないが，食事をとろうとしてもあまりとれず，体重も増えない。肥満恐怖ははっきりしない。父方祖父母，父母，妹と6人暮らし。姑と母の折り合いが悪く，ときどき母と一緒に実家で過ごすことがある。母親の話ではDさんは真

面目で頑固な性格であるというが，面接では従順で素直な印象を受ける。身体的にも精神的にも危機的状況にないため，外来にて2週間に1度の定期面接を行うことにした（治療者の言葉は〈〉で，事例の言葉は「」で表す）。

　初回の面接にて，しばらくあたりさわりのない会話の後で，〈最近なにか面白いことは？〉と尋ねた治療者に対して，Dさんは「登山部へ入りたいんです」と答えた。興味をひかれた治療者が理由を尋ねると，新田次郎の山岳小説『孤高の人』（新田，1973）を読んで強く感動し，雪山登山にあこがれ，山岳部に入部したいのだと言う。第3回の面接で，再びこの小説の印象に触れ，主人公の強固な自己統制，雪山への孤独な挑戦，遭難死などのイメージに惹かれていることが語られた。その後の面接では，「食事はきちんと食べるようにしていますが，体重はなかなか増えません。学校は勉強に追いついていくのが大変ですが，そのほかに困っていることなありません」というような会話が操り返された。体重は37kgから変化しなかった。あたりさわりのない会話しかせず，体重も増えないDさんの経過に，治療者は若干のいらだちを感じていた。その頃，治療者はたまたま書店でやはり新田次郎の作品である『芙蓉の人』（新田，1975）を『孤高の人』と勘違いをして購入し，読む機会があった。治療者はDさんに『芙蓉の人』を読むことを勧め，Dさんは読後「とても面白かった」と語った。

　面接開始後約3カ月頃から体重の増加傾向が現れ，一時過食傾向となった。治療者は，〈これは，今まで栄養が足りない状態に耐えていたあなたの身体がそれを取り返そうとして"食べたい"という信号を送ってきているのです。本当に身体が満足すれば，それなりの状態に必ず落ちつきます〉と，繰り返し伝えた。Dさんは，精神的に不安定になることはなく，体重は順調に増加し，1年後にはほぼ標準体重に復帰した。その間，2週間から1カ月に1度の定期面接が継続されたが，Dさんは「学校の勉強が大変ですが，できるだけ無理しないようにしています」といったこと以外には，特に悩みを訴えることもなかった。希望通り登山部へ入部したが，ハイキング程度の登山しか経験するチャンスはなかったとのことであった。約2年半の経過で，生理も再開し，食欲も安定した。医療系学科の大学受験を希望し，治療を終了した。

　事例1の考察：Dさんは，自発的なダイエットをきっかけとして発症し，2

年以上にわたる無月経，不食など，拒食症の診断基準を満たしている。しかし，体重減少の程度は標準体重の約-25％と，拒食症としては比較的軽症であり，病識も保たれていた。家族背景には，姑と母の葛藤など，いくつかの問題は存在するものの，それらが心理治療の前面に出ることはなかった。通院3カ月後からは順調な体重増加が得られ，嘔吐や下剤乱用を生じることもなく，順調に回復した。この経過からは「軽症の拒食症が特に治療することもなく自然治癒した」と理解することも可能である。思春期発症の拒食症には，Dさんのように「ただ淡々と通い続けて」治癒していく事例が稀ならず認められる。そのような場合，「心理治療」が行われたという実感は治療者にも乏しく，「どうして治ったかわからない」と感じられることが多い。

　しかし，筆者はDさんが「やせと体力の低下を主訴に」来院したにもかかわらず，「登山部へ入りたい」と発言したことに興味を覚えた。拒食症という病態そのものが，「元型的イメージの布置」として理解可能だとすれば，元型イメージはそれ自体説話的，神話的に自己展開し，患者が魅惑される物語などに投影されることが想像される（斎藤，1991）。その物語を治療者と患者が共有することは，患者の内界における自己治療的な物語の展開を促進するとともに，内界に布置された元型的なイメージそのものを理解することに役立つ可能性がある。以下にその仮説にしたがって，Dさんが強く惹かれていた登山小説について考察する。

　『孤高の人』の主人公，加藤文太郎は「単独行の文太郎」と呼ばれ，登山においても仕事においても常に孤独を愛し，独力で道を切り開く男だった。冬山での飢えと寒さに対する抵抗力をつけるために，会社の仕事をこなしながら5日間絶食し，夜は庭で眠るといったトレーニングを自分に課したりする，まさに，禁欲，専心，自己統制の権化のような人物として描かれている。加藤文太郎には「拒食元型 self-starvation archetype」の人格化されたイメージが投影されていると想像することは行き過ぎであろうか。

　加藤文太郎は，花子という妻と家庭を得て，冬山登山はもう最後にしようと決意するが，自身の影とでもいうべき宮村という若者との生涯にただ一度のパーティー登山において，冬の北鎌尾根にて遭難死してしまう。孤高の存在が他者との関係をもとうとする一瞬，そこには変容のチャンスと死の危険とが同時

に訪れる。拒食症の場合，そのターニングポイントは文字どおりの身体的な死となってしまう危険を内包している。

　筆者がうっかり『芙蓉の人』を『孤高の人』と勘違いをしたことは，おそらく意味のある偶然であろう。『芙蓉の人』の主人公の野中到は，加藤文太郎とよく似たタイプの人物であり，日本初の厳冬期富士山頂での気象観測という行為に挑戦する。それは，一日12回の定時観測をただ一人で一冬続けるという無謀なものであった。しかし，もう一人の主人公である野中到の妻，千代子の献身的な「妹の力」によって，二人は九死に一生を得て厳冬の富士山頂から救出される。『孤高の人』，『芙蓉の人』は，共に雪山への登山（上昇）と頂上における死の試練－再生－イニシエーションへとつながる，神話的な物語として読むことができるように思われる。Dさんの拒食症は，幸いにして肉体的な死の危険に迫るほど重篤化することなく，ほぼ完全に治癒した。しかし，その深層には象徴的なイニシエーションの物語の成就を推定してもよいのではないだろうか。治療者の役割は，深層におけるDさんのイニシエーションへの同行であったと理解することも可能であると思われる。

事例2：Eさん　18歳女性

　父母，弟との4人暮らし。父は年間半分くらい単身赴任している。病前性格は温厚，几帳面，慎重。高校での成績は上位。病前体重45kg。高校3年4月より，ご飯が外米からコシヒカリに変わった頃から摂食が少なくなり，8月より無月経となる。同年12月に体重35kgにて精神科を受診し，入院を勧められ，いったんは病棟見学もしたが，鍵のかけられる病棟への入院を強く拒否し，翌年の1月25日，当科を紹介され受診した。初診時の体重は31.6kg（－41％）であった。

　初回面接では，Eさんはるいそうが著しく，骸骨を思わせる顔貌であった。表情は硬く，辺りを緊張させる雰囲気を漂わせている。自発的にはほとんど話さず，こちらからの質問には言葉少なに答える。〈今一番困っていることはなんですか？〉「階段を登ると足が重い。疲れる」〈他には？〉「便秘。喉が渇いてお茶をたくさん飲む」〈イライラすることは？〉「弟がだらしないので，見ていると腹が立つ（涙ぐむ）」「部活は高校では体操部のマネージャー。学校へは

休まず通っているが，疲れる。好きな科目は数学。好きなことは料理を作ること」〈入院についてどう思いますか？〉「本当はしたくないけれど，4月から進学するのだが，このままでは行けないと思う。精神科の病棟は鍵がかけられており，そこに入院するのは絶対に嫌だ」〈内科なら入院してもよいと思いますか？〉「内科に入院したら何をするんですか？」〈のんびりしてもらい，体力をつけます。私は必ずしもすぐに入院しなければならないとは思いません。しばらく外来に通って，どうしてもやっていけないようなら入院を考えてもよいのでは？〉と告げると，「精神科の先生と言うことが全然違う」と大声を上げ，怒り，泣き出す。感情表出のすさまじさに圧倒され，〈入院については，あなたの希望をよく聞いた上で決めたい〉と言うと，「どうしてよいかわからない」とさらに泣く。〈精神科の先生と話をしていないのはこちらのミスなのでもう一度相談します。入院するかどうかは来週決めましょう〉となだめるように話すとうなずく。

母親の話では，「病院へ通うようになってから不機嫌になった。精神科で入院の必要性を強く言われたあとなので，『必ずしも入院しなくともよい』と言われ混乱したのだろう」と言う。

治療者は，正直のところこのような不安定な精神状況でEさんを内科へ入院させても病棟を混乱させるだけになることを強く危惧した。外来でもう少し信頼関係を築いた上で入院させたいと考えたが，硬い態度のEさんと果たして信頼関係を結べるか自信はなかった。

第2回面接を1週間後に行なった。体重は 30.5kg（－43％）と，さらに減少していた。「先週とあまり変わらない。階段を昇るときだるい。他は特に辛いことはない。食事は主食は3口くらい。おかずは一応食べる。お茶をたくさん飲む。夜中に目が覚める。夢は見ているが覚えていない。昼はテレビなどを見ながら過ごしているが，弟が学校から帰ってくると，それだけでイライラする。入院については先生の方で決めてほしい。話すことはないのでカウンセラーには会いたくない」〈人間の身体は本当に栄養が足りない状態が続けば必ず栄養をとろうとするようになります。気長に待っていると必ずそれなりになる。食べたい気持ちが出てきてもびっくりする必要はありません〉と話す。「今は食べたいという気持ちにはときどきなるのだが，食べようとしても入っ

ていかない」と言う。今回は，前回のような強い感情表出は見られない。
　母の話では「前回病院から帰ったあとは落ちついている。少しは食べる努力をしているようだ。家にいると，手伝いや買い物など動きたがる」という。週1度の通院とし，もう少し様子を見ることにする。
　第3回面接では，体重は29.0kg（－45％）とさらに減少。「だるい。階段を昇るときなど足がついていかない。入院しなくてはならないなら入院する。入院しなくてよいならしない。決めてください」とイライラした様子で言う。治療者が返答に窮して黙っているとEさんは怒り出す。母親は，「食べる量がまったく増えていないし，ますますやせてくる。それなのに学校へ行きたいと言うし，コーヒーには砂糖を入れないし，サラダにはドレッシングをかけない」と本人の前で嘆く。Eさんは怒り，激しく泣き出す。「サラダにドレッシングをかけようがかけまいが何でいちいち文句を言うの。食べたければ自分でマヨネーズをかければいいでしょう」。言葉と態度に迫力があり，母親も治療者も気圧されてたじたじになってしまう。辛うじて「もう1週間自分で自分をコントロールしてみること。私はあなたが自分でまったくやっていけないとは決めつけたくないのです」と話すと，うなずく。治療者は「入院するかしないか」「食べる食べない」の話をしない限り，Eさんの情緒は不安定にならないことにこのとき初めて気がついた。
　第4回面接時には，体重26.0kg（－51％）と極度のるいそう状態となり，下肢に紫斑が認められた。ときどき歯肉出血があるとのこと。「今日は足が痛くて歩きにくい。2日ほど前から食べる量を増やしているが体重は増えていない。だるさは変わらない。家では料理の本などを読んでいる。弟がいるときだけイライラする。入院しなくていいんですか？」とイライラした感じをほとんど感じさせずおだやかな感じで話す。〈入院しましょう。4月から大学へ行けるように，体力をつけることを目標にしましょう〉。本人と母親の了解を得て，2日後の入院予約をする。今日は病院からの帰りにケーキを買ってもらうという約束をしているということでうれしそうにしている。身体は危機的な状況であるが，表情が柔和になっていること，自分から入院を希望したことなどから，治療者はEさんとの間にようやく治療関係を構築できたと感じた。
　入院後は内科的集中管理を必要とし，中心静脈栄養管理となるが，血小板が

減少したり，気胸を併発したり，一時かなり危機的な状況となった．Eさんは治療に反抗することもなく，終始精神的には安定した状態であった．入院前に感じられたせっぱつまった様子やイライラした感じや激しい攻撃性はまったく感じられない．入院2週間後くらいから食欲が増加し始める．病室を訪れると，高校の卒業アルバムを見せてくれる．「この写真の頃は体重40kgくらいでした」〈この頃の自分の姿が好きですか〉「はい」と答える．

40日間の入院の後，体重31kgにて退院．退院後，隣県の大学に進学するため，4月から転居．5月と8月に来院したが，精神的にも安定し，食欲も順調であり，体重は8月には48kgに増加した．〈体重が増えて気になりませんか？〉「もとの体重に戻っただけですから」〈昨年と今と比べると何か変化は？〉「さあ．運動するようになったくらいかな」〈家ではイライラしませんか？〉「いいえ．弟も元気です．気になりません」．終始おっとりとした雰囲気で，にこやかに話す．〈入院前後，入院中のことを覚えていますか？〉と尋ねても，自分に関することについてはほとんど自発的な想起がない．母の話では「病気の前の状態に完全に戻ったようです．良い子にしていますし，明るいです．強いて言えば，以前は小遣いなどの使い方がきちんとしていたのが，今は欲しいものは欲しいと言うようになりました．試験勉強や宿題などきちんとやらないと気がすまないというところがあったのですが，今はあまり気にしていないようです」とのことであった．

12月に受診の際，入院前後の記憶を尋ねる．〈つらかったことは？〉と尋ねると，両目から涙があふれ「進路のことで，大学を決めるのにいろいろあった．あのときは階段を昇れなくなった」〈初診のときのことを覚えていますか？〉「あまり覚えていない」〈弟さんとは？〉「遊んでいます」〈今，気になったり，困っていることは？〉「腹筋ができなくなりました．以前はできたのに」．自己記入式のMMPIを施行．すべての尺度が正常域であった．その後退院18カ月後まで，休暇の度に来院したが，経過は良好であり終結した．

事例2の考察：Eさんの発症のきっかけは，今一つはっきりせず，自発的なダイエットは否定している．父が単身赴任で不在のことが多かったとされているが，深刻な問題としては取り上げられていない．しかしEさんのやせの進行は著しく，極期には標準体重の−51％となり，生命的危機に陥った．筆

者のEさんとの心理療法的なやりとりは，入院をめぐる時期に集中しており，それ以外の時期には，普通の意味で言う心理療法的接近は行われていない。

　もともと慎重で几帳面でどちらかと言えばおっとりした性格であったEさんは，精神科を初診してから当科に入院するまでの間，家族や関わった医療従事者のすべてを震え上がらせるほど，激しい怒りや鋭い攻撃性を発揮した。ところが4回の面接の後，入院を承諾してからは，終始精神的には安定し，治療への抵抗もなく，体重増加に対して恐怖を示すこともなかった。体重回復後に初診時の頃の記憶を尋ねても，ほとんど具体的な自発想起は得られなかった。入院までの時期と，回復期ではまるで人格が完全に変化したかのように感じられた。Eさんの変化は，一種の解離状態として説明することもできるが，治療者はむしろ元型による憑依 possession と考えて理解してみたい。

　元型は，自我に対して優位に働く。つまり，個人がある元型の強い影響下にある状態においては，自我意識は元型の要請に逆らって行動することが困難となる（Neumann, 1955）。このような状況は，歴史的に拒食症が悪魔憑き Satanic possession として理解されてきたことと対比しうる（Bemporad, 1996；Vandereycken ら，1994）。ユング Jung, C.G. はこのような無意識内容による憑依の体験を，単に異常な病的な体験としてみるのではなく，個別の人間への影響，ひいては意味を発見することの重要性を強調した（Samuels ら，1986）。Eさんの経過を，拒食元型の憑依として理解すると，いくつかの点が理解しやすくなる。外米からコシヒカリという高級米への移行を「ぜいたくなもの」として拒否したこと，弟のいいかげんさや，入院に対する治療者の言動の矛盾（これもいいかげんさの一つである）に対する激しい怒り，食事行動に干渉する母親に対する決定的な拒否などの行動は，拒食元型の特徴である，禁欲，専心，自己統制，完璧主義の発露として矛盾しない。そして，この拒食元型の憑依の過程は，肉体的な死の一歩手前までEさんを追い込んだ。しかし，たいへん印象的なことに，このあとまるで悪魔が離れていったかのように，Eさんの精神状態・行動・肉体は急速に回復する。この間，Eさんは象徴的な「死と再生」の過程を，ほぼ純粋に肉体的変化を通じて体験したかのようである。元型は，個人の心と身体の双方にその影響を発揮する。あるいは元型が働く領域は心と体を区別しない第三の領域であると言える。元型の働きを考える

場合，心身相関は自明のこととして語られる。
　このような体験は，Eさんに何をもたらしたのであろうか？　それはおそらく「病気の前の状態に完全に戻ったようですが，少しいいかげんなところも出てきたようです」と言う母の言葉に表されているように思われる。Eさんにとって必要なことは「ほんの少しのいい加減さ」を自我の態度に取り入れることだったのではないだろうか。そして，完璧主義の少女がほんの少し変化するためには，文字どおりの「死と再生のイニシエーション」を通り抜けることが必要とされたのかもしれない。臨床心理士であると同時に，患者の生命を救う義務を負った内科医でもある治療者は，まさに自身も死の一歩手前の体験をさせられた思いであった。

事例3：Fさん　16歳女性

　自営業の父母，兄との4人暮らし。中学2年よりダイエットをしていたが，高校1年のとき，いじめにあい，退学。その後強迫的に食事を制限するようになり，約1年間のうちに29kgまで体重が低下した。父母からの強制により摂食量を増やしたところ，全身にむくみが出現し，近医からの紹介で当科を受診した。初診時の体重は36kg（− 30％）であった。Fさんは「太るのは死んでもいやだ」「もっとやせたい」とやせ願望，肥満恐怖を強く表現し，入院や点滴治療に対しては強い拒否感を示したが，定期的な外来通院には抵抗はなかった。約半年間通院継続したが，さらに体重が低下し，26kg（− 50％）となり，緊急入院となった。
　Fさんは強制栄養に対して強い抵抗を示し，病棟内の規則に従わず，点滴を自分で調節したり，捨てたりというような問題行動を頻回に起こし，病棟内を混乱に陥れた。また，食事の最中は絶対に座らず，立ったまま食べる，食物を買い込んでは病棟の冷凍室に保存し，一杯にしてしまうなどの奇妙な行動が目立った。この間，定期的に面接を行ったところ，外来面接中にはあまり表現されていなかった父母へのアンビバレントな感情や，自分は存在する価値がないとする自己不全感，希死念慮などが強く表現された。「父は昔から腹ばかりたてる人。父母は以前から仲が悪く，母はアルコールを飲んで父と喧嘩するので，私がなかに入って両方の機嫌をとらなければならなかった」「高校1年のとき

いじめにあって，学校行っても辛いし，家にいても面白くないし，もともと自分のことが好きじゃなかったし，ダイエットして体重を減らすことだけが生きがいだった。体重を減らしていつ倒れるかというロシアンルーレットの遊びをすることで辛いことが忘れられた」「生きていてもしょうがないと思う。老人になって醜くなってから死ぬのはいやだ。若いままで死にたい」「退院して自由になったら，どこか誰もいないところで（自分の命を）終わりにしたい」。治療者は，このような死に関する話題を傾聴し，ときには積極的に話題に取り上げた。〈人間死んだらどうなると思う？〉「えー。わからないけど。真っ暗になるんじゃないかな。ずっと真っ暗。天国や地獄があるかどうかわからないけど」。この頃，同室の患者の世話をしてあげるというような利他的な行動も認められた。「身体の不自由なおばあちゃんが同室になったので世話をしてあげたら喜ばれた。とてもうれしかった。他人の世話をしてあげるのは好きだよ」。この頃報告された夢を次に掲げる。

夢1：高い山の山頂にある病院へ両親に連れられて行き，いろいろ針を刺されたり検査をされたりしたあげくに入院させられる。いろいろな管を身体につけられてベッドに縛りつけられて動けなくさせられる。その後場面が変わり，友人たちが大勢，兵隊たちに死刑にされて，死体が山と積み上げられている。辺りには大勢の人がいるが，皆原爆の被爆者のように皮膚が焼けただれている。私も最後には兵隊に銃殺されてしまう。

その後も，虐殺や死の体験の夢が連続して報告された。また，会話中に，手塚治虫作の『ジャングル大帝』（手塚，文庫版，1997）を読んで，主人公の白いライオンレオが，雪山の山頂の吹雪のなかで，人間を助けるために犠牲になって死ぬという場面に感動したと語られたりした。

3ヵ月間の入院の後，体重29kgで退院し，外来で定期面接が続けられた。食行動はなかなか改善せず，希死念慮も相変わらずであった。再び体重は次第に減少し，6ヵ月後には24kg（−55％）まで低下し再び生命的危機が危ぶまれたが，この頃より少しずつ摂食量が増加し，退院10ヵ月後には体重34kgへと増加し，危機を脱出した。その後，頻回に夜遊びに出かけるなどの行動化も認められたが，両親との関係が比較的改善し，体重は順調に増加し，退院

15カ月後には40kgにまで回復した。

19歳の4月に尿管結石を併発し，泌尿器科に入院。これを機会に向精神薬を中止した。同年夏頃から，家族に対するイライラを強く訴えるようになり，「私は父母から見たらむかつく娘だと思う。自分は生まれてこない方がよかった。自分の身体をもっといじめて父母がもっといやがるようにしてやろうという気持ちになる」と泣きながら話したりした。体重は次第に減少し，再び30kg以下となった。11月に，ふらふらの姿で外来へ。「先生助けてください。もう限界です。入院させてください」。体重21kgで第2回目の入院となる。「正直に言って，私は両親に嫌われているし，ひねくれ者だし，頭も悪いし，私がいない方が両親は喜ぶのだから，消えてやると思っていた。生きることを拒否したら，実際に食物をまったく受けつけなくなった。下剤やダイエットの薬も大量に使い，急速にやせた。21kgになって，少し動くと心臓が苦しく，自分でも本当に初めての体験だった。昨日夢を見た。目の前に川が流れていて川の向こう側に死んだお婆ちゃんがいて私を呼んでいた。もうほとんど死にかけるところまでいったと思う。怖かった。Eさん（前回入院時の同室の女性）や先生（治療者のこと）がやさしくしてくれるので，もう少し生きてもいいかなと思った」。

本人の希望をできるだけ受け入れる方向で，強制栄養は施行せず，毎日面接を行った。入院後，体重は一時23kgに増加したが，その後再び減少し，わずか200mlの点滴を巡って，「先生は医者のプライドばっかり。心のケアをするのが仕事でしょう。私に必要なのは心のケア。頭ごなしにダメと言わないでほしい。私は今までいつも親に頭ごなしにそう言われてきた」と感情表出をする。「病院に迷惑をかけている。病院から追い出されるのではないか」というような不安も表出する。体重が再び21kg台に減少したころから，会話の内容は穏やかな雰囲気となってきたが，ほとんど身体を動かさず，意識がときどきとぎれるような感じになる。しかし点滴を増やすことは拒否する。生命的な危機が間近にせまっていることがひしひしと感じられ，家族に了解をとった上で強制栄養の施行を決断しようということに主治医団の心が決まった。

その晩の面接で，「がんばって食べるから点滴を増やさないでください」と言うFさんに〈がんばって飲んだり食べたりするのは辛いですよ。あなたは

もう十分がんばったのだから，もうわれわれにまかせてください〉と話すが，「イヤ，自分でがんばる」と言う。思わず手を握り〈がんばるだけじゃ，口からは入らないよ。『生きたい』と思わなければ食べられないよ〉と強く言うと，「がんばるよ」と言うので指切りをする。

　その晩から摂食量が増え始め，翌朝から体重が増加し始める。その晩に次の夢を見た。

　夢2：見たことのない赤い服を着た5〜6歳の小さなおかっぱの女の子と出会う。なぜか私も5〜6歳で男の子になっていて女の子から「ボク」と呼ばれている。その女の子についていくと，見たことのない街に着いて，見知らぬ家に入る。その家は北海道（母の実家がある）の家のようながっしりとした家である。家のなかに2匹の猫がいる。少し毛がぼさぼさした可愛いペルシア猫。触るとニヤアと鳴いて逃げていった。帰らなければならないということになり，家の外に出ると，まったく見たことのない街の風景でとてもびっくりして目が覚めた。

さらにその翌日，次の夢を報告した。

　夢3：すごく高いところから落ちる。周囲の景色はくちゃくちゃだが鮮明。地面に落下するが死なない。落ちたところが学校だったりして，「何これ？」と思っている。

　その後数日間ハイな精神状態になり，両親に今までの不満をしゃべりまくったり，急に肥満恐怖が出現して泣いたりした。尿路感染による高熱が出現したり，原因不明の痙攣発作が出現したりして，身体状況も不安定であった。そのつど，せん妄状態になったりして，精神状態は不安定な時期が続いたが，摂食量は増加し，体重も増加を続けた。その間，今までまったく食べなかった米飯を自分から希望して食べるようになったり，隠しもっていた下剤をすべて治療者に渡したりした。その頃から，1年前に死んだ飼い犬が夢に何回も出てくるようになり，家がなつかしくなり，退院を強く希望するようになった。体重は約10kg増加し，精神状態も安定してきたので，1カ月間の入院の後，退院と

退院後，一時，肥満恐怖から，排便へのこだわりが出現したが，すぐに安定した。過食傾向が出現し，嘔吐した時期もあるが，それも沈静化した。「私は，やせたい病気だから，太るのはいやだけど仕方がない」「以前は，ダイエットすることだけが自分にとっての唯一の生き甲斐だった。あの頃の自分は変な考えに凝り固まっていた。ぎりぎりまで体重を減らすことにロシアンルーレットのような快感を感じていた。今は，そこまで体重を減らしたいとは思わない」と病識もかなりはっきり言語化するようになった。

 論文執筆時，通院開始後約4年で，家事手伝いをしながら社会生活に復帰している。父母との現実的な折り合いの悪さなどを言語化して訴えることができるようになり，体重は－20〜30％程度を推移している。

 事例3の考察：Fさんの発症の背景には，幼少児期からの家庭内での守りの薄さがあり，基本的信頼感の欠如，強い自己否定感が存在していたものと思われる。直接の発症のきっかけは，高校でのいじめ体験で，これらの辛い状況のなかで，Fさんが辛うじて精神の平衡を保つためにとった手段は過激なダイエットであった。この現象を元型的な観点から考察するとき，拒食元型が救済者元型としての性質を有しているという点を指摘しておくことが重要であると思われる（斎藤，1999）。拒食行動により，多幸感，現実的葛藤の軽減などが得られることはよく知られている。すなわち，拒食症患者は拒食元型の顕現により，現実的な苦痛を緩和される。これは摂食障害が耽溺的な傾向をもち，遷延化する最大の理由の一つであると思われる。

 なんらかの脆弱性を抱えた人が，人生のある時点で行き詰まったとき，一種の魂の喪失の危機がもたらされる。その危機的状況において，救済者元型が顕現する。しかし，それは一般的には「発病」とみなされる。拒食元型は，魂の喪失の危機を救済するドラマを布置する。それは病的に見える過程であると同時に救済と変容の過程であり，一種の儀式的進行の過程である。この過程を表現するのに最も適切な言葉はやはり「イニシエーション」であろう。したがって拒食元型は，イニシエーションアーキタイプの一種であり，魂の変容をもたらす元型であると思われる。

 救済者元型の適切なメタファーのひとつとして，キリスト教神秘主義におけ

る「キリストのまねび」を挙げることができる（Eliade，1983）。肉体を消滅させようとする強迫的な傾向，その実践，苦痛の甘受，他者からの援助の拒否，象徴的な死とそれに引き続く精神と肉体の再生の過程は，まさに，拒食症患者が無意識のうちに実行しようとしていることであるように思われる。

またその過程は，Dさんの例でも触れたように，高い山の頂きに登るという行為によっても象徴されうる。Fさんの夢にも「高い山の山頂の病院で強制的な治療を受ける」というテーマが現れる。Fさんが繰り返し表現した希死念慮も，自己犠牲と死と再生の文脈に沿って理解するならば，そこにポジティブな意味を見いだすことが可能になる。

Fさんは，自分の意志で信念をもってダイエットを行っていることをはっきりと明言し，その行為をやめさせようとする説得には頑として耳を貸さない。このような自我の態度は，歴史的な拒食現象に類例を求めるならば，聖なる拒食 holy anorexia による殉教にそれを見いだすことができる（Bemporad, 1996；Vandereyckenら，1994）。

このタイプの拒食では，患者は，自分の意志と信念をもって拒食（結果としての死を含む）を実行していると明確に主張する。しかし，周囲から見れば，まるでなにものかにマインドコントロールされているかのように感じられる。治療の過程は往々にして，殉教者に改宗を迫る異端審問官のような雰囲気になる。しかし，改宗の説得は一般に成功しない。治療者は，魂の救済のために殉教を認めるべきなのか，生命を救うために実力で殉教を阻止すべきなのかという葛藤のなかで，苦しい道を歩み続ける以外に方法をもたない。これはまさしく元型的状況であると言える。

Fさんは3回目の身体的危機において，体重が21kg台に低下するという，深刻な状態に陥った。前回強制栄養を強行して，病棟中が混乱したという経験から，治療者としては強制栄養はできる限り避けたかった。そこで，Fさんの「死んでも体重を増やしたくない」という強固な信念に対してできる限り受容的に接しつつ，ぎりぎりの状態のなかで面接を毎日行い，何かが起こるのを待った。そして，「もうこれ以上は待てない，明日から強制栄養に踏み切ろう」と，治療者が心を決めたまさにそのとき，Fさんの「生きるために食べる」という側面が活性化され，体重は急速に回復した。しかし，肉体的にも精神的に

もそれなりに安定するまでには，高熱や，精神病状態を思わせる錯乱や，ついには痙攣発作まで経験し，本人はもちろん治療者，そして病棟全体が，まさにそのたびに「死ぬような思い」を繰り返しさせられた。

　Fさんの報告した夢2において，Fさんは5歳くらいの男の子となり，赤い服の同年代の女の子に導かれて，元型的な母の国——それは死の国でもある——を訪れる。夢3では，それまで大地から遠く離れたとても高いところにいたFさんは，そこからまっさかさまに大地へと落下する。落下して着地したFさんは，そこで死んでしまうことなく，そこが「学校」であることを発見する。その後の経過は，まさに4～5歳までに退行したFさんが，再び自我を成長させていく過程が必要とされているかのようである。Fさんはまだまだたくさんの問題を抱えているが，身体的にも精神的にも，死の一歩手前の体験を経て，成長の方向へ少しずつ向かっているように治療者には思われる。

III. 総合的な考察

　摂食障害の病態には多様性があり，普遍的な病態理解には定説がない。生物学的な単一の原因により，摂食障害の病態を一元的に説明できないことは明らかである。精神・心理面からも，誤った食行動の学習によるとする行動療法的観点，幼児期の対象関係の障害にその原因を求める精神分析的な観点，完璧主義，全か無か思考などの誤った認知パターンに焦点をあてる認知療法的な観点，家族関係の力動に焦点をあてる家族療法的観点，社会における女性性への抑圧に焦点をあてるフェミニズム心理学的な観点など，まさに百花斉放の趣である。このような観点からの病態理解は，それぞれに妥当な面を有しており，このうちのどれが最も正しいかではなく，どのような治療関係において，どのような病態理解が最も役立つか，という観点から議論されるべきであろう。

　治療者が，分析心理学，および元型心理学の観点から，摂食障害，特に拒食症を理解しようと試みることにはいくつかの理由がある。摂食障害という現象は，現代においては，「精神病理」または「行動異常」として理解されている。しかし，翻って，近代以前の歴史に類比を求めるならば，現代の摂食障害，特に拒食症とほとんど区別のつかない現象がはるか以前から全世界に存在し，そ

れは，各時代の精神のありかたによって，宗教的な修行，聖なる苦行，神への奉仕，悪魔憑き，神秘的な奇跡，詐欺，見せ物など，さまざまな観点から描写されてきた（Bemporad, 1996；Vandereyckenら, 1994）。現代において摂食障害という精神的な病としてラベリングされる現象は，このように実に多様な社会的理解を受け入れるものだったのである。

　摂食障害を元型の作用として理解するという観点は，摂食障害の病理性を相対化する。なぜならば，元型とは人類に普遍的なこころの構造または先験的なこころの発達可能性の形式として「決して異常ではない」「普遍的で正常な」ものだからである（Jung, 1944）。言い換えると，摂食障害を元型の作用とみなすということは，摂食障害は決して特殊な病的な人にだけ生じる異常な現象ではなく，ある状況下では人間の誰にでも生じうる普遍的な現象であるという見解を導く。

　拒食症の病態理解に元型という観点を導入することによる実際的なもう一つの利点は，拒食症の病態における個人的な要素と非個人的な要素をある程度明確に区別して理解することが可能になることである。なぜその患者が死に至ることも辞さない過激な拒食を追求するのかということを，個人的な要因から説明することは困難である。これを元型の特性から説明する観点を導入すれば，患者はこの一見異常な極端な現象について，個人的な責任を解除される。つまり，非常識なやせの追求は，その患者の心がけや個人的な思いこみでもなければ，患者の病理でさえない。それは人間の自我をはるかに越えて先験的に存在する「こころの反自然的傾向」なのである。このような病態理解は，治療関係において，一種の「問題の外在化」の態度を導入することになり，患者は過剰な自己責任の追求から解放される。

　摂食障害患者の心理治療において，最大の問題は，一見奇異で矛盾に満ちた摂食障害患者の心性や行動を，常に共感的に理解する態度をとり続けることがきわめて困難であるという点にある。事例1において，なぜ体力の低下を主訴として訪れた患者が，登山部に入部したがるのか，事例2において，身体的に死の一歩手前までやせ衰えた患者がなぜ頑固に入院を拒否するのか，事例3において，なぜ患者は明らかに死を強く望み，治療を拒否し続けるのか，といった事柄を共感的に理解し続けることは至難の技である。多くの場合，治療

者自身が二律背反の強い葛藤に巻き込まれたり，甚だしい無力感に陥ってしまう。拒食元型のイメージを患者とともに共有し，それを理解し，共感的に関わることにより，真の治療関係を結ぶことが可能になるように，治療者には感じられる。

　拒食元型を，一つのすでに説明された概念として規定しようとすることは，そもそも元型の実態に反する。しかし，拒食元型を単なる概念としてではなく，イメージとしてあるいはメタファーとして理解しようとするとき，元型心理学においてもっとも重要な問いとされている「なぜこのような病気が起こっているか，ではなく，誰が（どの元型が）この病気において活動しているか」（Hillman, 1983）という問いについての考察もまた必要であると思われる。

　分析心理学的には，拒食元型は，セルフ（自己）の一つの現れであると考えられるように治療者には思われる。セルフのイメージは，十字架に架けられたキリストのイメージと区別できないとユング（1951）は述べている。しかし，元型心理学の立場から言えば，拒食元型はいくつかの異なった神のイメージとして表現しうるように思われる。その例をあげれば，キリスト，ザグレウス，オシリス，アッテイス，アドニスなどの犠牲にされ再生する若い神々，プシケ，イナンナ，コレーなどの，地獄下りと再生を体験する女神などである（Jungら，1951；Perera, 1981）。これらの神々はすべて，死と再生を伴うイニシエーション過程を象徴する元型イメージであると言える。これらの神々のイメージは決して単なる空虚な説明概念ではない。これらの神々のイメージが治療関係に投影されていることを見抜くとき，摂食障害患者に独特の，恐ろしさとともに魅惑的な呪縛のなかに治療者や関係者を巻き込んでいく，あの圧倒的なエネルギーの根源を体験的に理解することが可能になる。

　元型は，メタフォリカルな神，悪魔，精霊であり，人間の自我の力をはるかに凌駕するものである。同時に，元型は，それ自体自律的な物語を展開し，患者の精神，身体のみならず，それに関わるすべての人を巻き込む。元型の圧倒的なエネルギーに飲み込まれることなく，患者と同行できる強さを治療者が保ち得たとき，そこにはイニシエーションの秘儀の，神秘的な死と再生の，魂の救済のドラマが布置される。摂食障害患者の治療が，たいへんな困難を伴うも

のであるにもかかわらず，多くの治療者を惹きつける理由のひとつはこの点にあるのではないかと思われる。

IV. まとめ

今回提示した拒食症の3事例はそれぞれ病態水準は著しく異なっているが，いずれもその経過は，メタフォリカルな死と再生を伴う，イニシエーションの物語として理解可能であると思われる。拒食症の病態とその治療の過程を，イニシエーションを布置する元型の顕現の過程，象徴的な「死と再生」の物語として理解しつつ，事例とともに苦しい治療過程を共に歩み続ける姿勢を治療者が堅持することは，拒食症の治療において有力な態度となりうると思われる。

文　献

Bemporad JB (1996) Self-starvation through the ages：Reflection on the pre-history of anorexia nervosa. International Journal of Eating Disorder, 19(3)：217-237.

Eliade M (1983) Historie des Chroyances et des Idees Religieuses 3. 鶴岡賀雄訳 (1991) 世界宗教史 (III). pp.62-66, 積信堂.

Hillman J (1983) Archetypal Psychology. 河合俊雄訳 (1993) 元型的心理学. pp.13-102, 青土社.

Jung CG (1944) Psychologie und Alchemie. 池田紘一・鎌田道生訳 (1976) 心理学と錬金術1. pp.13-63, 人文書院.

Jung CG (1951) Aion. 野田卓訳 (1990) アイオーン. pp.56-90, 人文書院.

Jung CG, Kerenyi K (1951) Einfuehrung in das Wesen der Mythologie. 杉浦忠夫訳 (1975) 神話学入門. 晶文社.

Neumann E (1955) The Great Mother. 福島章・町沢静夫・大平健・渡辺寛美・矢野昌史訳 (1982) グレート・マザー——無意識の女性像の現象学. pp.19-33, ナツメ社.

新田次郎 (1973) 孤高の人（上／下）. 新潮社.

新田次郎 (1975) 芙蓉の人. 文藝春秋.

Perera SB (1981) Descent to the Goddess：A Way of Initiation for Woman. 杉岡津岐子・小坂和子・谷口節子訳 (1998) 神話に見る女性のイニシエーション. 創元社.

斎藤清二 (1991) 境界例における自己治療的ドラマ—問題行動を繰り返した女子学生の一事例. 季刊精神療法, 17(2)：150-160.

斎藤清二 (1999) アルコール依存を伴う摂食障害への非個人的な心理療法—象徴としての死と再生. 心療内科, 3(2)：220-226.

Samuels A, Shorter B, Plaut F（1986）A Clinical Dictionary of Jungian Analysis. 濱野清志・垂谷茂弘訳（1993）ユング心理学辞典．pp. 132‐133，創元社．
手塚治虫（1997）ジャングル大帝（上／下）文庫版．小学館．
Vandereycken W, van Deth R（1994）From Fasting Saints to Anorexic Girls: The History of Self-Starvation. 野上芳美訳（1997）拒食の文化史．青土社．

第9章 心身症と物語

はじめに

　日本心身医学会（1991）は，心身症を「身体疾患の中でその発症や経過に心理・社会的因子が密接に関与し，器質的または機能的障害が認められる病態」と定義している。しかし，日常臨床ではより広い範囲の病態を「広義の心身症」として診療することが多い。広義の心身症とは，「受療の主たるきっかけが身体疾患または身体症状であるが，身体医学的な病態理解だけでは対応が難しい病態」と定義される（斎藤, 2000）。この中には，うつ病にともなう身体症状，神経症性の身体症状，身体表現性障害，摂食障害，不登校など広範囲の病態が含まれる。

　広義の心身症の最大の特徴は，「身体に関係したことが，患者にとって最大の苦しみとなっている」という点にある。したがって，心身症の治療を巡っては，身体に関連したさまざまな物語が語られることは当然である。しかし，心身症の最大の特徴は，「物語が身体を通じて語られ，感情を伴った言葉としてはむしろ語られない」かのように思われる点にある。もちろん，心身症の定義のあいまいさゆえに，上記の特徴にはあてはまらない「心身症」もたくさん存在する。しかし，物語を「言語的に語られるもの」として限定して考えた場合，心身症とは，「物語が何らかの理由で生き生きと語られることを妨げられている病態」と言ってもよいのではないかとさえ，筆者には感じられる。「失感情症」（斎藤, 1990）あるいは「失感情表現症」（山中, 1990）は，心身症の特徴とされているが，これはまさに，「自身の物語を生き生きと語ることの

障害」以外のなにものでもない。

　心身症の病態とは，別の観点から言えば，「こころ」と「からだ」の乖離であると同時に，「こころ」と「からだ」の関連を回復するための自己治癒力の発露の過程であると考えることができる（斎藤，1991）。「物語」の最大の機能は「つなぐこと」であり，人生における諸事象に「意味のある関連性を構築する」ことにある。したがって，心身症の治療過程において，「物語を語る力を回復すること」は極めて重要な意味をもつ。しかし，多くの心身症の治療過程において，「物語を語る力の回復」がどのような形で成就するかは，決してわかりやすい単純な「物語」ではない。典型的な言語的な物語が，治療者との対話の中に出現することは必ずしも多くない。物語は，イメージ媒介（夢，描画，箱庭，芸術作品）や，外部に投影された何らかの物語媒介（患者が好む小説や映画，アニメやゲームなど）や，時には身体症状そのものを通じてさえ語られるように思われる。治療者には，異なったレベルの物語に注意深く耳を傾けつつ，患者が自身の物語を再構築する過程の同行者となる姿勢が要求される。また，このような治療過程は，同時に，治療者自身の物語の変容を促す。この過程は，治療者にとっても，苦しみとともに一種の成長のチャンスをもたらす過程である（斎藤，1998a）。以下に，思春期にみられる代表的な心身症である過敏性腸症候群の事例を提示しつつ，考察を進めていきたいと思う。

I．事例：G君

　G君は来院時，16歳の高校1年生の男子であった。3歳違いの兄との2人兄弟。父は会社員であるが，以前から慢性の腹部症状を訴え病院へ通院している。母はしっかりもので，つねに正論を言うタイプで，パートの仕事をしている。兄は，小児喘息などもあり，いわゆる「手間のかかる子」であった。現在は大学生として他県で独立して生活している。G君は幼小児期はとくに問題なく過ごし，基本的に「手のかからない良い子」であった。中学時，成績は上位であったが，第二志望の地元の高校に入学した。ところが，高校1年の10月ころより，朝，腹痛を訴えるようになり，時どき学校を休むようになった。腹痛のため，教室で授業を受けることができず，別室で自習せざるを得ない状

態となったので，両親が心配し，知人の紹介を得て，X年1月25日当科を受診した。

G君の初診時の印象は，やや小柄で，まじめで，礼儀正しそうな高校生である。こちらからの質問には的確に答えるが，自発的にはあまりしゃべらない。元来便秘ぎみであるが，排便を催すと強い腹痛がある。排便後もすっきり出たという感じがしない。授業中にまた腹痛があるのではないかと気になり，学校へ行きにくい。学校では教室で授業を受けることができず，体育は見学し，他の科目は別室で自習している。腹痛が出現したのと同じころから，頻尿と残尿感も認め，時にはこちらの方がむしろ気になる。成績はクラスでは上位だが，腹痛が出現してからは低下している。将来は理系，コンピューター関係の大学への進学を希望している。運動系の部活に所属しており，県大会で上位に入賞するくらいのレベルである。

G君は，自分がなぜこのような状況に陥ったかについては，まったくわからず途方にくれている。〈何か思い当たることは？〉という，治療者の質問にも，「別に」と答えるばかりである。G君は，普通に話している限り，身体症状のことしか話さない。学校生活や家庭生活についての悩みや不満などはまったく訴えない。G君は，自分が置かれている，この「非常に困った状況」を説明する自分自身の物語を作り出せずにいる。このような状況は，思春期の心身症にはしばしば経験される。

II. 治療者の物語

G君のような患者さんと接する時，治療者の側もいくつかの物語を頭に浮かべながら診療にあたることになる。第一に，「生物医学的な物語」を医師である治療者はまず頭に浮かべる。つまり，G君は，何らかの器質的な疾患を身体（おそらくは消化器）にもっており，この疾患を検査により見つけだして治療すれば，G君の問題は解決するだろうという物語である。医師であれば，最初にこの仮説にしたがって行動することになる。筆者も，G君に対して，最低限必要と思われる血液検査や，腹部レントゲン検査などを行ってみたが，もちろん異常は見いだせなかった。

そこで，次に治療者が採用するのが，過敏性腸症候群という「心身症の物語」である。少し複雑なことに，この「治療者にとっての心身症の物語」には，必ずしも単一の決定的な物語があるわけではない。一つの有力な物語は，「腸管の機能障害」という物語である。機能を改善させるような治療を行えば，少なくとも症状は改善するはずだという物語である。この物語にしたがって，筆者はこのような病態に効果があるとされる漢方薬や西洋薬をG君に投与してみた。しかし，それらはほとんど無効であるということが，すぐに明らかになった。次には，不安感や抑うつ気分などの，精神状態の改善に効果があると思われる薬物を投与してみた。しかし，これらの投薬もみるべき効果を上げなかった。不安感や抑うつ気分も，脳内の生物学的な問題（神経伝達物質の異常による）であるという考え方が最近は有力なので，これも一種の「生物医学物語」に基づく試みであったと言える。

　心身症の治療にしばしば採用される有力なもう一つの物語は，「ストレス物語」である。何らかの心理的ストレスがあって，それが原因で腸管の機能異常がおこると考える。ここでの原因は，家庭や学校でのストレッサーや悩み事であろうと想定される。そこで，何とか「悩み」をG君の口から語らせようとやっきになることになる。しかし，その努力は，前述のようにことごとく失敗に終わった。

　ここまでの複数の物語は，よく考えてみると，実はある共通の構造をもった類似の物語群であることがわかる。筆者は，このようなパターンの治療モデルを，「原因解決モデル」と呼んだ（斎藤，1998a）。原因解決モデルの物語群の共通点は，その因果論的な事象理解にある。いわゆる「悪者探しの論理」である。因果論的なものの見方は，私たちの事象の関連づけのパターンとしては，とても強力なものであるから，多かれ少なかれこのような因果論的な物語に影響されないということは，たいへんまれである。また，上記のいくつかの物語のうちの一つに沿って治療を続けていくうちに，症状の緩解が得られるということも決してまれではない。しかし，ここまでのG君の治療経過は，これらの「因果論的な原因解決の物語」が，少なくともG君の病態の改善には役にたたないことを明らかに示していた。

III. 治療関係という物語

　G君のその後の経過である。とりあえず，整腸薬や軽い精神安定薬を投与し，食事指導をしながら1週間に1度のペースで来院してもらった。X年3月から春休みに入り，登校のプレッシャーがないぶん少し気が楽になったようすであり，部活の練習には参加するようになり，症状は多少軽快傾向にあった。4月から授業へ出始めるが，集会などが長時間あると辛く，結局遅刻，早引けなどを繰り返すことになる。

　母親の話では「自分は運が悪い」「まじめにやっても報われず，要領の良いものだけがうまくやっている」などと言っては泣いたりするという。母親はこのまま学校をやめてしまうのではないかと心配している。担任の先生とも一度会って話をした。学校としては病状には理解を示しているようであるが，学校生活には原因はないという突き放した態度も感じられた。

　G君との面接で，〈好きなことや趣味は？〉と尋ねてみると，小説などは，夏目漱石や太宰治などの本格的なものを好むが，阿佐田哲也の麻雀小説なども好むとのことであった。〈漫画は？〉と尋ねると，えんどコイチ作の『死神くん』がおもしろいということであった。この作品は，交通事故や病気で死んだ人の魂をあの世へと導く役割を果たす「子どもの死神」を主人公としたギャグ漫画である。筆者もこの作品のいくつかを読んでみたが，この作品には，母親の無私の愛情と自己犠牲によって子どもの魂が救われるという，救済のテーマが頻出していることがわかった。筆者は，G君の内界で進行する物語の一端を垣間みるような思いであった。このころ，G君は，以下のようなごく短い夢を報告した。

　夢1（X年4月12日）：授業中に気分が悪くなって倒れてしまう。

　連想を尋ねるが，「とくにない」とのことだった。現実に，G君にとっては，「いつ腹の調子が悪くなるかわからないのが困る」というのが一番の悩みである。そこで，〈授業中にトイレに行きたくなった時には我慢せず行くこと。こ

れは恥ずかしさに耐えるトレーニングである．この経験は将来必ず役にたつ〉とリフレーミングを試みたりもしたが，これもあまり有効だったとは思われない．症状は改善せず，5月からほとんど登校できなくなる．薬剤の変更を何回か試みたが効果はみられない．母の話では，「朝いつもぐずぐずしており，このままだと社会適応ができなくなるのではないかと不安に思っている．甘えさせてはいけないのか，むしろ甘えさせたほうが良いのか迷っている」と言う．このころから口渇を訴え，多量の飲水をしている．

　投薬の効果がほとんどみられず，面接においても，身体症状の訴えのみで感情表出に乏しく，話題が展開しないため，治療者としても閉塞状況においこまれた．筆者は自身の治療的物語を確立できず，毎回の面接は筆者にとってとても気の重いものであった．

　5月の面接において，気まずい沈黙がしばらく続いた後，G君がぽつりと，「薬以外の治療法はないのですか」と言った．筆者はしばらく考えた後，〈それでは自律訓練法（AT）をやってみよう〉と提案し，毎回15分ほどATの指導を行うことにした．治療者はこの展開に少し救われたように感じた．ATによって，身体をリラックスさせ，その結果，症状の軽快を図るという物語は，先ほどまで述べた，原因解決の物語群と本質的に相違はないとも考えられる．しかし，筆者にとって，この状況は違う意味をもっていた．ここまで，筆者は，「医師の主導により患者を治す．それが専門家としての医師の役割である」という物語にとらわれていた．治療関係そのものを，G君との対話の中から創り出すという発想に，筆者はここで初めて触れたのである．対話しながら，その時その時の治療関係を「今ここに」創り出していくという「物語」を，筆者はここで再認識させられることになった．

IV．個人的な物語と非個人的な物語

　7月に入り，G君の症状は一進一退であったが，夏休みになり，多少落ち着いた感じが出てきた．代わって，咽頭部の乾燥感，違和感を訴える．このころから髪をのばし始めた．「髪をのばすことは自分にとって大事なことなので，絶対に切りたくない」と言う．太宰治の『人間失格』を読んで，「主人公が自

分に似ている。ごまかしたり，嘘をついたり，他人に気を回し過ぎる損な性格で，言いたいことが言えず，裏と表がある」などと述べた。このころ，次のような夢を報告した。

夢2（X年8月23日）：はっきり覚えていないが，夢の中で突然自分が女性に変わって，びっくりして目が覚めた。

　この夢についてもG君の連想はまったくない。しかし，筆者には，髪をのばすことへのこだわりと，自分が女性に変わる夢との間には密接な関係があるように思われた。男性が女性に変わるということは，たいへんな変化である。ここで，筆者が連想したことは，思春期の子どもが，成人として社会の構成員へと変容していくときに必要とされる，象徴的なイニシエーションの儀式である（斎藤，1999a）。イニシエーションの儀式の過程において，男の子がいったん女性とみなされたり，女性の服装を纏ったりすることは，しばしばみられることが知られている（河合，1986）。
　ここまでの約7カ月間のあいだ，G君は面接において，G君の心身症を意味づける個人的な物語については，ほとんど話さずに来た。G君の周囲の人（親や学校の先生）から得られた情報では，たとえばG君の父親が以前から神経質であること，幼いころ，両親の注意は兄に向かい，G君は「手のかからない良い子」として，あまり両親の注目を受けずに育ったであろうこと，母が正論を言うタイプで，もしかするとやや支配的な傾向があったかもしれないこと，G君の進学した学校は，必ずしもG君の第一志望の学校ではなかったこと，部活において必ずしもG君と先輩の間はうまくいっていなかったことなど，G君の心身症と関係を想像できる事実はたくさんある。しかし，そのどれも，筆者との面接において，G君の口から重要なこととしては語られなかった。
　筆者の考えはこうである。これらのことは，すべてG君にとって重要な物語であるのだろう。もし，それらについて，G君の口から語られれば，筆者は関心と尊重の念をもって傾聴したであろうし，必要があればそれについて対話をしたであろう。しかし，実際に起こったことはそうではなかった。筆者と

の対話の中で，G君はこれらの物語を語らなかった。これは，G君がこれらの事態を十分に意識化しておらず，主として身体症状として表出していた（身体化していた）ためであるとする理解も可能である。このような「身体化の物語」に従えば，心理療法が進むにつれ，次第にこれらの個人的な物語の意識化が進み，洞察が生じて，それと平行して身体症状が沈静化していくというストーリーが容易に想像される。しかし，筆者の経験では，このような経過をとるのは，心身症のごく一部でしかない。患者がまだ自ら語ろうとしない個人的な物語に，治療者が先に跳びついてしまうことは，むしろ本来の物語の自然な開示を妨げる可能性が高いように筆者には思われる。G君が経過の中で語る物語は，主として非個人的なレベルの物語であったように筆者には思われる。それは個人的な（現実レベルの）物語とは異なる，象徴的な言語で語られる。その物語を語る声は微かであり，細心の注意がなければ聞き逃してしまう。そのような密やかな物語に耳を澄まし続けることが，心身症の治療には要求されるのである。

V. 物語の密やかな展開

　夏休みが終わり，G君は9月から学校へ復帰する自信がなく，「学校をやめて，大検をめざそうかと思っている」ことが筆者に語られた。G君は，母に学校をやめることを理解してもらえるかどうかを心配していた。ところが，母の方でも大検予備校の資料を手に入れてくるという偶然が起こり，9月より予備校に通うことが決定した。腹部症状，咽頭違和感，口渇，頻尿などは続いているが，なんとか予備校へは通うようになった。表情が明るくなった。毎日午後，予備校のあるT市へ出て来て，ゲームセンターで時間をつぶし，夜は予備校の授業に出て，自宅のあるN市の家まで帰ると10時ごろになるという生活である。このころ以下の夢が報告された。

　夢3（X年10月18日）：海水浴で溺れた人を助けようとして自分も溺れてしまった。

連想を尋ねると,「運動は好きだが,目標が高く,満足できないととても不満に感じ,疲れ,くやしくて眠れないことがある。スキーに行った後で,ガケから飛び出してしまったり,危険領域に踏み込むなどのイメージが頭から離れないことがある」と語られた。

水は無意識の普遍的な象徴である。海水浴で溺れるという状況は,意識にとって危機的な状況である。しかし,同時に意識が無意識の中に溶解するという過程は,そこから新しい変容した意識が再生するという大きなチャンスでもある。たとえば,キリスト教の洗礼の儀式は,非宗教的な魂が水に浸かることによっていったん死に,宗教的な魂として再生するという象徴的なイニシエーションの儀式である。

自律訓練法の温感,重感練習は習得したということなので,面接時の自律訓練法指導は終了とした。夏から猫（シオンという名前）を飼っており,かわいがっている。約1カ月後に以下の夢が報告された。

夢4（X年11月22日）：猫が目の前に来てニャーとないた。目が覚めると実際に目の前に猫がいた。

現実と夢の境がとても薄くなっている雰囲気を感じさせる夢である。不登校や心身症の人がペットをかわいがることは,よくみられる現象である。猫は,象徴としては,たくさんの意味をもつ動物である。男性にとっては,自身の女性性（魂：アニマ）が投影されることもある。意識と無意識,生の世界と死の世界を結ぶ役割をする動物でもある。さらに1週間後に以下の夢が報告された。

夢5（X年11月29日）：家の近くのたんぼでマージャンをしている。自分と,プロのS氏,T氏,後の一人は誰かわからず遅れてやって来る。ゲームが終わると,そこは戦場であり,飛行機が一機飛んで来て,銀色の玉のような爆弾をたくさん落とすが,すべて不発であり,なんとか逃げ延びる。恐怖感はなかった。

真面目一本やりにみえるG君であるが,以前から麻雀が好きで,阿佐田哲

也氏の麻雀小説を好んで読むようなところもあった。これらの小説では，孤独な勝負士としての男の世界が描かれている。さて，この夢であるが，たんぼで麻雀をするというのは，現実からみれば変わった状況である。もちろんG君にはとくに連想はない。たんぼは，大地－土との関連性が非常に強く，代表的な穀物である稲が育つ場所である。穀物は大地に蒔かれ，成長して実りを迎えるが，刈り取られ，再び大地に蒔かれることによって，豊穣をもたらす。西洋では麦が，東洋では稲が，植物の死と再生の秘儀を司る神聖な植物である。ここから，地母神と死と再生を繰り返す少年神の神話にまで連想が及ぶ（Jungら，1951）。秋のたんぼは，収穫祭などが行われる儀礼の場，一種の聖域を連想させる場所でもある。

　麻雀は，4人の人物によって行われる競技である。四角の雀卓は東西南北の四つの方位を指し示す。四者性は，こころの全体性を象徴するのにもっとも適したシンボルである。ここでの四者は，G君と，麻雀の達人である2人（実在の人物ではあるが，G君と交流のある人物ではない），しかし最後の一人は誰かわからず，しかも遅れてやってくる。この四者をユング心理学の自我の四つの機能にあてはめれば，最後にやって来る者は劣等機能であり，この劣等機能を通じてこそ，人間は全体性を獲得することができるのである（Jung, 1987）。たんぼでの麻雀は，G君にとっては，こころの全体性を構築するための一種の儀式の意味をもっていると思われる。この儀式が完了すると，今度は天空から一機の飛行機が飛来し，銀色の球形の物体を多数落下させる。これらは，上方（精神性）からもたらされた一種の新たなエネルギーであると想像される。天からもたらされたエネルギーは，それまでの秩序を破壊する物（爆弾）としての力をもっている。この爆弾をうまく受けとめて使いこなせるかどうかは，G君のこれからの課題であると思われる。

　X年12月からX＋1年3月にかけ，何度か感冒に罹患する。その間，腹痛，頻尿，咽頭不快感などの身体症状は続いているが，訴えに以前ほどの迫力はない。X＋1年3月，高校を退学し，4月より昼間も予備校へ通うことになる。このころ，次のような夢を報告した。

　夢6（X＋1年4月12日）：テトリスをしていたら，本来ないはずのブロック

が降りてきて，めちゃくちゃになってしまう。

　筆者は，この夢を聴いた時，現実の人生とは，テトリスのゲームのようなものではないかという思いを強く感じた。人生で，何か新しい事象に出くわしたとき，なんとか今までの経験に照らし合わせて，既知のパターン（物語）にしたがって処理しようとする。苦労してなんとか適切に処理できて当たり前であるが，失敗すればめちゃくちゃになってしまう。ところが，現実の人生では，既知のパターンでは処理できない出来事が必ずおきる。それを，既知のパターンにしたがって処理しようとしても，むちゃくちゃになるだけである。たとえば，G君にとって，ここ1年の状況は，まさにいままでに見たこともないようなブロックが落ちてきて，むちゃくちゃになってしまったテトリスのゲームのような状況だったのではないだろうか。そのむちゃくちゃの中から新しい物語を作り上げていくことが，G君の課題である。そもそも自然には「限られた種類のブロックしかない」ということはあり得ないのである。
　しかし一方では，このテトリスを巡るアレゴリーは，筆者にとっても他人事ではないと感じられた。たとえば，筆者自身の診療がそうである。次々と落ちてくるブロックは，毎日やってくる新しい患者さんに喩えられる。自分の手持ちのパターン（物語）に何とか患者さんを当てはめて，診断，治療を行って，うまく行って当たり前というのが日常の診療である。しかし，患者さんは人間であるから，必ず手持ちの物語では処理できない人が現れる。そうするとまさに，診療はむちゃくちゃになってしまう。いつかは破綻する苦痛で緊張に満ちた作業を，毎日続けているようなやりきれなさを自分の診療に感じていた筆者も，自身の治療観を問われているような気がしたものである。
　その後，とくに症状には変わりはないが，予備校には通い続け，8月に大学検定試験を受験し合格した。外来には毎週きちんと受診している。投薬は整腸薬とトローチのみ。時どき感冒様症状があり，発熱するがあまり気にしていない。時どき「自分は体が小さく，男性として不十分なのではないか」とか「髪の毛が抜けやすい」などというようなことを訴える。筆者には，G君が，男性としての自我同一性を獲得しようとして，もがいている途中ではないかという感じがした。

X+2年1月から3月にかけ，いくつかの大学を受験するが不合格であった。4月から再び地元の予備校に通う。腹部症状，時どきの発熱，咽頭部違和感は常にあるが，以前ほどの深刻さがないが，熱があっても予備校へ通っている。咽頭違和感に対して漢方薬を投与してみるが，あまり変化はない。このころは，多彩な身体症状が出没しているのだが，G君がその症状を「重大なもの」として訴えないということが，筆者には不思議でもあり，印象的だった。また同じころ，「以前はあまり怒りを強く感じたことがなかったが，最近ちょっとしたことで怒りを感ずるようになった」という発言があった。

　X+2年7月ごろ，G君は「母親が霊媒にみてもらったら，〈水死した男の子〉の霊が取り付いていると言われた」と笑いながら報告した。翌週お払いを受けて来たとのことであった。筆者は，以前にG君が報告した，「海水浴で溺れてしまう夢」を連想し，G君が今回のお払いという儀式を笑いながら受け入れたことが印象的であった。

　X+2年9月より筆者は3カ月間外国出張となり，その間整腸薬だけを取りに来てもらうことになる。本人は「昨年にくらべればずいぶん元気になった。しかし，まだすっきりはしていない」と言う。母親は「現在の状況は，正直言って病院へ来なくともやっていけそう。しかし，本人は定期的に通うことによって，精神的に安定しているように見える」と言う。

　X+3年1月から3月にかけ，いくつかの大学を受験し，X大学に合格した。「腹痛はほとんどない。咽頭違和感は続いているが，気にしていない」と語られた。「4月よりX大学へ行く。少し自信のない面はあるが，なんとかやって行きたい」と言う。X+3年3月26日が最終面接となった。

　治療を終結することになったので，約3年を通じての感想を尋ねてみた。G君は「人生では楽な方を選ぼうとするとだめで，安全策は裏目に出る。本当に自分のしたいことをしなければいけない」と答えた。この答は，筆者にとっては印象の深いものであった。G君はここまで面接の中で，このような自身の哲学を筆者に語ったことはなかった。なぜそのような洞察に至ったのか，G君は説明してくれなかったけれど，3年間の経過の中で，G君自身が自分の力で創り上げた物語のエッセンスに最後に触れることができて，筆者は素直にうれしいと感じた。

X＋3年8月5日，大学の夏休みを利用して半年ぶりに来院。「4，5月は辛いこともあったが，6月からは安定し，それほど問題のない学生生活を送っている。咽頭違和感はあるが，他の症状はほとんどなくまあまあ。友人も多く，エンジョイしている。自動二輪の免許をとるのと，ゲームセンターで夜バイトをする予定である。将来はコンピューターエンジニアになりたい」と言う。2年間のばし続けていた髪を大学入学時に切ったとのことで，すっきりした頭をしている。「髪を切ったら普通の人になり下がったと友人に言われた」とにこにこしながら語った。髪をのばすことにこだわった3年間は，G君にとって，特別な意味をもった時間であったのだろう。髪を切った時に，G君は普通の人間として現実社会へと復帰した。イニシエーションの試練を無事通過した少年は，「普通の人」として社会の一構成員となるのであろう。G君はその後は来院していない。

VI. 語られざる物語を聴き取る：まとめにかえて

　心身症の治療は，「身体」へのアプローチだけでも「心」へのアプローチだけでも難しいという側面をもっている。心身症の患者が，病いの物語を「言語的な語り」を通じて明快に語ってくれることは，むしろほとんどない。G君の事例でも示されたとおり，「生物医学的な物語」にも「悩みとしての個人的な人生の物語」にも，心身症患者の物語を当てはめることは難しい。もし，治療者側のもつ柔軟性を欠く物語に，患者を強引に当てはめようとすれば，適切な治療関係を構築することはたいへん難しくなる。心身症の底に流れる物語の多くは，「個人的であると同時に非個人的でもある〈魂〉の物語」であるように思われる。もちろん，夢や箱庭や描画などのシリーズに，魂の物語がかなり明確に読みとれるような心身症の治療過程も存在する（斎藤，1993/1998b/1999a/1999b）。しかし，多くの心身症患者の物語は，さまざまな時相に，断片的にその姿をかいまみせるに過ぎない。このような「魂の物語」は，非合理的で，矛盾に満ち，注意深い関心をそっと向け続けることなしには聴き取ることができない繊細なものである。多くの場合，患者の表明する身体症状や，多彩な苦しみ，そして患者自身が生き抜く人生そのものが，魂が

直接語る言葉の現れであるが，その中に物語を読みとることは決して容易なことではない。

　心身症は「身体」にも「心」にも限定されない「第3の領域：魂の領域」にその本源を有するものではないかと想像される。この領域へのアプローチには，「魂の物語」を患者とともに理解しようとする治療者の真摯でねばり強い姿勢が必要とされる。心身症の物語の典型例を類型化することは難しいし，そうすることが適切であるとも思われない。本稿で示した事例と考察は，あくまでその一例に過ぎないが，「心」と「身体」をつなぐものとしての「物語」の重要性は，心身症の治療過程において，いくら強調しても強調されすぎることはないと筆者は感じている。

文　献

Jung CG, Kerenyi K (1951) Einfuehrung in das Wesen der Mythologie. 杉浦忠夫訳（1975）神話学入門．晶文社．

Jung CG (1987) Kindertraeume. 氏原寛監訳（1992）子供の夢I．人文書院．

河合隼雄（1986）心理療法におけるイニシエーション．心理療法論考．pp.53-63，新曜社．

斎藤清二（1990）アレキシシミア．In 国分康孝編：カウンセリング辞典．pp.17-18，誠文堂．

斎藤清二（1991）心身症における三つの悪循環—多彩な身体症状を呈した1事例の経過から—．心理臨床学研究，9；18-31．

斎藤清二（1993）こころとからだの和解の過程—胃症状への固着を示した大学生の事例を通して—．心理臨床学研究，11；97-109．

斎藤清二（1998a）内科医から臨床心理士への要望—心理療法からみた内科診療—．In 山中康裕・馬場禮子編：病院の心理臨床．pp.121-130，金子書房．

斎藤清二（1998b）心身症の深層心理学的理解．In 山中康裕・馬場禮子編：病院の心理臨床．pp.91-104，金子書房．

斎藤清二・大澤幸治・北啓一朗（1999a）不安を伴うNUDを呈した男子高校生との2年間—通過儀礼としての思春期心身症—．心療内科，3；279-285．

斎藤清二・大澤幸治・北啓一朗（1999b）アルコール依存を伴う摂食障害への非個人的な心理療法—象徴としての死と再生—．心療内科，3；220-226．

斎藤清二（2000）心身症．In 多須賀幸男・尾形悦郎編：今日の治療指針—私はこう治療している—2000年版．pp.278-279，医学書院．

山中康裕（1990）失感情表現症．In 国分康孝編：カウンセリング辞典．pp.235-236，誠文堂．

第 10 章 慢性疼痛：痛みは語りうるのか？

I. はじめに

　慢性疼痛とは，客観的，生理的に観察される病態から期待される程度とは著しく不相応な強い痛みが，長期間にわたって持続する病態，とされている。慢性の痛みは，単なる感覚ではなく，精神生理学的な「知覚」であり，複合的な「体験」である。慢性疼痛において，肉体の痛みと，こころの痛みは，分かちがたく結びついており，痛みと苦しみを分離することは困難である。

　慢性疼痛患者が体験している「痛み」とは，まるで悪夢のようなものであると言われている。Morris (1991/1998) は，LeShan, L. の論文を引用して，以下のように述べている。「痛みに苦しめられている人は，形式的には悪夢と全く同じ状況にある」。そして，悪夢の特徴とは，①恐ろしいことが身に降りかかりつつあり，もっと悪いことが起こりそうである。②外的な強制力に支配されており手出しができない。③この苦難がいつになったら終わるのか予測ができない，ということであるという。それでは，慢性疼痛からの回復とは，「どのようにしてこの悪夢から覚めるか？」ということに比喩されるべきプロセスなのだろうか？　本章では，原因不明の慢性疼痛に苦しむ思春期男子の回復経過を通じて，「慢性の痛み」と「語り」の関係について考察していきたい。

II. 事例の概要

　本稿で提示する事例を H 君とする。H 君は来談時 18 歳の男子大学生であ

る。高校3年生の春，肛門に違和感を感じたH君は，外科クリニックを受診し，「内痔核」と診断され手術を受けた。手術後しばらくたった秋のある日，自転車に乗っていたH君は，肛門に強い痛みを感じ，その後痛みは和らぐことなく続いた。再度受診したクリニックの医師は，H君に「手術後の局所には何の異常もない。痛みは受験のストレスによる精神的なものだろう」と告げた。痛みが続き，気分的にもすっかり落ち込んだH君は，受験勉強に集中することが全くできなかった。いくつかの医療機関を受診したが，どこでも異常はないと言われ，精神科クリニックから投与された抗うつ薬も全く無効だった。受験勉強が思うようにできないという不本意な思いを抱きながらも，H君は大学に進学し，翌年の4月から一人暮らしを始めることになった。

　大学の相談室に訪れたH君は，筆者にこう語った。「受験の時十分に勉強できなかったので，大学では勉強したいと思っている。将来，よりレベルの高い大学に編入したい。将来は，海外留学したい。しかし，痛みがあるので勉強に集中できない。痛み以外の体調は問題はない。この痛みが治らないのではないかと不安だ。痛みが気になって運動もできない」。筆者は，1週間に1度，50分間の心理療法的面接を行うことにした。その後，H君は一時期，うつ気分が強くなり，手首自傷を行うなどの危機的状況も経験したが，最終的には，痛みは完全には消失しないものの，大きく改善し，大学生活を楽しみながら過ごせる状態にまで回復し，約1年半の経過で治療を終結した。総面接回数は23回であった。

III. H君の語りの質的分析

　本項では，H君の語りの記録をテクスト・データとして用い，質的な分析を行うことによって，H君がたどった回復のプロセスを，「語りの変容」という観点から構造仮説として理論化することを試みる。
　面接には録音機器は一切用いられなかったため，記録は毎回の面接終了後に，治療者（筆者）が記憶にしたがって書き起こした。このような記録法によるデータの採取の利点と問題点については，岸本がすでに詳しく考察している（岸本，2003）。

質的分析法としては，木下が開発した修正版グラウンデッド・セオリー・アプローチ法（M-GTA）を用いた（木下，1999，2003）。GTA は元来，複数事例の参与観察やインタビュー・データを用いて，データに密着した分析から，実践への応用性の高い理論を生成することを目的とする。一事例の分析に GTA を応用することは，GTA の原法では想定されていない。しかし，M-GTA では「方法論的限定」という考え方が採用されており，一事例に分析の範囲を限定した研究に M-GTA を応用することには妥当性があると筆者は考える。M-GTA の具体的な方法については，本稿では詳述する余裕はないが，木下の著書（1999，2003）において，具体的に記述されている方法に従った。簡単に記載すると，面接記録のテキスト・データから直接暫定的な概念生成を行い，個々の概念についてのワークシートを作成した。次に概念と，面接データを連続比較することによって，概念を精緻化し，17 個の概念を作成した。次いで各概念間の関係を検討し，6 つのカテゴリー，「難問としての痛み」「未完の発達課題」「メタファーとしての死」「意味の探求と展開」「共生可能なものとしての痛み」「日々是好日」を生成し，カテゴリーと概念間の関係を図式化したものを，生成されたグラウンデッド・セオリーとして図 1（174 頁参照）に示した。次項の「結果と考察」における小活字で示す部分は，H 君の語りの例示である。# で示される数値は，その語りが採取された面接の番号を示す。対話における治療者の発言は〈　〉で示されている。作成された概念は文中太字で示した。

IV. 結果と考察

1. 難問（アポリア）としての痛み

慢性に続き，治る見込みのない痛みは，H 君にとってまさに，絶対に解くことのできない難問（アポリア）である。この痛みの原因はなんであるのか，どうしていつまでも治らないのか，そして，なぜ自分がこのような苦しみを担わなければならないのか，という疑問に対しての納得の行く説明はどこからも得られない（「**説明不能なものとしての痛み**」）。初期の面接で，H 君は以下のように述べている。

1年前に肛門痛で手術を受けた。このときは出血があったわけでもなく，痛みもとても強いというわけではなかったが，受験の時にひどくなるといやだと思って，手術を受けた。その後9月頃から肛門痛が再発し，何カ所かの医療機関を受診して，異常なしと言われた。受験のストレスだとも言われて，精神科を勧められ，うつだと言われて薬をもらったりしたが，良くならなかった (#1)。

なんとかしたいとあせる中から，H君は納得のできる医学的な説明を探そうとする。しかしそのどれも，H君を納得させるものではない。そのような試みの例は，治療者との面接においても何度か語られた。

家庭医学書で前立腺のところを調べたら，前立腺炎の一部が，自分の症状と似ていた。しかし，尿路の症状はないので，違うのかなあと思っている。もし，病気が見つかれば，治る可能性が増えると思う (#7)。

こんなに痛みが治らないというのは，手術のミスということはないのですか？ この痛みのことを話した友人が大学に2人いて，その一人がそう言った (#13)。

さらに，H君を悩ませたのは，痛みを自分でコントロールすることがとても難しいということである (「**対処不能なものとしての痛み**」)。

じっと座っているのがつらい。立ったり，歩いたりすると少しましになる。午後になると，しだいに痛くなり，夜は辛いことが多い。3日前にひどく痛んだが，そういうときは寝てしまうしかない (#2)。

痛みを言葉で表現すると，歯医者で，神経に触られたような痛みがずーっと続くという感じ。ひどいときは，歯茎に注射されるような痛みで，そういうときは耐えられず，寝るしかないという感じになる (#4)。

痛みについての語りのもう一つの特徴は，痛みがあるために，日常生活で意味のあることが何もできなくなってしまうということである (「**痛みのために何もできない**」)。これは，痛みさえなければなんでもできるのだが，という気持ちと表裏一体のものである。

自分では，受験勉強をもう一度ちゃんとやらなければいけないという気持ちがある。受験の時期というのは，人生のうちでも大切な時期なのに，そこを全力投球できないまま1年過ごしてしまった。しかし再受験を目指すなら，長時間勉強しなければならない。でも肛門が痛いのでそれはできない。そう考えると悪循環になってしまう (#7)。

痛みが解決される見込みのない難問である，ということが意識化されるにつれて，それは絶望感へとつながり，さらに，出口なしの苦しみ，希死念慮にさえつながっていく。面接の回を重ねるにつれて，H君はしばしば，苦悩の感情をあからさまに表現するようになっていく。

肛門が痛みに過敏になっているのは，自分でもそう思うが，こんなに過敏になったものが，果たして元に戻るだろうか？〈安請け合いはできないが，私の経験からいうと，きっと良くなると思う〉……（泣きだす）〈今の気持ちは？〉痛いし，辛い。そんな自分が惨めだ。……〈この1年辛いところをよくがんばってきたと思う〉……（泣く）(#7)

2. 未完の発達課題

H君との面接の初期，話題はそのほとんどが肛門の痛みについてのものであった。しかし，一方で，H君は，「中学時代の夢を見た」ことをきっかけに，中学〜高校時代の体験を語り始める。

最近中学時代の夢をよく見る。中学2年，3年の頃の放課後のシーン。その頃は反抗期で，先生からも目をつけられていたり，親からは，勉強しろと言われて，ゲームを禁止されていたりして，制限も多かったが，喜びもあった。特に下校の時が楽しくて，いつも4人のユニークな友人たちと一緒に，リンゴ畑を通って帰った。リンゴをとって食べたりした。その頃が一番充実していた (#6)。

さらにH君は，高校受験前後の体験を以下のように述べている。

高校受験の時，友人たちが進学した第1志望の高校ではなく，直前に変更して第2志望の高校へ進学した。かなり長期間，何でこの高校にいるんだろう，と思っていた。入試の成績が良かったので，つい安心してしまい，あまり勉強しなかった。高校2年の時，父親に不満をぶつけたことがある。この頃から本気で勉強しようと思った。しかし，その頃から，肛門痛が始まった（#10）。

　中学生時代は，H君にとって輝ける時代だった。高校への不本意な入学に端を発する挫折体験は，H君にとって，「**楽園の喪失**」を意味していたと想像される。そして，この喪失によってもたらされた「生活の無意味さ」において「**失われた意味の奪還**」を目指すことが，H君が未だ成し遂げていない「未完の発達課題」となっていたものと思われる。そして，この目的のために，H君は「勉強して，よりレベルの高い大学に編入する」ことを目指していた。しかし，それは，「痛みのためにできない」のである。痛みと，自分にとっての課題の関係について，H君は以下のように述べている。

　　高校1年や中学時代の思い出を忘れてしまいたいと思っている。痛みが消えれば，すっきりと忘れることができるか，あるいは思い出せるのではないかという気がしている。痛みが消えれば，将来に向かって独り立ちして前向きになれるような気がする（#6）。

　このように，H君にとって，未完の発達課題を通り抜けようとすることは，「痛みを治す」ことと強く結びついていた。しかし，治らない痛みは，H君をさらに悪循環に追い込む。この困難な課題を突破するために必要な「鍵」は何か？　その「鍵」をもっているのは，どうやら自分自身であって，他の誰でもないらしい。面接第8回に報告された以下の夢は，そのような洞察をH君に迫っていると思われる。

　　夢1：中学校の卒業式で，式のあと，小，中学校の友人5，6人と一緒にカラオケへ行こうということになる。昼間だが曇りのようである。店の前まで行くと，ファミレスの店長のような人が現れて，前に渡しておいた4つの鍵を渡す

ように言われる。その鍵がないとカラオケはできないらしい。友人たちのうち，3人がポケットから鍵を取り出す。それらは銀色の，やや大きめの目立つ鍵である。最後の1つが見つからず，誰が預かっていたのか？ という話になる。私は，自分が預かったのではないかという気がしているが，はっきりせず，他人のせいにした方がいいかなと思って，後ろめたさを感じながら，「誰だ？　誰だ？」と言っている（#8）。

3. メタファーとしての死

　面接第9回頃から，H君は「**出口なしの苦しみ**」をより強く語るようになる。さらに，第10回面接時には，「**自分が癌に侵されているという夢**」を報告し，その連想の中で，初めて「**希死念慮＝死の呼び声**」を語る。この後H君はこのような希死念慮を繰り返し語るようになり，同時に，何もかもを投げ出してしまいたいという「**降参**(サレンダー)」の気持ちが強くなっていく。

　　痛みはあまり変わらないのだが，むしろ精神的にまいってきて，昨日は8時半に何もしないで寝てしまった。ここ2週間は痛みも何とか我慢できるし，毎日受験英語を勉強してきたのに，どうなってしまったんだろうかと自分でも思った。編入を目指すことについて，初めて気持ちが萎えたと感じた。痛みについていつも精神的エネルギーを使ってきたので，疲れて限界に来たのだと思う。しかし，休んでも，それでどうなるのだろうという気持ちもある（#9）。

　H君の苦悩は，第12回の面接でその頂点に達し，このセッションは極めて重い雰囲気の対話となった。

　　痛みは一番ひどい時に比べれば多少ましなのだろうが，精神的な辛さは一番ひどい。以前から，死にたいと思うことは何回もあったが，そういう気持ちが今とても強い。夜など，ふらりとでかけることが多くなった。どうなってもいいという気持ちだった。高校の時は，原因はなんであれ，とにかく痛みをとってほしいと思っていた。しかし，今も痛みはとれず，良くなる時が分かるのなら我慢できるが，この痛み，苦しみを一生背負っていかなくてはならないと思う

と，もううんざりだ（泣く）（#12）。

　第13回の面接では，その後夏休みに入るということもあり，少し落ち着いた様子が見られた。その後H君は夏休みを実家で過ごし，2ヵ月ぶりの面接では笑顔も多くなり，何かが変わったと筆者には感じられた。H君は以下のように，夏休み中の体験を語ってくれた。その語りは，夢の中での死の体験と，手首自傷という行動化であった（「**行動化と夢の中での死**」）。

夏休み中に変わった夢を2つ見た。

夢2：学校のようなところに，小学3，4年生の時の生徒の父兄が大勢集まっている。僕がその部屋に入っていくと，部屋の中にピストルがおいてある。僕はそのピストルを手にとる。すると周りの人たちが騒ぎ出す。僕は銃を空中に向けて発砲する。最初は空砲だったが，あと2発ほど撃つと，実弾が出ることを僕は知っている。そこへ，小学校の時の担任（男性）が入ってきて，僕に向かって銃を発射する。僕は右の下腹部を撃たれて，激痛を感じるが恐怖感はなく，「これでやっと死ねる」と思う。

夢3：どこか，湿地帯のような土地に，兄と2人で来ている。少し離れたところに，黄色と黒の縞のある大きな蛇がいる。危ないなあと思っているが，少し距離があるから大丈夫だろうと思っている。ところが，蛇はいつのまにか近づいてきて，兄に襲いかかるが，兄はひょいひょいと器用によけている。その後，僕は背中からその蛇に襲われて，噛みつかれてしまう。その蛇は毒蛇だということで，僕は病院に運ばれる。手術が必要だということになるが，今は手術室があいていないということで，しばらく待つことになる。このときも，恐怖心や苦しさはなく，やっとこれで死んで楽になれると感じた。

　8月の末に，気分が落ち込んで，楽になりたいと思って，包丁で手首を切った。傷に絆創膏を貼っておいたら，両親に分かったらしく，父がやってきて，「痔の手術を勧めたのは，親が悪かった。申し訳ない。必ず治るからがんばってほしい」と言って謝った。親に自分の苦しみを分かってもらえたと感じた。その後，ここまでのことをしたのだから，死のうと思えばいつでも死ねる。今のところは，生きていてやるが，その気になったら死ねばよい，というような気分でいる（#14）。

4. 意味の探求と展開

　12回目の面接で出口なしの苦しみを語った後，H君の語りは，失われたものの奪還から，新しい意味の探求へとシフトしていった。すでに第13回目の面接にその萌芽が見て取れる。その後，H君は，意味のある人生を生きたいという強い熱望を継続して語るようになる。

　　〈この半年を振り返ってどう思うか？〉何も意味のあることはしてこなかったという思いが強い。〈でも辛さに耐えてよくがんばってきたと自分をほめてもよいのでは？〉自分をほめるというよりも，この1年間耐えてこれたということが自分でも信じられない。〈何があったので耐えられたと思うか？〉今のような生きているか死んでいるか分からない状態はいやで，なんとか抜け出して，意味のある人生を生きたいという，悪あがきだと思う（#13）。

　　先週痛みが強い時などは，こんな中途半端に大学生活をしているよりは，思い切って1年休学して，その間に治して，またやり直そうかと思ったりした。受験の頃に，兄から「何のために大学へ行くのか？」と尋ねられて，答えられず，「強いて言えば，みんなが行くから」と答えた。その時は，大学へ行くということがどういうことなのか，分かっていなかった。今ようやくそういうことを考えるようになってきたのだと思う（#15）。

　第16回の面接で，H君は，再び，手首自傷の行為を行ったことを筆者に語った。

　　これまでの自分に決別するつもりで，手首を切った。夏休み中に1回，後期がはじまってから1回同様のことをしたが，今回はカッターナイフで少し深く切って，身体の中の悪いものを全部出したくて，血を流したまま寝た。死ぬつもりは全くなかった。今後もこういうことをするかどうかは分からない。その晩に以下の夢を見た。

　　夢4：僕は手首を怪我しているようで，そのせいで少し頭が変になったようで，自分のことがよく分からないままで，右手を高く上げながら，森の道を全力で

走っている。途中で人が通りかかるので，その人に，「僕の様子をどう思いますか？」と尋ねると，「とても変な走り方だ，陸上をやってきた人の走り方とは思えない」と言われる。そこで，このことを医師（治療者）に報告しようと思って，センターを訪れる。医師は，分厚い本を開いて，「これで，君の問題が全て分かった。軽い知的障害の状態だが，時間の問題で必ず解決するから，心配はない」と言う。原因が分かったと言われたので，ほっとした気持ちになる。その後，知的障害の治療施設のような場所へ行く。そこは，薄暗く，アクアブルーにほんのりと輝くスライダーのような滑り台がある。僕もその滑り台で遊ぶ。一緒に4歳くらいの元気な子どもがいるようで，その子どもに自分と共通の何かを感じて，しばらく一緒に遊んでいる。その後，小学時代の友人などがやってきて，一緒に時間を過ごしたようである（#16）。

たいへん興味深いことに，H君は，夢の中で，自分の病状についての納得の行く説明を聞くことになる（「**新しい説明の浮上**」）。夢の中の治療者の説明によれば，H君は軽度の知的障害であり，その治療を受けることで必ず治るという。H君はその後，その治療のために，自分の分身である男の子と一緒に遊ぶという体験をすることになる。さらに，そこへ小学校時代の友人が合流する。この，夢の中での体験は，「自然児としての本来の自己の再獲得」へとつながっていったものと思われる。これは，ユング心理学でいうところの，**「影の統合」**の過程であると思われる。

一方で，H君は痛みとの対話を試み，**「痛みとの交感」**を行うようになる。専門家からの説明物語を求めてさまようのではなく，自分自身にとってのユニークな痛みの意味を探ろうとする試みが語られていく。

最近，自分の痛みに話しかけるようにしている。〈それはおもしろい〉痛みに対して，「僕はもう十分に色々な体験をしたから，もう出て行ってくれないか？」と話しかける。すると痛みは「分かった，出て行くよ」と答える時も，「いいや，出て行かない」と答えることもある。〈君は僕に何が言いたいのか？と問いかけるとなんと答えるだろう？〉「人間的成長のために試練を与えているのだ」と言うと思う（#16）。

イメージとしては，自分が戦国時代の武将で，一兵卒をたくさん率いているのだが，一兵卒が，たとえば病院の治療だったり，もろもろの治す手段だったり，という感じ。結局は武将が痛みと戦うしかないのだが，兵団を引き連れていないと，一人では無理という感じ。過敏になっているという痛みの神経のイメージは，油滴の浮いた液体が高速で流れているという感じや，ブルーベリーくらいの果実がはじけて，果汁が飛び散って，それが痛み止めのような感じで，一時的に痛みを和らげる。しかし玉は小さいので，効果は一時的だ（#17）。

最近は，落ち込む時は，「痛みに〈たましい〉を奪われそうになっている」と思っている。〈たましい〉とは，夢や勇気や前向きのエネルギーを与えてくれるもの，という意味。自分にとっては，狭い意味の夢は外国で暮らしたいということだが，広い意味での夢は，狭い意味の夢に向かって努力することそのもの（#18）。

さらにH君は，他者との関係における，「共苦の獲得（コンパッション）」についても語るようになり，それまで自分に共感性が欠けていたことを洞察するようになった。

ひとつだけ分かったというか，考えが変わったことがある。中学の時，友人のお姉さんが19歳で事故で死んで，それ以来，死にたいとかいうやつが絶対に許せなかった。しかし，今回の体験をして，本当に苦しいときには，人間は死にたいと思うようになるものだということが分かった（#13）。

受験の時は，今から思うと，ストレスはあったと思うのだが，その頃は，ストレスとしては感じていなかったし，精神的なもの，とか言われても全くそうとは思えなかった。痛みのために勉強ができないこと，そのものがひどいストレスだったが，それでは，痛みが始まったのはなぜだろうという疑問が残る。最近友人の「ストレスだらけ」という言動を聞いていると，自分はストレスを感じる力が欠如しているのかなあ，と思うことがある（#18）。

小学校以来の友人が，アトピーの治療のために皮膚科を受診するということで，数日泊まっていった。10年来の友人であるが，アトピーで苦しんでいたとはちっとも知らなかった。自分では，受験の頃，こんなことで苦しんでいるのは自

第 10 章　慢性疼痛：痛みは語りうるのか？

分一人だと思っていたし，その頃の自分はやはり外から見れば，ひどく弱っているようには見えなかったのだろうと思えた。正直言って，こういうことが分かったということは，自分が一歩良い方に進んでいるような感じがする (#19)。

この頃になると，痛みと悩みは，H君の中でははっきりと別のものとして区別されるようになる。その萌芽はすでに，面接の中期に認められたのであるが，「痛みと悩みの分離」が明確になされることによって，「痛みはあるが，それなりにやっていく」ことが可能になっていく。

インターネットで，心身症のところを読んだら，痛みと悩みは別のもので，痛みがあってもそれを悩みにしないことはできる，と書いてあり，少し納得できた。今までいろいろな医師から，精神的なものだ，とか，気にしすぎだと言われたが，まったく納得できなかった (#11)。

今年1年を振り返ると，あっという間だった。受験と痛みで苦しんでいたのが1年前だとは思えない。結局痛みは解決していないが，まあ良しとしようという気持ちである (#20)。

5. 共生可能なものとしての痛み

「対処不能」であり，「説明不能」であった，「難問としての痛み」は，「自分なりの対処が可能になり」，「自分自身のユニークな説明」が可能になることによって，もはや「難問」ではなくなっていく（「**対処可能なものとしての痛み**」「**説明可能なものとしての痛み**」）。

痛みはあまり変わらないが，家で勉強するときに，一時的に痛みを軽減する座り方ができるようになった。それは，女性が座るようないわゆる「ぺちゃんこ座り」というもので，尻に座布団を入れて座っていると，足が適度に痛くなり，それが尻の痛みを軽減してくれる。一時的なものであるが，これで，少しでも対処できると思ったら，少し気分が明るくなった (#15)。

以前は風呂に入ると肛門からお湯が中に入って来るような感じがしていたが，夏休みに家で久しぶりに風呂に入ったら，それがなくなっていた。また，朝起きたとき，最初に痛みを感じる時の嫌な気分が軽くなってきた（#16）。

　一方では，痛みそのものは決して消失するものではなく，自分は決してまだ治っていないということを，H君は繰り返し強調する（「**不滅なものとしての痛み**」）。しかし，それも最終的には，痛みと共存しながら，意味のある生活をするというところへと収束していく。

　しかし，やはりまだ気分が悪いときもあり，他人から顔色が良くなったなどといわれると腹が立つ。夏休みの初めに，父からそう言われた時は，真剣に腹が立った（#16）。

　まだまだ苦しい状態を努力してしのいでいる。他人から，良くなったねと言われると腹が立つ（#17）。

6. 日々是好日
　H君は，面接開始後約1年を経て，ある程度の痛みを抱えながらも，それと共存しつつ，日常生活を楽しむことができるようになっていった。

　休みに入ったので，少しのんびりしながら，勉強もそこそこしたいと思っている。3年後の就職のことなどを考えると，やっていけるのかなあ，という気がする。もし，痛みが良くなっていなければ，座る職業には就きたくないと思う。もし，治っているならば，外国で仕事をするという夢を実現させたいと思う。しかし，最近しばらく，このようなことをイメージしたことはなかった（#22）。

　そして，約半年間来室が途絶えた後，最終回の第23回面接時においてH君は以下のように語り，治療は終結した。

　痛みはあると言えばあるのだが，あまり気にしないようにしている。今日は集

中講義で，一日中木の椅子に座っていたので少し辛いが，とにかく休むことなく受けることができるようになった。授業は時どきはサボることもあるが，一応ちゃんと受けているし，大学生活そのものは楽しんでいる。編入学のための受験勉強は全くしていないし，このままこの大学でやっていこうと思っている。高校生の時，受験に全力投球できなかったことを取り返したいという気持ちが強かったが，それもだんだん薄れてきた。就職の不安とか，色々なことで気持ちが揺れるが，大学生活が楽しいので，どうしようかと思いつつなんとかやれていると思う。現在は全ての治療を中止している。勝手かもしれないが，またなにかあれば相談に来るということしたい (#23)。

V. おわりに

　慢性疼痛に苦しむクライエントであるH君との心理療法経過について，M-GTA法を用いた質的な分析を行うことにより，慢性疼痛の回復プロセスについての一つのグラウンデッド・セオリー（データに密着した理論）を構築した。そのセオリーは図1に示すようなスキーマで表現しうる動的な構造である。

　再度それを，ストーリー・ラインとして述べてみる。クライエントは，最初，「未完の発達課題」と，「難問としての痛み」の間での悪循環に取り込まれている。この状況から，クライエントは好むと好まざるとにかかわらず，「メタファーとしての死と再生」のプロセスへと導かれる。そして，メタファーとしての死が完遂されると，そこに新しい説明（意味）が浮上し，「意味の探求と創成」のプロセスが展開する。そして新たな意味の創成と発達課題の完遂に伴って，難問であった痛みは「共生可能な痛み」へと変容し，クライエントはそれなりの日常（「日々是好日」）を最終的に獲得することになる。

　上記のプロセスを，Frankの病いの語りのモデル (1992/2002) と対比すると，「奪還の物語」から「混沌の物語」を経て，「探求の物語」へと，物語自身が変容していく過程として描写することが可能であると思われるが，このような観点からの「語りの変容」についての考察は，別の機会に譲りたいと思う。

　最後に，本稿に与えられたタイトル，「痛みは語りうるのか？」に対する筆者なりの考えを提示することによって，本論文を締めくくることにしたい。慢

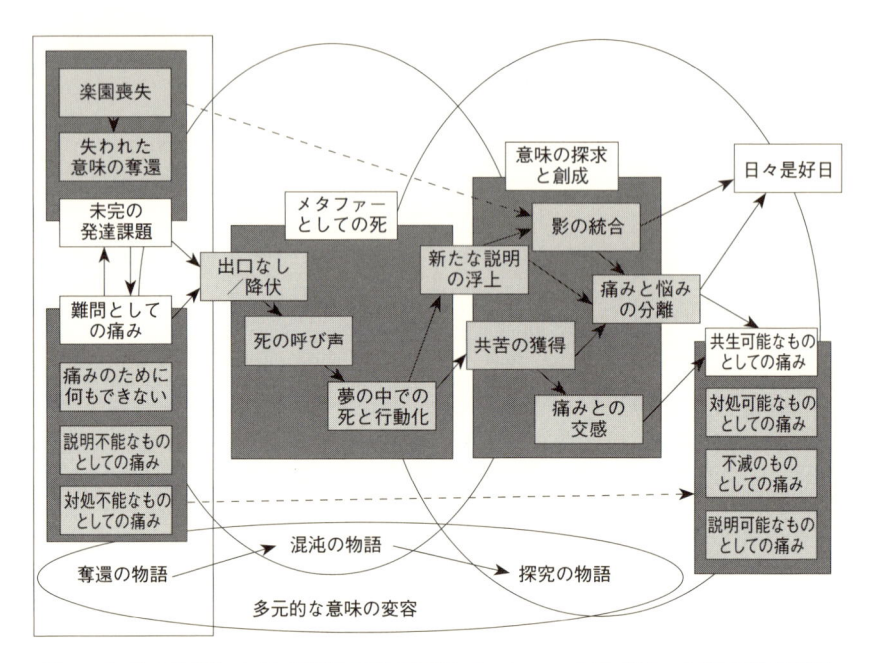

図1 A君の事例における慢性疼痛の回復プロセス：カテゴリーと概念間の関係

性疼痛の回復過程は，「多元的な意味の変容の過程」である。そして，意味の変容は，「語りによって意味を創成する，あるいは創成された意味が語られる」ことによってなされる。語りが変容することと新しい意味が浮上することは，ひとつのことがらの裏表である。このような観点からは，当然のことながら，「痛みは語られうる」と表現できる。しかし，一方で，「痛みには必ず語りきれない部分がある」ように，筆者には感じられる。本稿で試みたような分析は，ある意味では，「事例の全てを分析しつくそうとする」ような試みである。しかし，実際の治療においては，「全てを明示化しよう」とする態度はむしろ治療に妨害的にはたらくことが多い。「痛みは語りうる，しかし，同時に痛みは語り得ない」という言説が現時点での筆者に最もしっくりする解答ということになるだろう。

文　献

Frank AW (1992) The Wounded Storyteller: Body, illness, and ethics. The University of Chicago Press, Chicago. 鈴木智之訳（2002）傷ついた物語の語り手―身体・痛い・倫理. ゆみる出版.

木下康仁（1999）グラウンデッド・セオリー・アプローチ―質的実証研究の再生. 弘文堂.

木下康仁（2003）グラウンデッド・セオリー・アプローチの実践―質的研究への誘い. 弘文堂.

岸本寛史（2003）対話分析―個々の対話に焦点を当てる. In 斎藤清二・岸本寛史：ナラティブ・ベイスト・メディスンの実践. pp.93-104, 金剛出版.

Morris DB (1991) The Culture of Pain. University of California Press, California. 渡辺勉・鈴木牧彦訳（1998）痛みの文化史. pp.120-121, 紀伊國屋書店.

第11章 過食嘔吐の大学生への
ナラティブ・セラピー風心理療法

I. はじめに

　本章では，過食，嘔吐を主訴に来室した20歳の女子大学生Iさんとの約7カ月間の面接経過を報告する。

　摂食障害は，現代日本の大学生において決して珍しい病態ではなく，大学の相談室を訪れるケースも稀ではない。しかし，摂食障害の病態生理や治療について，一定の見解が確立しているわけではない。摂食障害は，病態分類としては，大きく，拒食症（Anorexia Nervosa：AN）と，過食症（Bulimia Nervosa：BN）に分けられ，BNはさらに，排出行動（自発嘔吐や下剤乱用など）を伴うタイプ（BN with purging）と，伴わないタイプに分けられる（米国精神医学会治療ガイドライン，1993）。Iさんは典型的なBN with purgingであり，5年以上の病歴をもっているが，相談機関や医療機関を訪れたのはこれが初めてである。

　元来，BNは米国における女子大学生の研究から注目されるようになった概念であり，自己実現的に生きようとする女性の現代社会におけるコンフリクトという観点から病態を理解する立場が有力である。このような観点からは，BNは一種の文化結合症候群であるという考え方も可能である（Boskind-White，1984）。

　一方で，近年，摂食障害に対する治療についての臨床疫学的エビデンスが

蓄積され，治療法の選択にエビデンス情報を利用することが可能になってきた。現時点での，摂食障害の治療についてのエビデンスを概観すれば，ANとBNは好対照を示していると言わざるを得ない。ANへの特定の心理療法的介入の有効性については，否定的なデータがほとんどであり，特定の薬物治療の有効性も実証されていない。注意深い継続的な身体的なケアを対照群とした場合，認知行動療法，対人関係療法などの介入の有効性はほぼ否定されている（日本クリニカル・エビデンス編集委員会，2004）。

　ANとは対照的に，BNにおいては，複数の心理療法的介入の有効性が無作為割付臨床試験（RCT）によって実証されている。一般に認知行動療法についてのエビデンスが豊富であるが，複数の心理療法の有効性が実証されている。抗うつ薬などの薬物療法の有効性も実証されており，薬物療法と心理療法の併用も有用である。多くの心理療法のRCTは，待機者リスト登録者が対照群となっているため盲検化されておらず，治療者－患者関係などの非特異的効果が治療群における効果から除外されていない。各心理療法の特定の理論や技法が他の療法よりも明らかに優れているという証拠は現在のところないと考えて良いと思われる（日本クリニカル・エビデンス編集委員会，2004）。

　Ｉさんに対しての今回の介入は，形式的には従来から行われて来た非指示的カウンセリングに近い。結果的には約7カ月間，12回の比較的短い治療によって，症状（過食・嘔吐の程度およびうつ気分）は改善し，治療は終結し，その後再来室することなく無事大学を卒業した。しかし，Ｉさんとの治療は，本質的には治療者との「対話」であった。本治療を，近年家族療法領域において急速に注目されている「ナラティブ・セラピー」の観点から考察することもできる（McNameeら，1992；斎藤，2002）。Ｉさんとの対話において，「過食・嘔吐」という症状にはほとんど焦点が当てられず，Ｉさんの語りの中心的課題は，自分自身を含む家族についての物語であった。その中で，Ｉさんにとってどのような家族物語が生成されていったか，ということが治療経過と密接に関連している。本論文では，Ｉさんの語り，特にＩさんにとっての家族物語がどのように経過の中で，生成，変容していったのか，という観点から考察してみたい。

II. 事例の概要

Iさんは来談時20歳，大学3年生である。二人姉妹の次女。両親は他県で自営業を営む。14歳頃から，過食・嘔吐があったが，現在まで医療機関などで相談したり治療を受けたりしたことはない。18歳時に大学へ入学し，その後アパートで一人暮らしをしている。このころは過食・嘔吐は時どきある程度で，生活は安定していた。しかし，大学2年生の後半から，過食・嘔吐の頻度が増加し，ほとんど毎日食べ吐きをするようになった。X年4月23日，相談室に自主来室。30分間のインテーク面接を行い，定期面接の同意を得た。以下に面接経過を，主としてIさんの語りの内容を中心に記述する。#は面接の回数を示す。〈 〉は治療者の発言，「 」はIさんの発言。

III. 面接経過

[#1：X年4月23日]

〈今までの経過を教えてください〉「14歳の時，夏ばてで4kg体重が減って，150cm，35kgくらいになった。そのころから，たくさん食べて，その後吐いてしまうようになった。実家は冷蔵庫の中に食べ物がいっぱいにつまっているような状況だったので，食べ吐きの癖が抜けずに高校時代を過ごした。しかし，このころは，月に一度か，せいぜい週に一度くらいだった。大学へ入学してから，過食・嘔吐は減少し，安定していたが，実家へ帰ると過食・嘔吐をしてしまうことが続いていた。ここ数カ月，過食・嘔吐がひどくなり，今は一日に一回は最低ある」。〈現在の状況は？〉「アルバイトしているときや，学校にいて友人と一緒にいるときは我慢できるが，家に帰って一人になると，必ず過食して，嘔吐してしまう。指をつっこまなくとも吐けるので，つい吐いてしまう」。

〈今の自分の状況についてどう感じますか？〉「過食はお金もかかるし，太ってしまうと思うのでいやだが，吐くことははかえってすっきりするのでさほどいやではない。しかし，最近朝だるくて起きれないことがあるし，就職のことなどを考えると，やめなければと思う。しかし，自分ではどうやったらやめ

られるかが分からない。それで思い切って相談に来た」〈これが影響しているかなあ，と思うような心あたりは？〉「両親が現在二人暮らしで，家族間の連絡役を自分がしなければならないとか，両親のぐちの聞き役をしなければならない。大学院へ進みたかったのだが，それが難しくなりそうだとか，バイトをしたいのだが両親が反対するなど，色々実家がらみでストレスがある。それが過食・嘔吐に影響しているかもしれない」〈どうやって気晴らしをしていますか？〉「趣味は，音楽系サークルで，気分転換をしていたが，最近は過食・嘔吐に時間をとられるので，あまりできない。体重の増減は，最近はあまりない」。

過食症の病態説明と，今後の方針を話し合う。『食べたい！でもやせたい』（Weiss ら，1985；訳書，1991）を貸して，〈興味があれば読んで下さい〉と伝えた。

[#2：X 年 4 月 28 日]
〈その後はどうですか？〉「この 1 週間は，3 食ちゃんと食べた日もあったが，たいていは一日一回嘔吐があった。ひどい日もあった。ひどかった日は，サークルのことで少しごたごたがあって，面倒くさくなって毎食後過食してしまい，夜疲れて寝て，翌日は朝からバイトで持ち直した。サークル関係で，何でも悪い方へ考えてすねてしまう人がいて，ほっておけなくて関わるが，うっとおしくなり，面倒くさくなってしまう。自分も昔，そのような傾向があったが，あまり正面から考えすぎないようにして乗り切って来た。自分のいやなところを見るような気がして，つい気になってしまう。母もそのような傾向があり，すねて，ハンストをしたりする」。

〈ご家族について少し話してくれますか？〉「家族は，祖父母と両親と，姉と自分の姉妹だったが，姉は祖父母になついており，父母がけんかすると，母はすねてハンストし，私を通じてしか家族と話しをしなくなることがしばしばで，中学校頃から私がメッセンジャー役をやらされた。両親はその後も変わっておらず，姉は結婚してからは，あまり家には寄りつかない。両親は自営業だが『子供を大学にやるために』と言っており，手伝わなければいけないという雰囲気がある。休みに帰るたびに，シフトが組まれており，従業員の都合によっ

て時間帯が変わり，自分の予定が全く組めないような状況で，とてもストレス。『1カ月しか手伝えない』と言っても，『なんでもっと手伝えないのか？』とか，母にはうらみがましい態度をとられる。父は口にはださないが，そのぶんストレスをためて胃潰瘍になったりする。そうすると家は破綻するので，自分が何とかしなければならないと思ってしまう」〈それは，たいへんですね〉「それでも，ぎりぎりまでがんばってしまい，冬休みは毎日シフトに入って，最終日，インフルエンザで高熱を出したが，そのまま帰ってきた。今一番気が重いのは，連休に実家で手伝いをしなければならないこと」〈気が重い時はどうやってしのいでいますか？〉「比較的楽な時は，本を読むのが好き，何でも読むが，吉本ばななの『つぐみ』など。最近は江国香織など。過食でお金を使うので，本が買えない。面倒くさくなると，やはり，食物に手を出すのが最も簡単なので，そうなってしまう。一時飲み物で代用しようと思ったが，カンチューハイなど，良くないものに手を出すようになったので，もっぱらパンを食べている」。

[#3：X年5月7日]

〈その後はいかがですか？〉「連休中に，実家で，将来のことについて，ざっくばらんに話ができて，とても気分的にすっきりした。大学院進学は無理ということになったが，就職のことも含めて，合意ができた。公務員試験の講習を受けることや，パソコンを買うこと，そのために手伝いの日程を調整することなどで合意ができた」〈それは良かったね〉「気分が明るくなって，イライラが減り，食べる量も以前より減った。吐く回数も減った。そのためか，2kgほど体重が増えてしまったが，しかたないかな，と思っている。それと便秘がひどくて，センナの常用量を使っているが，すっきり出ない」〈家での様子は？〉「実家では，祖母が体調を壊していたのが，びっくり。成人式の2次会で中学の同級生と話ができたのがとても楽しかった。家では，掃除をしたり，模様替えをしたりするのが大好きなので，去年からやっている。父の部屋を，私が模様替えしたのに，車の音がうるさいからいやだ，と言って使っていなかったので，腹がたったが，連休中は私がその部屋を使った」。〈大学の方は？〉「大学院へ進学を考えていたので，勉強しなくちゃと思っていたが，就職に心を決

めたら，すこし自分に楽しいことをさせても良いのではないかと思えるようになってきた。後期は授業を減らそうと思っている。公務員の講習を受けたり，バイトしたりで，けっこう忙しい。友人と一緒に過ごす時間が多いので，過食の程度は少なくなった。冷蔵庫を空っぽにしておくようにしているが，実家からお菓子を送ってきたりするので，うれしい悩みになっている。実家から送ってもらったものは粗末にできないと感じるので，捨てたり，腐らせたりできず，つい全部食べてしまう。今はずいぶん良い状態だと思う。夢はみないほどぐっすりと寝る」。今後2週間に一度の面接とする。

［#4：X年5月21日］
〈どうですか？〉「調子は悪くない。過食の回数が減り，程度も軽くなった。嫌なことがあって過食しても，そのせいでさらに落ち込むことはなくなった」〈大学生活の方は？〉「大学院をほぼ完全にあきらめ，就職のための公務員講座を受けることになった。そのため，実家の手伝いも考慮してもらえることになって，気分的に楽になった。友人に大学院をあきらめることを話すと，賛成の人も反対の人もいるが，自分としては一応すっきりしたと思っている」〈今の専攻を選んだ理由は？〉「中学生の頃から，天体観測などが好きで，プラネタリウムやNHKの科学番組などが大好きだった。高校の時，大学の体験入学に参加して，どうしても今の専攻へ進みたくなった。しかし，まわりには話が通じる人が少なく，両親は理解してくれず，せいぜい資格をとることくらいまでしか分かってもらえない。姉は，自分の希望を実現するために，壁を突破した人で，私立の美大を親に内緒で受験して，『合格したから行かせてほしい』と主張，かなりトラブルがあったが，結局学費だけ親に出してもらって，生活費はアルバイトで暮らし，卒業して広告会社へ就職した。しかし，親の方は，一年くらい同じ愚痴ばかり言うようになり，私が聞き役になった。自分としては，自分の希望の道を貫きたいという気持ちはあるが，姉と親の確執を見ていると，自分はそこまでしようとは思えない。大学へ入るまでは，親の言うことには妥協するようなふりをしながら，実際には自分の道を進む，ということをしてきた。しかし，ここまで来て，そうもいかなくなってしまった」。〈専攻については？〉「世界や宇宙の色々な複雑なことを，すっきりとした単純化

した理論や計算式ですべて説明するということは，とても魅力的なことで，それができたときはエネルギーが湧いてくる。数式も自分で解けるようになると，おもしろくなって来る。今の専攻の世界は，『有名になりたい』とかではなく，『自分がおもしろければいい』という世界なのだが，それはとても価値があると思う。しかし，そのような話が通じる相手が女性には少ない。人文や経済系の人とは一般的な話をすることができるが，科学的な話は通じない。工学や理学系の人とは，科学の話はできるが普通の話ができない。両方できるような人がいれば，とてもすてきだと思うのだが，そういう人にはなれないし，まわりにもいない。科学的な話は，むしろ男性とする方が話が通じる」〈とりあえずの希望は？〉「今は，親の経済状態を無視してまで大学院に進もうとするよりは，いったん就職して，お金をためて，学びたいことがあれば，社会人入学してでも学べば良いのではないかと思っている。働くことそのものは辛くない。一応卒業研究は，理論系よりも実験系の方が将来役にたつかなあ，と思っている」。

[#5：X年5月21日]

〈最近はどうですか？〉「吐くことは完全にはなくなっていないが，食べたいという気持ちをコントロールできるようになり，ずいぶん楽になった。忙しいということも幸いしているのかも知れない。今まで，『食べ吐きのことを知られてはいけない』と思っていたのを，信頼できる人に数人話してみたら，理解してくれたり，心配してくれたりという反応で，これも楽になった理由の一つだと思う」。

〈中学，高校の頃のことを話してくれますか？〉「X県のX市の出身で，高校は地元の進学校。中学の時，成績が良かったので，先生から期待されて，色々な委員をさせられたり，生徒会役員に立候補するようにプレッシャーをかけられたりした。親もそれに同調し，『親しい友人が先に立候補を決めているからいやだ』と言ったのに，結局押し切られて立候補したら私の方が当選してしまい，その後気まずくなってしまった。高校は推薦で進学校へ。その時も優等生と周囲から見られるのがいやで，断ったりしたのだが，結局そうなった。この頃から，夏ばてで激やせしたことをきっかけに，過食嘔吐が始まった」

〈そうだったのですか〉「高校では，周囲からの圧力がかかるのが嫌で，できるだけ目立たないように，何もしないように心がけた。成績が上がりすぎると，先生や両親に知られて騒がれたり，生徒会から声がかかったりするので，あまり成績を上げすぎないようにしていた。親は，良い成績をとって，運動をして，というのを望んでいるのは分かっていたが，部活は剣道をやめて，美術部と調理科学部に入った。美術部はお絵かき程度と思って入ったのだが，妙に評価されて，『美大へ行くの？』とか言われるようになり，先生が『やる以上は，全力をあげて』という人だったので，嫌になって調理科学部に替わった」。

〈大学入試は？〉「大学は，親から『薬学か医学』と言われていたので，推薦と，前期国立は，どうしても行きたいY大学にして，後期は絶対入れる（しかし希望の専攻のある）Z大学にした。中期と私立は，もし合格するとそちらへ行けと言われるので，ほとんど白紙で出した。推薦と前期落ちた時は悔しくて泣いたが，Z大学に後期で合格して本当によかったと思っている」〈ご両親は？〉「両親は，どちらも身体が弱く，父は人付き合いが悪くて，読書が唯一の趣味で他の趣味がない。母は外で友人と会っていないともたないタイプ。それで，母がでかけると父が怒る。姉が両親に反抗して，自分の道を貫いて，一時は家と絶縁状態だった。両親の期待は私に向いて，その頃はあまり辛いと思わなかったのだが，両親の間，両親と姉との間に入って，いつも家ではそのことで手一杯だったので，学校などその他のことで問題を抱えると，すぐに限界を超えてしまい，身体の調子を崩したりしていた。高校の時，登校に時間がかかり，夜勉強しながらこたつでうたたねしていたら，突然父が入ってきて，怒りだしてこたつをひっくり返されたりした。また車の助手席で話をしているとき，手を挙げられたりしたこともある。最近になって，従姉妹や，友人にそんな話をするようになって，その反応から，自分の両親はしつけにかなり厳しかったのではないかと，やっと理解するようになった。姉と電話で話をする時に，『私たち，結構やばい環境だったんだよねー』などと言い合うことがある。一方では，友人の話を聞いたりして，自分よりずっとひどい家庭環境の友人もいるので，まだましなほうかな，と思ったりもする。最近，一番うれしかったことは，両親に旅行を勧めたら，二人で温泉旅行にいって，出無精の父もそれなりに喜んでいた。姉に喜んで報告したが，あまりぴんと来ていなかったよう

だ。自分としては，両親のためにもなるし，自分も楽になるし，一石二鳥だと思う」。

〈今後のことについては？〉「大学院をはっきりと断念したことで，かなり楽になっている。就職に専攻をいかせないかということで，学芸員の資格や，両親を安心させるために，英検や行政書士の資格もとるつもりにしている。実験に関係する仕事はむりなので，むしろ理論系の方が，良いのかなあとも思っている。中学，高校時代のことを話したのは，いままでに一人くらいしかいないし，姉に話しても理解してもらえなかった。最近話ができるようになったのが，良いことだと思っている」。

[#6：X年6月18日]

（面接時刻を忘れていて，1時間遅刻）〈最近はどうですか？〉「調子は良い。一時体重がかなり増えたが，特に制限することなく，運動量を増やし，普通に食べるようにしていたら，少し落ち着いてきて，体重も少しもどり，食事の好みもあっさりしたものがほしいようになってきた。食費への出費も減ってきたし，便秘も軽くなってきた。サークルとも距離をおくようになり，気が楽になった。授業のうち，専門科目で興味がもてないものは欠席したりしている。以前は絶対に休んではだめだと思う方だった。少し，いいかげんになることを許せるようになってきたが，実家にいる状態ではそれはできなかったと思う。『授業に出る以上は，全て優をとれ』というような親だから。最近は自分の時間も少しとれるようになり，ビデオやDVDを見たりしている。本も読みたいのだが，お金がない」。

〈実家の方はどうですか？〉「家族問題はやっぱり難しい。両親が自営を来年でやめて，その後どうするか決めていないというので，姉は怒っている。自分としても，両親が子供にべったりと頼ってきそうな気配で，それは何とか避けたいのだが，どうやって両親に気づかせようかと色々考えている。姉と母の問も，もう少し何とかしたい。母と姉は性格がよく似ているのだが，当人同士は絶対に認めない。お互いにお互いの地雷を踏みあうようなことをしている。自分は父親と性格が似ているように思う。もともと姉が父親と近く，自分は母親と近いような構図だったが，姉が完全に実家から距離を置いているので，少し

は改善されないと自分も困る。幸い体調も良くなってきたので，エネルギーを蓄えて，夏休みにじっくりと話し合いをして来ようと思っている」。

[#7：X年7月2日]
〈最近はどうですか？〉「嘔吐はとても減った。一週間に一度くらい，特に週の真ん中頃に多いのだが，朝から眠くて食欲がなく，夕方に二食兼用のような食事をすると，夜中におなかが空いてしまって，食べずにいられなくなる。2時間くらいで眠るのだが，翌朝おなかの調子が悪い。しかし，ひどいときに比べるとずっとましで，中学の頃，最初に過食嘔吐が始まった時と同じ程度。食費も減らせるようになって来た。現在の体重は，49kg。あと2kg少ないくらいがベスト。やはり体重は気になる。最近は本が読みたいし，ビデオや映画が見たい」。
〈夏休みの予定は？〉「夏休みは2週間ずつ2回に分けて帰る。それほど負担にはならないように思う。お盆の前後は忙しいが，ここよりは蒸し暑さが少ないし，季節の移り変わりがはっきりしているように思う」〈自然の移り変わりと，人間の身体が結びついていることを，自覚することはとても大事だと思います〉「本当にそう思う。一人暮らしをしていると，特にそう感じる。姉とも色々相談して，作戦を練っている。母と姉が結託して父を責めるパターンになると，今度は父が持たない」〈あなたが全て責任を負う必要はない。いままで家族の調整を一人で担ってきた自分を時どきほめてあげて下さい〉「はい。がんばります」。

[#8：X年7月16日]
〈その後は？〉「調子は良い。嘔吐はかなり減った。身体的には自信がついてきた。気分的には，ちょっと，あーあという感じはある」〈と言うと？〉「最近，親がまた自営を続けるかも知れないと言いだし，『話が違う』と言ったら口論になった。自分としては，親が自営をやめると言ったので，それでは学資を出し続けてもらうのは無理だろうと考えて，大学院進学をあきらめたのに，『今さらそれはないだろう』という気持ち。せっかく公務員試験をがんばろうという気持ちになっていたのに，無気力になってしまう」〈それは無理もないね〉

「実家は田舎にあり，父方の実家も母方の実家も，どちらも旧家。そのため，周囲との関係が，今でも使用人として他の家をみるなど，理解できないところがあった。姉も私も成績が良かったので，狭い土地なので周囲から何かと関心を持たれ，最悪なのは，他の家の子供が，私たちの姉妹と比較されて勉強させられること。そのため，普通の友達だと思っていた子から，全く予想外のことを言われたりすることがあった。そういうのがとても嫌だった。父は，子供の頃大病をしたことがあるというので甘やかされて育ち，本ばかり読んで，仕事をしないような人だった。母は名家の末娘で，性格がきつく，しつけも厳しかった。自分では覚えていないが，従弟などから，『あんたのお母さん怖かった』と言われることがあった。母はプライドの高い人で，プライドの一部が子供の成績などで構成されていて，成績や習い事などで，悪い結果になろうものなら，露骨に不機嫌になるような人だった。中学校のはじめまで，そういうことにはほとんど無頓着に育ったが，中学校の後半からそれを感じるようになり，親や周囲から距離を置くようになった。高校の時は，特にそれがはっきりしていて，反抗的だったし，学校でも周囲に壁を作っていた。親が自営を始めたのは私が14歳の頃で，親も商売を初めてから，周囲からどう思われているか，昔とは違うのだということが，少しは分かったようだが，あまり変わっていないように見える。姉はもっと早くからそれに気づいていて，激しく親に反抗した。私も今では，姉のようにするしかないのかな，と思うようになってきた。親には，早く子離れして，自分たちの生活を確立してほしいのだが，両親の今後の生活設計には私のことが組み込まれているようで，『私の意見や希望はどうなるんだ？』という感じがする。故郷は良い意味での人間関係はほとんどなく，田舎のしがらみが悪い形でだけふりかかってくる。そんな土地で仕事をしたくない。しかし，親は分かってくれない」。

〈この後は？〉「試験が終わったら，とりあえず実家に帰る。お盆に姉が帰ってこないことになったので，私にかかる負担が多くなりそうだが，なんとかやっていけると思う。少なくとも言いたいことは伝えなくては，と思っている」。

[#9：X年8月27日]

〈実家はどうでしたか？〉「実家では，母と姉は比較的うまく行っているよう

だったが，両親が，私に対して頼ってくる様子が見受けられて，あーあと思うことが多かった。もう地元に戻って就職して，親の面倒を見ることを前提にしているような話が多くて，分かってもらえない感じだった」〈最近の状態は？〉「ここへ帰って来てから，週に2回くらい過食嘔吐がある。朝10時から4時過ぎまで公務員試験の講習を受けて，夜は予習などをして寝るという生活だが，気力があまりでないし，落ち込むこともあり，つい過食してしまう。身体的にはそれほど影響が出ているというほどではないが，精神的にはきつく，寝ている時間が増えた。もう一つ気の重いことがある。遠い親戚の1学年下の男子が，中学校から不登校気味となり，中学の時，生徒会の関係で少し面倒を見てあげたり，相談に乗ったりしたことがある。親戚から母を通じて話が来て，夏休みに図書館のロビーで2時間ほど相談にのってあげたところ，その後頻回にメールが来るようになった。その内容も，プライベートなことにかかわるようなことで，ウザい！　母親に愚痴をいうと，『あなたがつきあってあげないから，そうなった』というようなことを言われるので，とても腹がたつ。個人的な内容のメールについてはシカトしているのだが，拒否されているということが分からないようで，困っている。知り合いに相談しても，同情はしてくれるのだが解決策がない。きついことを言って，具合が悪くなったりしても困るという不安感がある。しかも本家筋の関係のことなのに，父親は完全に我関せずで，私たちに押しつけている。頻回にメールが来たりすると，本当にストレス。9月に帰省するとまた会わなければいけない可能性があり，我慢できない。母親同士とかのルートで色々話が伝わる可能性もあり，それも気が重い」。

〈あなたとしてもいっぱいいっぱいという感じだね〉「今，ここに通っていることは，親には言っていない。嘔吐のことを少し母親が気づいたことがあるのだが，『病院へ行って治せ』という態度で，自分の方の態度を変えようという気持ちはない。『あんたが，対応を少し変えれば，私は治るよ』と言ってやりたい。少し強く言うと，『あんたたち（私と姉）は，いつもそうやって親を責める』と言ってひがむ。今後のことを両親と話し合わなければならないという仕事もあるのに，本当に困ってしまう」。精神的に辛そうなので，しばらく1週間に1度の面接とする。

[#10：X年9月4日]
〈その後はどうですか？〉「親戚君の件は，その後メールが来なくなったので，一応今は問題なし。しかし，親のことで気が重くなることが多い。父が金銭にルーズなので，母が家のお金関係を取り仕切っている。母は自分では買い物はずばっとする方なのだが，周囲には金銭的なことにうるさく，色々口を出してくる。今回パソコンを買わなければならないのだが，そのことで連日ああだこうだと電話をして来て，そのくせ，実家でのバイト料を振り込んでいないことに腹が立って，けんかになった。お金は振り込まれて来たが，その後，母の方がすねてしまったようだ。こっちもいらいらするが，最近は無茶食いにはならず，妙に眠くなって寝てしまう。睡眠時間が10時間を超えている」。

〈そうですか。夢は見ませんか？〉「夢は夜は見ないのだが，昼は見て，あまり覚えていないが，夢の中でも母と口論をしているようだ。現実には80％押さえているのだが，夢の中では派手に腹をたてているようだ」〈夢の中ではケンカできている〉「母は4人兄弟の末っ子で，長男はおとなしい人だが，2人の姉を含む3姉妹は，気が強くて，理屈もたつほうで，とても怖い存在。逃げ道を全部塞いでから相手を倒しに行くようなタイプで，けんかして勝てそうな相手ではない。親族の中では，男性で強い人はあまりおらず，女性だけが強い。中学時代，金八先生のようなタイプの教師がいて，何かと目をかけてくれたのだが，大嫌いだった。その先生のために，自分の実際とは違うイメージ（努力家で勉強も良くする子）が作り上げられてしまった。『おまえならできる』などと言われて，生徒会の役員に無理に立候補させられたりして，嫌なことがたくさんあった。母は今でも良い担任だと思っているようで，私自身のイメージのことについて，この間も言い争いをしたが，途中で母が遮断してしまった。『本当の私はそんなイメージとは違う』と言っても分かってもらえない。『おまえは，本当はもっと上にいけるはずだった』などと言われるが，そういうこと言われても困る。特に就職については，親の意向を考えて希望を断念したのに，母親は『ほーらやっぱり』と思っているところがある。私はこの大学の専攻はレベルも高いし，良い大学だと思っているのだが，母親はそう思っていない。最近は説明するだけでも疲れる。親に精神的に大人になってほし

いのだが，変わってくれそうもない。姉は姉で，距離をとっているし，本当の味方になってくれる人がいない。ちょっと精神的に辛いです」。

[#11：X年9月18日]
〈その後はどうですか？〉「姉と電話で1時間くらい話をして，言いたいことを言えて，かなり救われた気がした。姉は，自分にはできないことができる人だが，自分は，親を切り捨ててまで，自分のしたいことをやり抜くということはできず，あくまでも調整していくのが，自分の本性のように思う。それでも，姉に，『おまえのやりたいようにやれ，応援する』と言ってもらえて，ずいぶん楽になった。その後，母からシフトの連絡が来たが，かなり冷静に対応できて，これなら，家に帰ってもなんとかなるかな，と思えるようになった。気分的には，かなり良くなったが，体調はあまり改善せず，アレルギーや痒みが出没する。親戚君からは一度だけ住所変更のメールが来たが，しつこい内容ではないので，まあ少しは変わったな，と思えた。最近夢をよく見る。母と言い争う夢はなくなった。友人たちが出てくるような，穏やかな夢が多い。友人たちと，車に乗って（本当は車をもっていない友人が運転していた），海岸へ行って，友人たちが波打ち際で遊んでいるのを，日陰に寝そべって眺めているような夢」。

「人間というものは，親以外の性格にはなれないものだろうか。父と母が仲良くして，自立してくれるのが私の望み。でも，自分も，父と母の性格を受け継いでいるのがよく分かる。姉は母と性格がよく似ている。自分は父親似。母は猫型で父は犬型。外見的には，母，私，姉，父，と並ぶ。しかし，性格的には，父と私，母と姉が近い。母と姉は，戦闘タイプで，徹底的に相手を攻撃するが，分かり合えないと思うと，完全に無視する」〈サイヤ人みたいだね〉「そうそう！　その通り。友人にもそう言った（笑）。サイヤ人のような狩猟民族タイプ。父は，自分からは何もしない人。私は仲を取り持とうとする。父と私は農耕民族型だ」〈じゃあ，あなたはナメック星人。ナメック星人は，戦闘タイプから長老まで，多彩〉「父はなにもしないナメック星人。祖母もナメック星人だが，お嬢様そだちなので……（笑）」〈パーティーをくんで，ラスボスを倒すというのが良いのだろうが……〉「うちの家族は戦士が2人で，お互いに

けんかばかりしている。父は僧侶で，私は魔法使い，いや商人かな」〈商人から転職した魔法使いというところかな〉「戦士2人が協力してくれれば，ラスボスを倒せるのだが，難しい」〈真実の鏡でも見せたら？〉「見る前に割ってしまうと思う（笑）」〈あとは，フュージョンするしかないね〉「誰がゴテンで誰がトランクスかも分からない（笑）」「こういう話ができると楽しい。自分はわりとその場をしのぐためにはなんでもするところがあって，それを見抜く人から見ると腹がたつらしい。姉には良く見抜かれる。でもそれが私の性格。家に帰ってもなんとかやっていけそうな気がしている」次回，10月に入ったら連絡してもらうことにする

[#12：X年10月16日]

（前の過に，『食べたい，でもやせたい』の本を返しに来て，今回の面接を予約）。〈どうでしたか？〉「実家へ帰って，自分の気持ちをはっきりと説明して，今後は長期の休みに実家の手伝いに帰省しなくとも良い，という約束を取り付けてきた。それで，かなりすっきりできた。それ以外の状況はあまり変わらないのだが，かなり精神的に楽になれた。実家では，バイトはしっかりやって，友人と楽しむこともしっかりやってきた」〈それは良かった。その後はどうですか？〉「こちらへ帰ってからは，過食嘔吐はほとんどなく，食べる量はとても減ったが，睡眠時間が多いのだけは続いている。食べる量が変わらず，運動しないで，寝る時間が増えたので，体重が少し増えてきているが，気分的に揺すぶられる度合いは以前に比べると格段に減った。自分の中では50kgまでは許せると思っている（身長は163cm）。夢を見た」。

夢：美容院へ行って，かわいい髪型（どんな髪型かははっきりしない）にして，みんなにほめてもらえるのを期待してアルバイトへ行ったら，先輩（ズバリとものを言う人）から，「なーに，それ！」という感じで言われて，ちょっとへこんでいる。

連想：実際には美容院には行っていない。前の晩にヘアスタイルの雑誌などを読んでいたのが影響しているかもしれない。自分では，他の友人なら分かってくれるのではないかという想いがある。その先輩は嫌いではないし，現実に顔

を合わせても問題はない。

〈今後どうしていきましょうか？〉「後期は授業は少なく，実習中心で，あいた時間は公務員の勉強をしようと思っている。サークルも秋で引退だし，4年になると，卒業研究だけになり，就職活動と公務員試験に力を入れたい。X県での就職だと範囲が限られるし，転勤の可能性などもあるので，今のところまだはっきりしない点もある。理論のコースを選ぶか，実験を選ぶかも迷っている。かなり，症状も，気分も落ち着いて来たので，面接はいったん終結として，必要な時に再来室ということにしたい」〈それで良いと思います。ここへ通ってみての感想は？〉「4月にここへ来た時はかなり辛かったが，半年の問に，色々なことが整理できて良かったと思う。また問題が起こることがあっても，そのときはそのときでまたやっていけば良いと思える」

面接は12回で終結し，Iさんは再度来室することはなく，卒業研究を終了して無事卒業した。

IV. 考　察

1. 神経性過食症の病態仮説

神経性過食症（BN）の病態は，現在のところ必ずしも全て明らかになっているわけではない。しかしながら，臨床上いくつかの重要なポイントについては，ほぼ合意が得られている。それを列挙すると，①過食・嘔吐という行動には，不快な情動（ストレス）に対するコーピングという側面が明らかに認められる。つまり，過食・嘔吐という行動は，一種の自己治療的側面をもっている。②過食・嘔吐という行動には，悪循環を誘発するという特徴がある。つまり，不快な情動→過食・嘔吐による一過性の軽減→自己嫌悪による不快な情動の増悪→過食・嘔吐の反復，というような悪循環である。したがって，過食・嘔吐という行動には，自己強化的な側面がある。③不快な情動を通じて，過食・嘔吐を誘発し，強化する根底に，認知面における一定の特徴が認められ，その中核として完全主義的傾向，非論理的信念 irrational belief が関与していること

が多い。④やせ願望，肥満恐怖が，過食・嘔吐行動の強化に強い関連をもっている。この体重や体型についての認知の歪みは，社会文化的な表象（マスコミによるやせ体型の礼賛など）に強い関連がある。⑤社会的相互交流，特に家族間における交流のパターンが，過食・嘔吐を巡る悪循環の形成に，重要な役割を担っていることが多く，交流のパターンを変化させることは，治療的に働くことが多い。

上記のように，複数の要因や文脈の複雑なネットワークによって，BNの病態は成り立っていると考えられ，それゆえに，BNへの治療的介入には，複数の戦略があり得るし，個々のクライエントの特徴に応じて，複数の介入，あるいはそれらを組み合わせた介入が有効であることは驚くには当たらない。

Ｉさんの場合，上記のような複数の要因のうちでどれが特に重要であるかは簡単には言えないが，体重，体型についての認知の歪みは，それほど強いとは思えず，過食・嘔吐行動そのものによる，反復強化的悪循環も深刻なほどではないと感じられた。もちろん，これらの側面に対して，悪循環を増強させないような慎重な配慮は重要であり，面接の初期には，セルフ・マネージメントのマニュアルである『食べたい！ でもやせたい』を読んでもらうなどの，認知面に対する適切な働きかけを心がけた。しかし，Ｉさんの語りからすぐに明らかになったことは，Ｉさんの実家の人間関係が，Ｉさんが感じる情動ストレスのうちの重要な部分を占めていることであった。

ここでは，「Ｉさんのストレス」ということばを，Lazarus（1999；訳書，2004）の定義にしたがって，Ｉさんという主体が環境との相互交流を行う時に体験する出来事の「関係的意味：relational meaning」と相関して生じる「情動：emotion」そのものと定義する。したがって，Ｉさんの「家族関係におけるストレス」とは，主として家族との交流において生じるＩさんの情動そのものであり，これはＩさんという主体と家族という環境との「関係的意味」によって変わる。Lazarusによれば，このような「ある特定の情動」をもたらすような「関係的意味」を構成するものは，「物語のプロトタイプ」として把握することが可能である。これを言い換えれば，「Ｉさんにとっての家族物語」がどのようなタイプのものであるか，ということが，Ｉさんと家族との交流，言い換えれば，家族が重要な役割を果たす世界における「世界内存在」として

のIさんの情動体験に決定的な役割を果たすということである。そして，このような「情動体験のパターン」は，過食・嘔吐行動というコーピングを誘発し，このコーピング自体が状況を強化するというプロセスを進行させる。したがって，「Iさんの家族物語」が，対話においてどのように変容していくか，という問題が，Iさんの治療において決定的に重要な役割を果たすであろうということが想像される。

2. 家族物語の変容過程

以下に，Iさんの家族物語の変容の過程を，面接経過におけるIさんの語りと，治療者の対話の中に跡づけてみたいと思う。

まず，#1において，すでにIさんは「大学へ入学してから，過食・嘔吐は減少し，安定していたが，実家へ帰ると過食・嘔吐をしてしまう」と述べていることからも，Iさんにとっての情動ストレスの最も大きい影響因が，実家における家族との交流にあることは明らかであった。その内容については，面接が重ねられるにつれて，具体的に繰り返し語られていくことになる。たとえば，その一つは「両親が夫婦として精神的に自立していないこと」であり，そのために「私自身の人生が，両親の将来の中に組み入れられてしまっていると感じられる」ことである。「父母がけんかすると，母はすねてハンストしてしまい」「家族内で私しかメッセンジャー役がいなくなってしまう」といった体験が語られ，Iさんは，家族内で常に「調整役を強いられてきた」ことが，繰り返し語られた。

一方で，Iさんは，成長にしたがい，家族からの期待や投影によるイメージから自由になりたいという，自分自身の意志・希望を育てて来た。その主たるものは，「現在の専攻に対する憧れ」として表現されていたが，その根底には，両親（特に母親）の過剰な期待に合わせる自分ではなく，本当の自分を育てるという意志があったと思われる。

このような家族の中で，早くから自分の意志を貫く傾向を発揮したのはIさんの姉であった。「姉は，自分の希望を実現するために，壁を突破した人」。しかし，その結果，「親の方は，一年くらい同じ愚痴ばかり言うようになり，私が聞き役になった」と，Iさんは結局は再び「調整役を強いられる」ことにな

ってしまった。

　Ｉさんが，このような家族の中で，自分自身を保つために採用してきた方略は「親の言うことには妥協するようなふりをしながら，実際には自分の道を進む」ということだった。中学，高校と，「優等生」だったＩさんは，母や担任の教師から，自分が感じる以上の評価を受けており，「中学の時，成績が良かったので，先生から期待されて，色々な委員をさせられたり，生徒会役員に立候補するようにプレッシャーをかけられたりした」。その結果，友人と気まずくなったりした。Ｉさんにとってもっともストレスだったのは，自己イメージを越えて「優等生」だと他人から見られることで，過食・嘔吐が始まったのもこの頃だった。Ｉさんは，「実力以上に評価される」ことを避けるために，「ペルソナ」を被り，その「ペルソナ」を被り続けることに限界を感じていた。しかし，一方では，大学院進学の夢をあきらめ，資格を取ったり，就職に備えることで，母親の期待に応えることとそれを裏切ることのアンビバレンスにも悩まされていた。

　Ｉさんの語りは，現在の家族関係のみならず，自身の生育歴を含む家族の歴史，さらにはそれを包み込む故郷の社会や歴史という大きなコンテクストへと発展していった。またその歴史は，祖父母の時代にまで逆登るもので，３世代以上に渡る壮大な物語を含むものであった。しかし，Ｉさんは自身と家族を包み込む歴史物語全体を，自分にとってしっくりする一つの秩序をもつ物語として語るには至っていなかった。#9，#10の面接では，物語をまとめきれないＩさんの苦悩が表現されている。Ｉさんは，それまで体験したことのない，母との激しい口論を，夢の中で体験している。それまで，治療者との対話においてさえも，できるかぎり治療者を失望させないようにと配慮を続けて来たと思われるＩさんが，#10において「本当の味方になってくれる人がいない。ちょっと精神的に辛いです」と，率直に語っている。

3. ハイコンテクストな対話と物語生成

　そして，このような苦悩を経て，#11の面接において，Ｉさんと治療者は極めてユニークな対話をすることになる。その対話は，「人間というものは，親以外の性格にはなれないものだろうか」というＩさんの独白で始まった。「父

と母が仲良くして，自立してくれるのが私の望み。でも，自分も，父と母の性格を受け継いでいるのがよく分かる。姉は母と性格がよく似ている。自分は父親似。母は猫型で父は犬型。外見的には，母，私，姉，父，と並ぶ。しかし，性格的には，父と私，母と姉が近い。母と姉は，戦闘タイプで，徹底的に相手を攻撃するが，分かり合えないと思うと，完全に無視する」と，Ｉさんは，家族間の関係を，豊かな比喩を用いながら，しみじみと語り始めた。

　Ｉさんが用いた「戦闘タイプ」というキーワードに，治療者は触発されるところがあり，思わず，〈サイヤ人みたいだね〉という言葉が口をついて出た。この言葉に対するＩさんの反応は，間髪を入れない，非常に生き生きとしたものであった。「そうそう！　その通り。友人にもそう言った（笑）。サイヤ人のような狩猟民族タイプ。父は，自分からは何もしない人。私は仲を取り持とうとする。父と私は農耕民族型だ」。Ｉさんは，自分と家族の関係，家族同士の関係を，治療者が投げ込んだ「ドラゴンボールのメタファー」を用いて，生き生きと語り始めた。

　#11の面接の冒頭でＩさんは，「姉から『おまえのやりたいようにやれ，応援する』と言ってもらえて，ずいぶん楽になった」と語った。そのエネルギーに呼応するように，治療者は，〈じゃあ，あなたはナメック星人。ナメック星人は，戦闘タイプから長老まで，多彩〉という語りを誘発され，さらにＩさんは，「父はなにもしないナメック星人。祖母もナメック星人だが，お嬢様そだちなので……（笑）」と続け，とてもうれしそうに笑ったのが印象的だった。ここで，治療者は，「ドラゴンボール」から，「ドラゴンクエスト」へと，物語のコンテクストを変換する。〈パーティーを組んで，ラスボスを倒すというのが良いのだろうが……〉。すると，Ｉさんは間髪を入れずに，以下のように物語を発展させる。「うちの家族は戦士が２人で，お互いにけんかばかりしている。父は僧侶で，私は魔法使い，いや商人かな」〈商人から転職した魔法使いというところかな〉。ここでは，父，母，姉，Ｉさんの４人家族が，いつのまにか，４人で協力して魔王を倒す協働的な集団イメージへと変容している。「戦士２人が協力してくれれば，ラスボスを倒せるのだが，難しい」〈真実の鏡でも見せたら？〉「見る前に割ってしまうと思う（笑）」という，ドラゴンクエストのコンテクストを，治療者とＩさんは嬉々として共有しながら，話は発

展していく．最後に，治療者はもう一度，〈あとは，フュージョンするしかないね〉と語ることによって，コンテクストを「ドラゴンボール」に戻すが，これにもIさんは易々と「誰がゴテンで誰がトランクスかも分からない（笑）」と応じる．

　いったい，この対話は何をしているのだろうか．Iさんは，現実（と感じられている）の家族関係を語っているように見えながら，同時に「ドラゴンボール」や「ドラゴンクエスト」の非現実的（集合的）物語が語られている．ここで，重要なことが2つある．「ドラゴンボール」や「ドラゴンクエスト」の物語は，Iさんにとっては，自分が成長していく過程において，現実の人生の物語を生きていく上での「物語の鋳型（テンプレート）」を提供するものであろうということである．おそらく，こういった，「範例的な物語」は，昔であれば，宗教説話や，民話がその役を担っていたのであろう．しかし，現代の若者にはそういう意味での所与の範例的な物語は存在しない．それに変わる範例的な物語は，彼らが物心ついた時にはすでに世界を構成していた「ドラゴンボール」や「ドラゴンクエスト」の物語なのである．

　このセッションでの奇妙な二重に進行する対話は，Iさんにとっては単なる雑談以上の意味をもっていたと思われる．Iさんはこう語っている．「こういう話ができると楽しい．自分はわりとその場をしのぐためにはなんでもするところがあって，それを見抜く人から見ると腹がたつらしい．姉には良く見抜かれる．でもそれが私の性格．家に帰ってもなんとかやっていけそうな気がしている」．ここで，Iさんは，歴史性を有する複雑に絡み合った家族物語を整理し，自分自身の役割をきっちりと肯定できる物語を構築し得たと言える．そのためには，鋳型となる物語が必要であった．そして，比喩的に言うならば，Iさんは一人の商人／魔法使いとして，狂戦士（バーサーカー）である姉や母と共闘する役割をきちんと自分のものにしたのであろう．そうすることによって，Iさんの家族は，その中で互いが相争う集団ではなく，協力しながら世界を救済するパーティー（協働集団）となるのである．その中では，父も母も姉もIさんも，自分の居るべき場所を与えられる．そのような物語の再構築をIさんは成し遂げたのではないかと思われる．

　上記のような，奇妙な二重対話が治療的な意味を発揮するために，治療者の

存在はどのような役割を果たしたのだろうか？ Iさんとの対話の中で，治療者は自分自身の治療者という役割から自由になり，自身の心の赴くままに，二重対話を楽しんだ。そこでは，「これはドラゴンボールの話です」とか「これはドラゴンクエストのたとえです」といったメッセージは言語的には全く発せられていない。つまり，二人の間で交わされた会話のテクストは，隠された共通のコンテクストを共有する謎めいた会話であり，Iさんと治療者は，その隠されたコンテクストを易々と共同構成した。それは，二人の依って立つ世界の発見であるとともに創造の体験であった。もちろん，このようなハイコンテクストな対話は，近年のいわゆる「おたく」的な人々の会話には頻繁に見られるものである（斎藤，2001）。しかし，ここまでの面接における関係性の蓄積の上で，このような，「コンテクストの探索と共同創成」の作業は，治療者とクライエントの関係を強化するとともに，クライエントにとっては，「私の世界は他者と共有されている」という感覚を強化するものと思われる。この両者の関係は，互いに向き合う2者関係ではなく，話題を共有しつつコンテクストを共有する横並びの3項関係である。このような関係は，極めて治療的であると同時に，濃密な転移−逆転移関係に陥る危険性の少ない安定した関係であると思われる。

　最終回#12では，面接経過中唯一と言って良い夢が報告された。Iさんは，美容院へ行って髪型を変える。髪型を変えるという行為は，象徴的には「頭（思考）を整理する」行為である。その髪型は可愛いとIさんは感じており，みんなにほめてもらえるのを期待している。しかし，残念ながら先輩からは「なーに，それ！」と呆れられてしまう。しかし，この先輩はIさんにとってはズバリとものを言ってくれる人で，夢の中でのIさんは傷ついてはいない。Iさんが整理した「物語」は，完成した「正しい物語」でもなければ，最終的に得られた「結論」でもない。それは，常に新しく生成し，変化し続けるプロセスなのであろう。

　最終回の面接でIさんは以下のように語った。「4月にここへ来た時はかなり辛かったが，半年の間に，色々なことが整理できて，良かったと思う。また，問題が起こることがあっても，そのときはそのときでまたやっていけば良いと思える」。これは，今回の治療がIさんにとってどういう意味をもっていたか

を適切に表現している語りであったと思われる。

文　献

1) Practice Guideline for Eating Disorders; American Psychiatric Association Practice Guidelines, 1993.　日本精神神経学会監訳：米国精神医学会治療ガイドライン：摂食障害．
2) Boskind-White M（1984）Bulimarexia. W W Norton, 1984.　杵渕幸子他訳（1991）過食と女性の心理――ブリマレキシアは現代の女性を理解するキーワード．星和書店．
3) 日本クリニカル・エビデンス編集委員会監修（2004）クリニカル・エビデンス issue 9. pp.1080-1091，日経BP社．
4) 前掲書，pp.1092-1105．
5) McNamee S, Gergen KJ eds（1992）Therapy as social construction. SAGE Publications.　野口裕二・野村直樹訳（1997）ナラティブ・セラピー――社会構成主義の実践．金剛出版．
6) 斎藤清二（2002）心身症外来プライマリ・ケアにおけるナラティブ・アプローチ――神経性過食症の事例を中心に――．総合臨床，51；1067-1070．
7) Weiss JG et al.（1985）Treating bulimia: A psycho-educational approach. New york-Oxford：Pergamon Press.　末松弘行他訳（1991）食べたい！でもやせたい――神経性過食症への認知行動療法――．星和書店．
8) Lazarus RJ（1999）Stress and emotion: A New Synthesis. Springer Pub. Co.　本明寛他訳（2004）ストレスと情動の心理学――ナラティブ研究の視点から．実務教育出版．
9) 斎藤環（2001）文脈病――ラカン・ベイトソン・マトゥラーナ．青土社．

第12章 女子大学生の夢に見られた dismembered body image について

I. はじめに

　Dismembered body（身体切断）は，幅広い領域の神話や宗教に認められる普遍的なテーマであるとともに，現代の絵画，アニメーション，サブカルチャーなどにおいても頻繁に表象されるイメージである。本稿では，片頭痛などの身体症状で発症し，自傷行為，解離，抑うつ気分，自殺念慮などの多彩な精神・身体症状を呈した女子大学生Jさんの事例を描写し，特に心理療法過程の最も重要な時期に報告された夢のシリーズに現れた身体切断のイメージと，それに引き続く純粋意識の体験，さらに身体性を伴った再生へのイメージの変遷過程の意味について考察する。

　筆者はこれまで，思春期から青年期にかけての，心身症，摂食障害，慢性疼痛などの事例の治療経過に，象徴的な「死と再生」のモチーフが出現することを報告してきた（斎藤，2000/2003/2005/2006）。上記の症候の多くは慢性に経過し，一般に難治であり，その一部は嗜癖との関連が示唆される（松本，2011）。しかし筆者が経験してきた事例では，夢をはじめとするイメージの報告・共有の中で，象徴的な「死と再生」の体験が生じ，多くは慢性化することなく回復していった。分析心理学的なオリエンテーションをもつ心理治療者であれば，このような現象を理解・説明するために，ユング Jung, C.G. の「個性化の過程 individuation process」の概念を持ち出すことをためらう者はほと

んどいないだろう。しかし，個性化の過程と嗜癖傾向を伴う（あるいは伴わない）自傷行為や解離との関係については，これまでほとんど論じられてこなかった。本稿では，Jさんの体験した過程，および報告された夢に示されたイメージの流れを，「青年期の一女性における個性化のプロセス」として理解することを前提として論を進めるが，同時にJさんが呈した臨床病像との関連，特になぜ多彩な行動化が嗜癖傾向へと陥ることなく，思春期課題を乗り越えていくことができたのかという観点からも考察してみたい。

　Jさんとの面接は，原則として1回50分の予約面接で，大学卒業まで4年間に合計55回行なわれた。今回の事例研究では，2年生の夏までの1年半（Ⅰ～Ⅲ期）の経過を検討する。以下の記載において，面接番号は#にて示す。また「　」はJさんの発言を，〈　〉は筆者（治療者）の発言を示す。記述されている夢の内容および連想は，面接において筆者が聴きとった内容を面接後に記述したものであり，文責は筆者にある。本稿では，重要な8つの夢を詳述し，事例の経過の記述（結果）と筆者の解釈（考察）を特に項を改めることをせずに記述する。最後に項目を改めて総合考察を行なう。

II. 事例経過と夢の報告

　事例：Jさん。大学1年生女子。大学所在地の隣県出身。同居家族構成は父（自営業），母（主婦），兄（社会人）。大学入学後は学生寮に在住。

初回面接（#1：X年5月）

　大学入学約1カ月後のある日，夕方から右足がしびれ，続いて右手の握力が低下した。その後強い頭痛が出現して，夜間に救急車を呼ぶ騒ぎになった。受診先の総合病院では，検査にて異常なしと言われた。約1週間後，相談に来室したが，来室時は無症候であった。高校3年時片頭痛として治療を受けたことがある。「悪夢をよく見る」とのことだったので話してもらうよう促したところ，以下の夢1が報告された。筆者は最近の夢と思って聴いていたが，後に高校3年生の時の夢であるとJさん自身によって訂正された。

第 12 章　女子大学生の夢に見られた dismembered body image について　*201*

夢 1：友人（女性）と一緒に山に登ることになる。山道はアスファルトの道路で，右手に土の壁があり，向こう側が見えない。私は，せっかく山に来たのに見えないのは嫌だと言って，土の壁の上に登る。突然視界が開け，目も覚めるような青い空と，白い山が見える。山にはなぜかセントバーナードのような大きな犬がいるのが見える。眼下を見下ろすと，秋の草原のようななだらかな斜面があり，下のほうから 11 歳くらいの外国人の少年が，なにか意味の分からない言葉をこちらに向かって叫んでいる。「危ないよ」と言っているようだ。そこで，先はどの道を引き返し，下まで降りてくるが，途中で，土の壁が気にくわないと思い，友人と 2 人で蹴飛ばすと壁は崩れてしまう。その後，外人の男の子と何か話していたようだが，よく分からず目が覚めた。
連想：友人の女性は，私とは正反対の性格。悪夢は高校 3 年の頃からよく見る。

この夢は，J さんにとっての初回夢 initial dream であろうと筆者は感じた。高い山に登る／下りるという，超越性に関連する「垂直軸のテーマ」（川嵜，2005）が示されているとともに，土の壁を壊すことによって視界が開けるという「破壊と創造の過程」を J さんは歩んでいると感じられた。J さんの症状は，片頭痛の非定型発作の可能性があると説明し，継続して話を聞かせてもらうことになった。

第 I 期　1 年生前期（#2〜#7：X 年 5 月〜7 月）

　片頭痛の症状は軽快し，継続面談はいったん終結となる（#3）が，2 週間後に再来室。「自分でも理由が分からずに，気分が落ち込んで苦しくなる。自分で頭を殴ったり，腕を掻きむしったりしてしまう。高校 2 年の時に同様のことがあったが，周囲に全く分かってもらえなかった（#4）」。「小学生の時，仲の良い友達がいじめにあった。自分も仲間に加わるように言われて少しだけ加わってしまった。とても申し訳ないと思っている（#5）」。「頭痛がする。天井から何か音や話し声のような音が聞こえてくるような感じがする（#6）」。「不思議な夢を見た（#7）」。

夢 2：どこかの土地で，私は誰か知らない人と一緒に逃げているようだ。何かの組織に追われている。その組織の人は黒い服を着た人たちで，男が多く，少

数の女性もいるらしい。ゲリラ組織のよう。どうやら敵対している2つの組織があるようで，そのうちの大きい方の，政府とも少し癒着しているような組織に追いかけられているようだ。私は，間違えられて巻き込まれているようだが，両親が政府に所属しているので，それを他人に言うことができないらしい。ついに私たちは敵に捕まってしまう。そのシーンは草原で，草むらに隠れている自分を，もう1人の自分が見ていて，「あれじゃあ，捕まるな」と思っている。草むらの周囲から敵がたくさん現れて，最後は地面に突き倒されて捕まってしまう。相棒は逃げてしまったのかはっきりしない。私は，鉄棒で殴られたりして，死ぬかと思うくらいにひどい目に遭わされる。その後，船に乗せられてどこかへ連れて行かれることになり，そこへ行けば二度と帰って来られないので，お祖母ちゃんらしい人に別れを告げる機会を与えられる。その女性は腰が曲がっている老女で，会いに行くととても喜んでくれて，「もう会えない」と言うと，とても悲しむ。私も悲しい思いをして別れる。

　その後，コンクリートのうち放しのような部屋に閉じこめられているが，そこから通路が船につながって，船に乗せられて出航する。その船は，「護送船（五艘船）」と呼ばれている5隻のうちの1隻であるらしい。船そのものは古く，船室は黒っぽいが，設備は整っている。船長（舵を取っている人）は，船内で行われていることに見て見ぬふりをしている。船室には5人1部屋くらいの寝室があって，私の友達が何人か乗せられているようだが，彼女らも仕事をさせられていて話す機会がない。船の上では割と自由にさせられているが，監視のための軍人のような人たちが乗り込んでいる。彼らは鉄棒をもっていて，何かあると叩かれる。2週間くらいの船旅をしていたうちの3日間嵐がやってきて，（気象予測の機械があるので）嵐の前に，甲板の荷物を船室に急いで取り込んだりして忙しい。雨水を溜める容器を船の緑に縛りつけている時に風で飛ばされて，私は海に落ちてしまう。船の上の軍人たちは無関心である。そのうちの1人の女性（夢の中では現実に知っている人だと思っていた）が，鉄棒をさしのべてくれて，私はそれにつかまるが，鉄棒は焼けていて熱い。必死でそれにしがみついて，ようやく船上に戻ると，みんなが「よく助かったなあ」という感じで迎えてくれる。私は，「目的地へ着いてもそこは脱出不能の牢獄のようなところで，良いことはないだろうし，そこにたどり着くまでに，海に落ちるか，殴り殺されるか，あるいは病気になるかして死んでしまうだろうなあ」と思っているところで目が覚めた。

連想：夢は妙に生々しく，殴られた時にはひどい痛みを感じた。祖母と別れる時はとても悲しかった。最近突然気づいたことがある。私は，他人から嫌われ

第12章　女子大学生の夢に見られたdismembered body imageについて　　203

たくないと強く思っていて，そう思ったときに不安定になる。私は外見にふさわしいほどにはまだ成長しておらず，社会経験も足りず，まだ大人になっていないのに，外見にふさわしいことを要求されるので，ついていけなくなる。そういうことが，突然実感として分かった。今までは頭では知っていたが，実感としては分かっていなかった。

　夢2は，長大かつ物語性の高い夢である。Jさんは敵対する2つの組織の争いに巻き込まれている。個性化のプロセスにおいて，相容れない対立物の統合のテーマは必須のものである。相争う2つの組織間の闘争という状況は，個性化の過程が進展する背景としてふさわしい。夢自我としてのJさんは，その闘争に巻き込まれ翻弄される登場人物としてこの物語に参加している。夢自我のたどる運命は，捕獲され，幽閉され，強制的に移動させられるという旅である。Jさんが捕獲されるシーンでは，Jさんの視点は，物語の中で行動する自分とそれを俯瞰する自分に分裂している。このような視点の二重性は，虐待など甚だしい苦痛の体験においてしばしば生じ，人格の解離として病的にラベルされることもあるが，甚だしい苦痛への対処行動の意味がある。さらにこのような体験は自省的意識の萌芽として，主体の成立に重要な意味をもつことも知られている。

　夢の連想においてJさんは，「最近突然気づいたことがある……そういうことが，突然実感として分かった。今までは頭では知っていたが，実感としては分かっていなかった」と述べているが，これはまさに「自省的視点の獲得」を反映する「気づき」の表現である。その後，「母なるもの」との別離を経て，夢自我は「航海」に出ることになるが，この航海の途中でさまざまな苦痛を味わうことになる。強制的な労働に従事させられたり，棒で殴られたり，風に吹き飛ばされたり，海に落ちたり，火で焼けた棒を握らされたり，これら一連の体験は一種の「拷問」であり，「責め苦」である。Jさんは，「（目的地に）たどり着くまでに，海に落ちるか，殴り殺されるか，あるいは病気になるかして死んでしまうだろうなあと思った」と述べており，最終的な死（非可逆的な変容）の予感を受け入れている。

第 II 期　1年生後期（#8 ～ #22：X 年 10 月～ X ＋ 1 年 2 月）

　Jさんは夏休みを実家で過ごしたが，その間に自傷行為（腕をカッターで切る）を家人に見つかり，地元の心療内科を受診した。後期が始まり，大学での授業出席などは最低限できるものの，精神的には不安定な状況が続いた。この時期には，抑うつと軽操気分が交互に現れる気分障害的な側面，腕をカッターで切ったり，頭を強く打ち付けたりという自傷行動的側面，時どき記憶が飛ぶという解離性障害的側面などが出没した。一方で，何が自分に起こっているかについての自覚は保たれており，面接においてそれらを言語化した。

　「自分が色々なトラウマをまだ引きずってきたことに気がついた。斧で父親の首を切って殺した事件の少女の気持ちがよく分かる（#8）」「自分の中にたくさんの自分がいて，それでも根っ子は 1 つで，それらを全部俯瞰しているような冷静な自分もいて，それらが実はつながっているということが見えた時，どっと自己嫌悪が押し寄せてきて，死んで自分を終わりにしたいという気持ちになる（#9）」。「友人と話をしているうちに記憶がなくなり，自分で頭を強く殴ったらしく，痛い！と感じて我に返った（#11）」。「私は男性が苦手。男女のどちらも好きになれる（#12）」。「頭の中に黒い物が浮かんでくる。他人からどう思われているかとか，迷惑をかけているといったことばかり考えている（#14）」。「他の人の言動にイライラし，イライラしている自分に腹が立ち，自己嫌悪になっている自分がさらに嫌になりというスパイラルになる。さらにそれを冷静に見ている自分がいる（#15）」。「私は他人を試してしまうところがある。いつか他人を試すためにだけ，大量服薬してしまいそうな気がして怖い（#16）」。「朝目覚めたら手に切り傷があり，無意識にカッターナイフで傷つけてしまったようだ（#17）」。「今はどん底。こんなに苦しいことが続いて，他人に迷惑をかけるのだったら，いっそ死んでしまったほうが良いと感じる（#18）」。

　第 18 回の面接で以下の夢が語られた。

　夢 3：どこか暗い建物の中にいる。何か陰謀のようなもののために，そこにいるのかもしれない雰囲気。暗い廊下があって，そこを通り抜けると扉があって，その扉の向こうはとても明るいようだ。しかしそこまでの通路には怨霊のよう

第 12 章　女子大学生の夢に見られた dismembered body image について　　*205*

なものがたくさんひしめいていて私を襲ってくる。怨霊の形ははっきりせず，エクトプラズムのようなものだが，なぜか口だけははっきりしており，私の全身に噛み付いては肉を引きちぎる。何とか突破したいのだが，手足も押さえられて全身を噛みちぎられるので，痛いし，あせるし，どうしようもない。骨だけにされて死んでしまうところまでいくと，またシーンが最初に戻って同じことが繰り返される。私のそばにもう 1 人見知らぬ女性がいるようで，彼女も同じ目に遭っているようだ。なんとかならないものかと相談するがどうにもならない。

　何回か繰り返された後で，ポケットに何か霧吹きのようなものが入っているのに気づく。取り出して噴霧してみると，少しの間だけ怨霊が近寄ってこない。そこで，扉の前まで逃げることができたが，また怨霊につかまってしまう。全身を食いちぎられて，死にそうになった時，誰か分からない人が現れて，私の胸から魂をつかみ出す。そこで，その魂をつかみ出した人の視点になり，別の部屋にあるからくり人形のようなものに私の魂を封入する。そうすると私は生き返る。しかし身体はその人形になっており，これでは全く異なった外観になってしまったので，どうしたらよいのだろうと思う。しかし，この人形の身体になると，もう怨霊に襲われることはないようだ。そこで起き上がって，歩き出そうとするが，不自由でなかなか歩けないが，ふわりと空中に浮かぶことができ，これで移動できると思う。扉を開けて外にでる。そこはとても広い部屋で，天井に巨大なシャンデリアがあり，明るい結婚式場のようなホールである。その中にらせん状の階段がある。さきほどまで隣にいた女性も同じような身体を与えられたようで，その人（人形）が，すーっと移動していって，階段をすごいスピードで降っていく。私も後を追おうとしているところで目が覚めた。

連想：人形は黒いフードのついた一部が破れた漆黒の服を着ている。顔には銀色の金属製の中央で溶接されたような仮面をつけている。口がある。手足の露出した部分は銀色の金属の一部が赤さびたもの。服の破れ目から見える中身は暗くてよく見えないが，中は歯車のような機械がつまっているらしい。仮面の下もおそらく同様の機械だと思われる。両足は異様に長いのだが，右足がちょっと壊れているようで，足先がはっきりせず，歩くのに支障がある。その代わり空中に浮かぶことができるので，移動には支障がない。もう 1 人の人は，仮面の表情が少し違っており，フードをかぶっておらず，髪が露出している。身体は長い黒い服で覆われていて中が見えない。

夢3において，Jさんは怨霊のような存在に全身を食いちぎられ，繰り返し身体をバラバラにされるというすさまじい体験をする。個性化の過程における身体切断のイメージの重要性については後ほど詳しく考察するが，ここでは，Jさんがこのようなすさまじい夢体験を，面接場面において物語化して語り，治療者とイメージを共有できたということが重要であると思われる。個性化においては，それまでに確立された古い自我が一度解体され，より全体的な自己が生成されていくというプロセスが想定される。しかしその過程を自我の視点から体験し抜く時，それは「地獄の責め苦を耐え抜く」ような体験となるだろう。そのような「耐えがたい体験」を辛うじて耐え抜くためには，ふわりと空中に浮かび上がって移動するような「物語化」が重要なのではないだろうか。河合隼雄は村上春樹との対話（河合・村上，1996）において，村上が「ぼくも，ただひとつだけ見る夢があるのです。いつも空中浮遊の夢を見るんですが，地面からちょっとだけ浮いているのです……」と述べたのに応じて，「空中浮遊というのは，要するに物語づくりですからね，ちょっと浮いているんでしょう。バーッと一挙に高いところまで昇る夢を見るのは子供ですよ，大人はまずありません……」と語っている（文庫版，p.185）。物語は「現実と非現実の中道」（斎藤，2005）であり，そのような経験がなぜ起こっているのかを説明し，近未来への見通しと対処方策をもたらし，経験全体に意味を与え，語り手と聞き手をつなぐことによって同行者を作り出し，困難な過程を歩み通すことに貢献する。

　この時期の面接では，苦しみが繰り返し語られるとともに，普遍的な洞察が語られることもあった。「ふと思ったのだが，人間が死ぬと，その思いは空中を上昇して，雲の中で水にしみ込んで，それが雨になって降り，川となって流れて海に至ってまた蒸発するということを何度も繰り返すのではないかと思う。それを繰り返すことによって人間の魂は浄化されるのではないかと感じた（#20）」。第20回の面接で以下の夢が語られた。

　夢4：私は姿が全く見えない存在になっている。しかし，他の人からは私が見えるようで，大勢の人たち（男が多く，子供もいるが，特に悪い人ではなく普通の人たち）がやってきては，私の見えない身体を，包丁などで切り刻んで，

第12章　女子大学生の夢に見られた dismembered body image について　207

ビンに詰めてもっていってしまう。怖さはあるが，特に痛くはない。最後に子供が私の意識があるところを包丁で切り取るが，それでも私は何も感じない。最後には見えない身体もなくなってしまい，視点だけが宙に浮いてゆらゆらしながら，斜め下を見下ろしている。苦しさも何も感じないが，あまり良い気分ではなかった。自分の視点以外には視点はなく，どこかから情景を見ている自分もいない。

連想：特にない。似たような経験はもちろん，似たようなことを聞いたり読んだりしたこともない。この夢を見たとき，身体なんて本当はなくてもよいのではないかと思った。

　この夢では，Jさんの身体は目に見えない存在になっている。さらにその身体を切り取られることによって，Jさんは視点だけの純粋な意識へと変容していく。空中に浮かぶ純粋な意識としてのJさんは，「身体なんて本当はなくてもよいのではないか」と洞察する。このような「すべてを見る（観照する）が，自ら見られることはない」純粋な視点は，『アイヌ神謡集』においては，矢で射落とされて殺されるフクロウの神などの姿として表現されている（知里，1978）。古代インドのサーンキヤ哲学においては，世界を観照する視点はプルシャと呼ばれ，このプルシャの観照のもとにおいて初めてプラクリティと呼ばれる第一質量が展開して世界が生じる。川嵜（2005）はヤクート族のシャーマンのイニシエーションのヴィジョンを引用して，「斜め上方からの視点というのは超越的な神の視座に重なるものであることがわかる」（pp.81-83）と述べている。

　この時期に精神科からリスパダールが開始され，衝動的な自傷行動は軽減する。第21回の面接で以下の夢が報告された。

夢5：私は何か猫か狐のような茶色い毛皮の生き物を助けようとしている。状況ははっきりしないが，迷子になった動物を助けたような雰囲気。ところがその間に誰か自分にとって大切な人（あるいは自分を大切にしてくれる人：イメージとしては王様）が殺されてしまう。その人を殺した存在がメッセージを送ってきて，「お前はオレを呪うだろうが，それは何の役にもたたない。そんなことをするくらいなら，その生き物を殺して内臓を食らってみろ」と嘲る。私は

なぜかそれを実行しなければならないと思い，その生き物を縊って殺し，腹を割いて内臓を取り出し，全部食べて飲み込んでしまう。なんでこんなことをしているのだろうと思いながら目が覚めた。
連想：最後の内臓を食べるシーンがとても鮮明で，目が覚めたとき，自分の部屋にいてよかったと思った。

　夢5では，一転してJさんは誰か分からない人からメッセージを受け取る。その内容は「王殺し＝古い支配者の解体」を暗示するものである。それと関連して，Jさんは大切にしていた動物を自分の手で引き裂いて殺し，さらにそれを食らうという凄惨な行為を自ら行うことになる。個性化の過程という文脈から見れば，これは「供犠あるいは犠牲 sacrifice」に関連するテーマである。錬金術のモチーフで表現すれば，第一質量の解体・分離が完遂される過程は，同時に動物や人間，時には神自身が供犠に捧げられ，犠牲にされる過程であるとされている（河合，1987）。このような表象は，全世界の宗教的体験において，さまざまなバリエーションを示しつつ普遍的に認められるものである。キリスト教のミサにおいては「人間が犠牲になった神の体を食べることによって，その復活を確信し神性の参与を理解する」ことが重要であることをユング（1942/1989）は指摘している。吉川（2012）はユングの犠牲象徴に関する見解を以下のようにまとめている。

　　……（犠牲の）本質は，神の次元へと向かって，自我の求める快楽，利己主義，自我そのものを犠牲にする苦しみの体験であった。Jung は，この放棄において，十分な苦しみへの主体的な関与が体験されることを重視した。自我が恐ろしい受難を苦しみ抜くとき，そこに苦しむ主体としての自我は存続しており，解体された自我の断片が，新たな統合へと向かう……。

　この後Jさんは実家で春休みを過ごすことになった。

第III期　2年生前期（#23〜#33：X＋1年4月〜7月）

　新学期が始まって最初の面接である第23回の面接は，今までとは違う雰囲気で始まった。Jさんは面接室に入るなり「とても困っています」と話し出し

た。「授業中どうしようもなく苦しくなる（泣く）。普通の生活がしたいだけなのに，これではやっていけない。どうしてこうなってしまったかも分からないし，どうしてよいかも分からない。我慢してやっていけばずっと苦しいし，我慢をやめて何もしなくとも苦しい（#23）」。この回の面接で以下の夢が報告された。

　夢6：高校のような場所で，大勢の人と一緒に運動場のトラックを走っている。走っている道の脇に，ウサギの死体がたくさん転がっている。その死体は腐っており，とても気持ち悪いのだが，自分でその死体を運ばなければならない。最初は棒を使ってなんとか運ぼうとするのだが，結局うまくいかず，手でつかんで運ぶ。ぐちゃっとした感触がとても気持ち悪いと思ったところで目覚めた。

　この夢を報告した直後，Jさんは気分不快を訴え，自らソファに横たわった。この時Jさんは軽い意識変性状態にあるように思われた。治療者は，〈イメージや身体感覚をできる限り言葉にしてください〉とJさんに促した。以下はJさんの語りである。

　「身体が砂岩のようで，バラバラに崩れるような感じです。深い空気の底に沈んでいるようで，底に張り付けられているようで動けない感じです。とても苦しいです。どうしてこうなってしまったんでしょう。もう休みたい。頭が重い（前頭部を拳でくり返し叩き，最後はかなり強く叩く）。こうしているとそれに集中していることができます。（起き上がる）今の状態は，以前夜などに1人で苦しんでいた時とは少し違います。前の時は自分の中から衝動的に何かが出ようとして……という感じが強かったのですが，今は，途方にくれているという感じです。……今日父親と一緒に実家に帰ります。アパートにいても苦しいばかりなので，両親といた方がよいと思っています」。

　Jさんは落ち着きを取り戻した様子で退室した。これまでJさんは，面接において苦しさを語り，夢の体験を語ってはきたが，治療者との面談の現場（今・ここ）で意識変性に近い状態をさらしたことは一度もなかった。夢5

から続いている「供犠」のテーマに関連して，Jさんは，犠牲に捧げるべき動物性，肉体性，自分自身を，抽象的にではなく，直接体感する必要があったと考えられる。夢6においてウサギの腐った死体（犠牲にされたもの）に触れるという強烈な不快体験に誘発され，Jさんは，面接室という今・ここの文脈において，治療者に見守られながら「身体が砂岩のようにバラバラになり，水底に張り付けられているような感じ」を体感し，それを言語化しつつ，頭を自ら強く叩くという一種の自傷行為を露わにすることを通じて現実へと浮かび上がる儀式的行為の再現を行ったのではないかと考えられる。その後Jさんは，隣県の実家から電車で大学に通うことになり，精神的にはそれまでに比べて格段に安定した状態になった。第28回の面接で以下の夢が報告された。

夢7：真夜中。自分の家は高台にあり，そこから麓に向かって道が一本延びており，不思議なことに，道路の上にだけ1メートルくらいの深さで澄んだ水が溜まっている。川のようだが流れは全くなく，水面にはさざ波一つたっていない。私は水の中に入って泳いでいる。水はぬるく身体に心地よい。息を継ぐ必要もなく，目を開けていることによって，水の中がくまなく見渡せる。水の中には何もいない。眼前に自分の髪の毛が見える。辺りは真っ暗であり，道路に沿った信号機の灯りだけが見える。私はかなり向こうにある信号機のところから泳ぎ始めて，陸に上がる階段のところまで潜水しながら泳いでいく。階段から陸に上がるが，全裸（まっぱ）なので，誰かに見られるとまずいと思い，恥ずかしく感じている。誰にも見られないように身体を乾かして，家まで戻ろうとしているところで目が覚めた。
連想：もともと水に潜ることは好きだ。最近は泳いでいないので，身体を動かしたいと思う。

治療者はこの夢を聞いた時，Jさんの個性化のプロセスに一区切りがつく段階にきたと感じた。夢自我は澄んだ水の中にその身体を沈め，自由に泳ぎ回り，自分の意思で水から上がる。女神イナンナが地獄に下る際にすべての衣服を1つひとつ脱ぎ捨てたように，夢自我も古いペルソナをすべて捨てて，一糸まとわぬ姿で「恥じらいながら」水中から地上へと復活する。キリスト教における洗礼の儀式が，古い魂が水の中で死んで新しい宗教的な魂として復活することを象徴しているように，ここまでの苦難の道のりを耐え抜いたJさんの新しい

自我が新しい身体を伴って新生したことを，治療者は感動とともに実感した。

　第30回の面接でJさんは，「安定している。最近は，自分を取り巻く世界があるべきような姿であるという感じで，特に脅かされているという感じはしない（#30）」と語り，以下の夢8を報告した。

　　夢8：貨物船のような船が海に浮かんでいる。甲板は黒，下は赤。クレーンのようなものを装備している。宇宙で何か悪いことが起きており，私は何らかの任務を果たすために，その船に乗り込んで宇宙へ行かなければならない。海の上にアスファルトのような黒いまっすぐな道ができて，私はその道をキックボードのような乗り物（車輪がなく空中に浮いている）に乗って，まっしぐらに走り下りて，船に乗り込む。そこには私の友人（明るい色の長い髪の女性）も合流しており，やはり同じ任務を帯びているらしい。次の場面では，私たちは宇宙船の中にいて，窓から地球を眺めている。地球は，暗い宇宙の中に浮いており，青い本来の地球だが，テトリスのパズルのようなさまざまな形をした幾何学模様の組み合わさった薄緑色に光る表面をしている。未来の地球という感じで，表面の幾何学模様は，オゾン層のようなものらしい。宇宙船にはレスキュー隊の隊員のような偉い男が乗っているようで，私はその人と話をしている。別の窓から外を見ると，楕円形で赤い色の，やはり表面が幾何学模様に覆われ，ピンクに光っている物体が見える。私は，「あれは悪い物だ」と感じる。中に臓物が入っているような感じ。そこで眼が覚めてしまった。
　　連想：目が覚めた後は特別な気分はなく，「ああ，地球ってああなっていたのか」という感じだった。

　夢8は夢2と酷似した構造をもっている。夢2において強制的に船に乗せられ，目的地へ連行される役割を演じていたJさんの夢自我は，今回は重要な任務を帯びて宇宙へと旅立つ。海の上のアスファルトの道をまっしぐらに走り下りるJさんは，車輪のないキックボードで空中に浮いたまま船に到達する。ここで「地面に触れずに低く空中に浮いたままアスファルトの道を走り下りる」ことができるようになったのは，「俯瞰する視点と責め苦にさいなまれる直接的身体的体験という両極端の中道」を確保することができるようになったことを示しており，夢3の解釈において触れた「物語化」の機能の1つの表現でもあると思われる。今回の船は海上を水平に移動するとともに，地球を俯

瞰する位置にまで達する宇宙船でもある。

　ここでは川嵜（2005）が指摘した，垂直軸（超越性）と水平軸（内在性）は見事に統合されている。宇宙から見る地球は，Jさんの自己 self を表現すると思われるが，表面がパズルの多数のピースを組み合わせたような模様をしているというのが興味深い。解体された断片は，多様性，個別性を保ちつつ統合されている。さらにこの宇宙船からは，緑の地球のほかに，ピンク色の楕円形のもう1つの地球を見ることができ，Jさんはそれを「中に内臓がある邪悪なもの」と感じている。Jさんの自己のあり方は，この時点では唯一の統一体ではなく，緑とピンクの2つの球体で表現される，対立した2つの統合体として表現されている。Jさんにとって「内臓を含むもの」としての身体性は，未だに邪悪なものとして感じられており，自らの肉体性とどのようにつながっていくかということは，まだこれからの課題であると思われる。

　2年生の前期を無事に乗り切ったJさんは，夏休み直前の第38回，39回の面接でこれまでを振り返り，以下のように語った。「私は，中学校くらいまで，機械的で冷たい子どもだったような気がする。小学校4年の時友人の1人が死んだのだが，その子を嫌っていた別の友人が激しく泣いていたので，不思議に思って，『おかしいんじゃない』と別の子に言ったら，『そんなこと言ったら駄目』と強く言われた。似たようなエピソードがいくつかある。共感性がなかったのだと思う（#32）」。「現在困っていることは特にない。昨年の今頃からのことを振り返ると，たいへんな1年だったと思うが，一番辛かった頃のことははっきりと覚えていない（#33）」。Jさんのその後の経過を簡略に示す。

第Ⅳ期　2年生後期（#34〜#40：X＋1年10月〜X＋2年3月）

　実家からの通学を続け，授業出席等はほとんど問題がなく，サークル活動を活発に行うようになった。両親や家族について話すことが多くなった。精神的には落ち着いており，自殺念慮や自傷行動は全くみられなくなった。病院からの投薬は小量のパキシルのみとなった。

第Ⅴ期　3年生（#41〜#52：X＋2年4月〜X＋3年3月）

　再びアパートで独り暮らしを始める。サークルの先輩と交際を始める。「家

族のことが以前よりもよく見えるようになった」。サークルの同人誌に短編小説作品を多数載せる。面談の予約をキャンセルすることが多くなってきた

第VI期　4年生（#53〜#55：X＋3年4月〜X＋4年3月）

4月初めに1度訪れた後，面談が途絶える。後期にまた顔を出すが再び中断。地元に就職が決まる。卒業研究に没頭して『李稜』についての卒論を仕上げる。卒業決定後に再度面談に訪れ，#55を最終面接として面談を終結した。〈大学での4年間を振り返ると？〉「18歳までは，周りの人に助けられているということに全く気がついていなかった。苦しいことが色々あって，自分はたくさんの人に支えられているということが分かったし，『助けてほしい』と言うことを学んだ。何かが変わったとすれば，少しだけ他人を思いやることができるようになったことだろうと思う（#55）」。

III. 総合考察

　夢と個性化の関係について河合隼雄は以下のように述べている。「意識と無意識の相互作用によって，そこに意識のみの統合を超えた高次の全体性への志向性が認められてくる。このような過程を通じてこそ真の個性が生み出されてくると考え，ユングはこのような過程を個性化の過程，あるいは自己実現の過程と呼んだ。従って，彼の考えによると，夢を記録し，夢を生きることは自己実現のための極めて重要な資源となるのである」（河合，p.32，1987）。河合は日本人の「夢を生きること」を通じての個性化の典型例として，明恵の例を挙げている。

　河合は，明恵の「乳母の死の夢」に報告された身体切断のテーマを，ユングが描写した錬金術の文献における『ゾシモの幻像』（Jung，1967）と対比することによって丁寧に論じている。河合が引用している『ゾシモの幻像』においては，錬金術師は幻像の中で，「司祭によって刀で身体を切断され，頭の皮を剥がれ，肉も骨も焼かれて身体が変容して霊（スピリット）になってしまうという苦悶」（河合，1987，p.89）の体験をする。河合が考察しているように，

体が切られてバラバラになるという身体切断の主題は，多くの神話や宗教において認められる。代表的なものとしては，エジプト神話におけるセトによるオシリスの殺害，ギリシア神話における，ディオニュソス（ザグレウス）の巨人たちによる殺害などがある。

　身体切断は，現代の漫画やアニメなどにおいても比較的頻繁に認められるテーマである。たとえば手塚治虫の代表的な作品である『ブラックジャック』において，主人公「黒男」は，子供の時爆発事故に遭い，五体バラバラとなり瀕死の状態となるが，医師により五体を「つなぎ合わされる」ことにより一命を取り留め，後に天才的な外科医として「切断しつなぎ合わせる」能力を発揮することになる。

　身体切断あるいは八つ裂きのテーマを，特に夢や幻視における体験という観点から考える時，それが誰の視点から体験されているかということは重要である。ゾシモの幻像においては，切り刻まれるもの，切り刻むものは，錬金術師の夢の中に現れる司祭や求道者などの「他者」であり，ゾシモはそれを観察し，洞察するという視点にとどまる。明恵の「乳母の死の夢」においても，あくまでも肢体を切断されているのは対象として観察される乳母である。しかし後に明恵は「狼に食われる夢」において，「……狼来リテ食ス，苦痛タヘガタケレドモ，我ガナスベキ所ノ所作ナリト思ヒテ是ヲタヘ忍ビテ，ミナ食シオハリヌ……」(113頁）という，自分自身が狼に最後まで食われてしまうという体験をする。このように一人称視点からの身体切断を体験し，甚だしい苦痛をも含めて最後まで体験し尽くすということは稀である。河合はこの夢について「生きていて死を成就することはできない。夢の中でこそ，それは成就できるのである……明恵はこのようにして，彼の捨身を『成就』し得たのであり，まことに偉大なことと考えられる」(p.114)と述べている。Jung（1954/2009）は，錬金術における魂の変容過程における「責め苦」とゾシモスの幻像の関係について以下のように述べている。「西洋の諸文献にも同様のモチーフが現れるが，反対の形をとっており，責め苦を受けるのは実験者ではなく，むしろメルクリウス，すなわちラピス－樹－王子の方である。この反転は，術師が，自身が責め苦を受ける者であるにもかかわらず責める側だと思い込んでいる，ということを示唆している。投影された責め苦の例としては，『ゾシモスのヴィ

ジョン』が特徴的である」(p.180)。つまり，個性化の過程において，身体切断に代表される甚だしい苦痛に耐え忍ぶことを要求されるのは自我自身であるにもかかわらず，体験の中では，苦しみを体験するものとその苦しみを観察するものの逆転，さらに相互浸透が起こりうるということである。しかしJさんの夢においては，苦痛を耐え忍び，ついには殺されて変容するというすさまじい体験を，Jさんは一人称の視点から体験し抜いている。筆者の私見ではあるが，このような苦痛へのコミットメントなしには，人間が全体として変容するという過程は成就されないのではないかと思われる。

一方で，Jさんにとって重要な象徴的体験は，決して身体切断，身体消滅だけではなく，動物の内臓を貪り食べたり，人形的身体を自ら体験したり，ウサギの遺体に実感をもって触れたり，裸の自分の身体を見られる恥ずかしさを感じたりといった，自身の身体性の顕現とその変容がきわめて重要な意味をもっていたと考えられる。しかしながらこのような身体性の変容の過程が生ずるためには，それに先行または並行する「徹底的な古い身体性の破壊」に耐え抜くことが，Jさんにとっては必要であったと思われる。

さらに，現実との関連からいうと，夢7の直前に実家に帰ることで状態が安定したことも確かであり，そうした守られた空間への回帰があり，そこからサークル活動という中間的な場を経て，大学3年次には異性関係をもつようになるという現実の場の展開へとつながりつつ，Jさんは「まだ大人になっていないのに，外見にふさわしいことを要求される」という課題を次第に克服し，自らの身体性を再獲得していったと考えられる。

Jさんのような事例を，医学的診断という観点からどのように考えるかは難しい問題である。DSM-IVなどの操作的診断マニュアルに基づいて，横断面での症候のリストを診断概念に当てはめるならば，さまざまな診断名がJさんに与えられることになるだろう。しかしそれらの症候は，単独でJさんの診断を確定させるほどの固定性をもたず，状況によって刻々と変化している。一方でJさんにとって，大学入学後まもなく始まった一連の流れは，「死ぬほどの苦しみ」に何とか対処しつつ，それを乗り越えようとして苦闘する過程として理解することが可能である。Jさんが呈した多彩な症候は，苦しみに対する意識的・無意識的な自己対処行動として理解できる。

Jさんの経過において見られるような，自傷行為や希死念慮，一過性の解離状態などを中心とする，思春期，青年期における病態を描写する概念として，近年，deliberate self-harm（DSH：故意に自分の健康を害する症候群）という概念が注目されている（松本，2011）。DSHの概念には自身の身体への直接的損傷に加えて，アルコール・薬物の乱用，摂食障害，過量服薬，明確な自殺企図までが含まれる。近年の実証的研究では，思春期，青年期の男女の約10％にDSHの傾向が認められることが知られており，DSHは決して特定の精神障害に伴う珍しい現象ではない。一方で，自傷行動そのものは直接的に死を目的とするものではないが，長期的に見た場合，時間とともにその頻度や程度がエスカレートする傾向があり，最終的な自殺の可能性を高めることが知られている。このような観点から，DSHを一種の嗜癖行動 addiction と理解してアプローチしようとすることが精神医学領域においても主張されている。

　Jさんの経過を時間に沿って概観すると，大学入学後に始まり，次第にエスカレートする苦しみと問題行動は，第23回面接を頂点として，その後は急速に軽快，消失している。Jさんは，DSHに見られる典型的な嗜癖のパターンに陥ることなく，青年期の問題を乗り越えていったように見える。近年DSHという診断概念によってまとめられる現象の少なくとも一部は，思春期から青年期における個性化のプロセスの（少なくともその一部の）表現であると筆者は考える。自傷行為や自殺念慮を「甚だしい心理的苦しみ」に対する一種の対処行動であると考えるDSHの観点は，少なくともそのような行動を狭い意味での病理ととらえて直接コントロールまたは消滅させようとする古典的な治療論よりも，クライエントにとって有益であることは間違いないだろう。しかしそれだけでは，DSHが嗜癖化，難治化の経過をとる理由への説明とその防止法を提言することは困難である。DSHの病態理解に「個性化の過程」という視点を持ち込むことによって，個性化が本来たどるべきプロセスの展開を妨げることなく支援者が付き添うことの意味を明確にすることができる。

　一事例の経過から過剰な一般化を試みることには慎重でなければならないが，筆者はDSHが嗜癖化する要因の1つとして，個性化のプロセスにおける「象徴的な『死と再生』」が不十分にしか体験されていないためにそこから離れることができず，膠着状態ないしは悪循環に陥っている可能性を指摘したい。J

さんのような事例の経過と夢イメージの展開が明らかに示しているように，象徴的な身体レベルでの死と再生のプロセスに全面的にコミットする体験を通り抜けることが，DSH 的症候を呈するクライエントが嗜癖に陥ることなく思春期・青年期を通り抜けることを可能にするのではないだろうか。

文　献

知里幸恵（1978）アイヌ神謡集．岩波書店（岩波文庫）．
Jung CG（1954）Der philosophische Baum．老松克博監訳（2009）哲学の木．創元社．
Jung CG（1942）Transformation Symbolism in the Mass．村本詔司訳（1989）ミサにおける転換象徴．心理学と宗教．人文書院．
Jung CG（1967）The Vision of Zosimos. The Collected Works of C.G.Jung, vol.13. Pantheon Books.
河合隼雄（1987）明恵夢を生きる．東京松柏社．
河合隼雄・村上春樹（1996）村上春樹，河合隼雄に会いに行く．新潮社（新潮文庫，1999）．
川嵜克哲（2005）夢の分析―生成する〈私〉の根源．講談社．
松本俊彦（2011）アディクションとしての自傷―「故意に自分の健康を害する」行動の精神病理．星和書店．
斎藤清二（2000）元型的観点からみた摂食障害．心理臨床学研究，18(1)；13-24．
斎藤清二（2003）通過儀礼としての思春期心身症―十二指腸潰瘍を伴う不登校中学生の事例を通じて．学園の臨床研究，3(1)；7-47．
斎藤清二（2005）慢性疼痛―痛みは語りうるのか？　臨床心理学，5(4)；456-464．
斎藤清二（2006）医療におけるナラティブの展望―その理論と実践の関係．In 江口重幸・斎藤清二・野村直樹編：ナラティブと医療．pp.245-265，金剛出版．
吉川真理（2012）：諏訪大社ミシャグジ儀礼に関する分析心理学的考察その 2 ―上社豊穣儀礼における犠牲について．ユング心理学研究，4；143-159．創元社．

第Ⅲ部

総合考察編

第13章　あらためて事例研究を考える

I. はじめに

　本書の第Ⅱ部（第5～12章）では，筆者がこれまでに公開した事例研究の中から8編を選び紹介してきた。本章では，この8編の事例研究論文について振り返りながら，臨床における事例研究のあり方について再度考えてみたい。
　すでに第Ⅰ部において考察してきたように，臨床事例研究は，複数の概念，理論，方法論，道具の組み合わせとして記述できる多元論的 pluralistic な研究のありかたである。もちろん筆者が提示した個々の研究は，事例研究が網羅する広汎な領域のごく一部に焦点をあてたローカルなセットに過ぎず，これをもって臨床事例研究の代表とすることはできない。しかし限られたローカルなセットとはいえ，複数の事例研究を，メタレベルにおいて分析し，何らかの提言を導き出すことにも意味はあると思われる。
　河合（1992），Greenhalgh（2006/2008），Miller と Crabtree（2000/2006），野中ら（2010）がそれぞれの立場から指摘しているように，物語研究の観点からみると，ある実践における事例研究とは，実践を詳細で良質な物語形式で記述するということである。この記述された物語の形式には当然のことながら多様性があるが，どのような形式でもよいというわけではない。その物語が，審美性，一貫性，信憑性といった「良質の物語」としての価値をもっているか，報告価値，説得力，説明的価値，診断・治療的価値，照明的価値，変容的価値などの，実用的な価値をもっているかの基準（Greenhalgh, 2006/2008）は，事例研究の評価においても用いることができるだろう。さらに，物語を用いた

研究が科学的研究として認められる条件（Greenhalgh, 2006/2008）を参照枠とした自省的検討は必須であると思われる。以下に個々の事例研究の価値および科学性を検討・評価するために必要ないくつかの項目をあげ，考察してみたい。

I. 実践の概念的定義と心理治療の基本姿勢

　筆者が8つの事例において採用している心理治療の概念と定義について，最初に考察する。実践の概念的定義とは，基本的に操作的な定義である。すなわち，実際に行おうとしている実践と，研究の対象となる範囲を，どのような「言葉」で表現するかということである。どのような言葉を用いることが適切かには，先験的な根拠はそもそも存在せず，全ての概念は操作的に定義された"約束事"である。その前提に基づいて，筆者が8例の事例において採用した心理治療の原則について述べる。筆者の実践は，河合隼雄の提唱した「非個人的心理療法」の考えに従っている（河合1992，河合1995）。筆者は非個人的心理療法を以下のように概念化した（斎藤1999）。

概念名：非個人的心理療法 Nonpersonal psychotherapy
操作的定義：意識の表層にも深層にも同時にかかわり，外的現実のこまごまとしたことをすべて大切にしつつ，同時にそれら一切にあまり価値をおかないような，矛盾をかかえこんだ態度によって行われる心理療法。
実践の特徴と治療者の基本姿勢：
　1）患者の主体性と自律性を尊重し，そこに表現される内容を共感しつつ受け止める。
　2）因果論的な病態理解を重視しない。
　3）治療者による患者・環境への操作を最小限にする。
　4）治療経過において生じてくる矛盾，二律背反を性急に解決したり統合したりしようとせず，そのまま抱えて待つ姿勢を重視する。
　5）イメージとその表現媒介（夢，描画，箱庭など）を重視する。
　6）物語を語ること，あるいは物語をして語らしめることを重視する。

7）事象の非因果的連関（布置：コンステレーション）を読み取ることを重視する。
8）治療者の主観的体験を患者の体験と同様に重視し，治療過程を相互変容の過程とみなす。

　上記について，筆者の個人的なエピソードを少し補足しておきたい。第1章でも述べたが，筆者は約6年間にわたり心理臨床的な訓練を受ける機会があったが，その中心は，分析心理学的オリエンテーションによる教育分析であった。筆者が師事した分析家は，川戸圓（川戸分析プラクシス，後に大阪府立大学教授），河合隼雄（京都大学教授，後に文化庁長官），Elisabeth Bauch Zimmermann（ブラジル・カンピナス市在住，ユング派分析家）の三氏で，いずれもユング派分析家の資格をもつ心理療法家であった。しかし筆者は分析家の資格を取得したわけではなく，正統的なユング派の心理療法を実践することを目指していたわけでもない。筆者は通常の意味での心理臨床家としての訓練としてのスーパービジョンを受けておらず，自らが行う心理臨床実践については，分析心理学的なオリエンテーションを基盤としながらも，自分自身でその方法論を構築する必要があった。

　筆者は自身の理論的根拠と実践規範を河合隼雄が実践している心理療法におこうとしたが，当時河合は自身の実践を「心理療法」としか呼称していなかった。一方で当然のことながら，心理療法の理論，方法論には複数の学派があり，他の学派から見れば，"河合流心理療法"が「心理療法」という呼称を不当に独占しているかのように見えたことも無理のないことのように思われる。

　河合の心理療法の原則については，すでに河合自身の著書『心理療法序説』（河合，1992）において具体的に公表されていたが，上記にも述べたように河合は自身の心理療法に個別名を与えていなかった。名称が与えられなければ，それは通常一般名詞としての意味しか持たないので，"河合流心理療法"を「心理療法一般」と区別することができない。それは独自性を持たず，それを真似ることはできても，それを対象化して論じたり，改良を加えたりすることはできない。対象化して論ずることも改良することもできないものは，科学的探究の対象とはなりえない。しかし河合自身が"河合流心理療法"に

独自の名称を与えることをしなかったのは，明確な意図があってのことだったと想像される。個別の名称を与えれば，それは容易に「概念的に実体化」されてしまい，後に続く心理臨床家に益を与えるよりは，教条的な規範として，新しい展開や発展を妨害するものになってしまう。あるいは「解釈の正統性」をめぐっての不毛な議論の末に，学派自体が分裂してしまう可能性もある。現実に多くの心理療法学派はそのような歴史をたどってきた。

　河合の後に続く心理臨床家は，河合が創造した心理療法を学び，真似ると同時に対象化し，自らの手で自身の立場を再創造しなければならないと筆者は考えた。そのためには，"河合流心理療法"に「暫定的に」名前をつけることがどうしても必要である。そこで，河合自身の著作においてそのような名前の候補がみつからないのであれば，他者による記述はないかと探してみたところ，米国における河合のレクチャーの記録集から編まれた『ユング心理学と仏教』（河合 1995，Kawai 1996）の序文にローゼン David Rosen が以下のように書いているのを見出した。

　　　……河合に，今回のフェイ・レクチャーの題目について，本になるときの標題ともども尋ねると，「非個人的心理療法 Nonpersonal psychotherapy」という答えが返ってきた。それはどういうものかと，わたしは説明を求めた。するとつぎのような説明がなされた。「あなたがた西欧の人たちは個人的心理療法とか，人間関係的心理療法とか，超個人的心理療法について論議している―私が話そうとしているのは，非個人的心理療法です」（Rozen，1996；河合，1995，p.1）。

「非個人的心理療法」の意味するところについては，同書で詳しく論じられているとはいえ，難解な内容を含んでおり，本稿で詳しく論ずる余裕はないが，同書の中で河合は自身の心理療法的態度を「意識の表層にも深層にも同時にかかわり，外的現実のこまごまとしたことをすべて大切にしつつ，同時にそれら一切にあまり価値をおかないような，矛盾をかかえんこんだ態度」と描写している（河合 1995, p188）。いずれにせよ，同書の記載が，河合が自身の心理療法を「どう呼ぼうとしていたか」についての，貴重な資料であることには疑いがない。

後日談になるが，筆者は河合自身とこの話題について直接会話する機会があった。その時「河合先生の心理療法を『非個人的心理療法』と呼んでよろしいでしょうか？」と尋ねた私に対する回答は，「ああ，いいですよ。Impersonal psychotherapy ですね」ということであった（私信）。したがって，英語での名称が微妙に食い違っているとはいえ，日本語名称としての「非個人的心理療法」については，河合自身の承認済みであると言える。

話を戻すと，上記の非個人的心理療法の原則は，固定的な方法を個々の治療に応用するというようなものではなく，あくまでも治療者の基本的スタンスということである。筆者の臨床のセッティングは大きくわけて2種類あり，①大学保健管理センターにおける相談面接，原則として一回50分，予約制，②大学附属病院の心身症外来，および病棟における面接，身体診察等を伴う場合と伴わない場合があり，面接時間等の状況はより流動的，であった。基本的に個人面接であること，陪席者はおらず秘密が厳守されていること，面接自体に固有の料金は発生しない，といった点は共通である。

8編の事例研究のうち，研究1（第5章），研究2（第6章），研究3（第7章），研究6（第10章），研究7（第11章），研究8（第12章）は，①のセッティング，研究4（第8章），研究5（第9章）は②のセッティングで行われている。

同時に治療者の基本姿勢は，以下にまとめられるような一般医療におけるナラティブ・アプローチ（斎藤・岸本，2003）の特徴とも重なっている。

1)「患者の病い」と「病いに対する患者の対処行動」を，患者の人生と生活世界における，より大きな物語の中で展開する「物語」であるとみなす。
2) 患者を，物語の語り手として，また，物語における対象ではなく「主体」として尊重する。同時に，自身の病いをどう定義し，それにどう対応し，それをどう形作っていくかについての患者自身の役割を，最大限に重要視する。
3) 一つの問題や経験が複数の物語（説明）を生み出すことを認め，「唯一の真実の出来事」という概念は役にたたないことを認める。

4）本質的に非線形的なアプローチである。すなわち，全ての物事を，先行する予測可能な「一つの原因」に基づくものとは考えず，むしろ，複数の行動や文脈の複雑な相互交流から浮かび上がってくるもの，とみなす。
5）治療者と患者の間で取り交わされる（あるいは演じられる）対話を，治療の重要な一部であるとみなす。

　非個人的心理療法の基本姿勢と，医療におけるナラティブ・アプローチの姿勢はかなりの程度重なるものであり，共通の認識論をその基盤としている。実際，河合は医学界新聞における筆者との対談において，以下のように述べている。

　　近代科学は「物語」の対極です。逆に，物語を取り入れないことで急激に発達したとも言えます。今度はそれを近代医学の成果を十分に取り入れつつ，その人間がもっている物語を大事にしなくてはなりません。これはとても難しいことですが，それを医療従事者の方々にお願いしたいのです。ということで，たくさんの医師の前で，「医療の中の物語」について話してきました。最近，この『Narrative Based Medicine』の存在を知り，とても驚きました。私が前から考えていたようなことがすべて書いてあり，嬉しくなって紹介しているのです（河合・斎藤，2000）。

　非個人的心理療法の基本姿勢と，ナラティブ・アプローチの基本姿勢は，8編の事例研究における実践の全てにおいて採用されているが，研究1, 2, 3, 4, 8では非個人的心理療法の視点が，研究5, 6, 7においては，ナラティブ・アプローチの視点がより強調されている。研究1～4が行われた時点においては，ナラティブ・アプローチの概念は筆者によって未だ明確に意識されてはいなかったが，現時点で振り返ると，明らかにナラティブ・アプローチの方法論が，実践だけではなく，事例研究における分析方法にも取り入れられている。

II. 研究の目的

　8つの事例研究において，これらの事例研究はなんのために行われたのかという問題について述べる。これは言葉を換えれば，これらの研究が社会活動としてどういう意味をもっているかということであり，研究の行われる世界とそれ以外の社会的世界との「関係」を考えることである（木下，2003）。
　すでに第I部で詳しく論じたが，これらの事例研究は，効果研究 outcome research ではないということが重要である。効果研究とは，ある治療法（介入法）がある特定の病態にどれくらい効果があるか（あるいはないか）という一般的検証を目的とした研究である。このような目的のためには，一事例における記述的研究は，たとえそれがどれほど緻密に分析されていても，情報としての質は低いといわざるを得ない。また効果研究の目的は，一般性 generalizability をもつ情報を発信することによって，他の実践者が利用できるエビデンスのデータとして蓄積することであるが，この目的において，一事例研究の価値が低いということは繰り返し述べたとおりである。
　問題はそれだけではない。もし効果検証のための研究を事例において行おうとするならば，治療のプロセスにおいてなんらかの実験的統制が必要になり，当事者である事例に対する最善の治療を目指すという臨床の基本姿勢との間に矛盾をきたすことになる。これは研究と治療の倫理に関わる重要な問題である。
　前項において，事例研究のフィールドとなる治療の基本姿勢を具体的に示したのは，このような治療法の有効性を主張するためではない。そうではなくて，このような治療姿勢，方法論が，研究のフィールドのコンテクストを規定しており，このようなコンテクストを理解しないまま，研究の妥当性を評価しようとすることには意味がないということを明確にするためである。
　繰り返しになるが，筆者は臨床における事例研究を，質的改善研究 quality improvement research の一つとして位置づけている。質的改善研究の目的は，そのフィールドにおける実践を改善するために役立つ「知識 knowledge」を産生することである。その知識は形式知と暗黙知（実践知）の二つの側面をもち，基本的には「仮説」「モデル」であって，決して確定したエビデンスでは

ないが，それは類似したコンテクストにおける別の実践における「参照枠」「視点」として機能する。研究結果を受け取る者は，治療者自身であったり，その現場の同僚であったり，他の機関の実践者であったりするが，いずれにせよ，研究で得られた知識は結果を報告して終わりというものではなく，更なる実践に再投入されることによって，実践や組織の改善のために役立てられ，さらに新しい現場における実践からの新たな知の創造に資するという，漸進的な過程に組み込まれるものである。

III. 研究の基盤をなす理論（認識論）

次に8つの事例研究における研究法を下支えする理論（認識論）について考察する。ここでいう「認識論」とは「私たちはどうやってそれが何であるかを知るのか？」という質問に答えるような，基本的な認識のあり方であり，一般に「世界観」と呼ばれるものに近い。8つの事例研究の全てにおいて「広義の物語論」が採用されているが，そのことがどのくらい意識的になされたかについては，初期の研究と後期の研究では異なっている。研究1～4において，物語は重要な研究法および研究の道具として用いられているが，これらの研究自体が物語論によって下支えされているという自覚は筆者には乏しかった。これに対して研究5～8においては，実践および研究自体が物語論というコンテクストにおいて実施されていることを，筆者は明確に意識するようになった。

物語論は必ずしも唯一の認識論的立場を表すものではなく，社会構成主義から精神分析までに至る複数の流れの多元的な複合体である（斎藤，2006）。しかし，ここで明確にしておきたいことは，これらの研究は，「私達にとっての現実と見えているものは，実は構成されたものである」とする「構成論」に立脚しているということである。ここで，現実（と見えるもの）を構成するプロセスが，個人のこころの中で起こるのか，社会的交流によるのかという問題についての二分法的な見解は採らない。個人のこころも社会的交流も，それ自体が構成概念に過ぎないという徹底的な構成論的立場を筆者は採用する。

筆者が行った8例の事例研究はいずれも，クライエントの苦しみの体験の語りがどのように変容していくかというプロセスを描き出すことが重要なテ

ーマとなっている。8つの事例研究は全て，クライエントの「主観的体験の語り」を最大限に尊重するという基本姿勢をとるが，このような姿勢は，クライエントが語る「日常の出来事の語り」も，「痛みや苦しみなどの主観的体験の語り」も，「報告された夢の語り」も，全て「クライエントの経験の語り」として分析上区別せずに扱うという形で，実際の研究に反映されている。

上記のような認識論は，これらの研究における認識論であると同時に，クライエントの心理治療そのものにおける認識論でもある。研究者と治療者が同一人であるという臨床事例研究の原則は，研究と実践の認識論的乖離を防止する上では有利に働いていると思われる。

IV. 各事例研究における研究の方法論および研究技法

次に，各事例研究における具体的研究技法について述べる。これらは，一般には，データ収集法，データの範囲，分析法，結果の表記法などからなる。

1. データ収集法

第Ⅱ部で報告された8例の事例研究の全てにおいて，収集されたデータの主体は，心理療法面接におけるクライエントの語り，治療者が観察した所見，治療者の考えなどを，面接終了後に治療者が書き起こした，いわゆる「面接記録」である。臨床における治療プロセスを研究のフィールドと考える場合，そのフィールド自体が治療の場そのものであるという二重性は避けて通れない。むしろその二重性こそが，このような研究方法を規定する最も重要なポイントとなる。この場合，研究のみならず，治療そのものがどのような認識論を基盤として行われているかということが重要である。

今回の事例における治療と研究の認識論は，広義の物語論であることは既に述べた。このようなアプローチにおいては，治療者と患者との関係が，おそらく治療の効果に影響を与える最も重要なファクターとなる。そしてこの関係は，対話において交換される語りから独立して形成されるものではなく，対話が関係を構成し，構成された関係を容器として対話が促進されるという動的で自己言及的な構造であるとみなされる。したがって，データの採取が治療関係にマ

イナスの影響を与える可能性が考えられる場合，その要因は極力排除される必要がある。録音機器の使用やビデオ撮影等は，特殊な例外を除けば，治療関係に大きな影響を与えることは避けられない。厳密に言えば会話中にメモをとることさえも，治療関係に悪影響を与える。現時点で，最も治療関係への影響が少ないと考えられるデータ採取法は，面接の後に治療者の記憶に基づいて対話の内容を書き起こすという方法であろう（岸本，2003）。

　もちろん，この方法によるデータ採取は，録音によるデータ採取に比べて客観性に劣り，ビデオ観察に比べて，非言語的な交流が分析できないなどの弱点がある。しかし，ここでも，データの採取法の評価は，研究の目的，研究の基盤となる認識論と相関してなされるべきである。物語論的認識論から見れば，どのような綿密な記録を行ったとしても，それは決して客観的なものとは言えず，得られるデータは常に関係の中で構成されたものである。したがって，録音機器により「客観的な情報」を採取しようと努力するよりも，対話者間の関係を大切にし，相互交流による物語の生成と再構成を前提として認めるという態度をとることの方がより合目的的である。上記のような理由から 8 例の事例研究において，治療場面での対話を治療者が直後に記憶にしたがって書き起こしたテクストを，分析のためのデータとして用いていることは妥当であると考えられる。

　前項でも述べたように，8 つの事例研究で採取されたデータには，クライエントが実際に体験した出来事についての語りや，患者の痛み，苦しみといった主観的な感情についての語りの他に，クライエントが見た夢の報告を含んでいる。研究 1，4，5，7 においては，少数の夢が報告されているだけであるが，研究 3，8 においては，むしろ夢語りの分析が研究の主体となっており，研究 2，6 はその中間にある。夢の報告を重要なデータとみなすことは，深層心理学派の理論・方法論からは当然とされるが，それ以外の学派においては，必ずしもそれは通常のことではない。しかし，今回の事例研究の認識論として物語論を採用することは，深層心理学的な観点に加えて，夢の語りを重視することの正当性に新たな根拠を与える。ナラティブ・アプローチの基本的認識では，日常の現実体験も，夢の中での体験も，それが語られる時，「経験に関する語り」であるという点には違いがないと判断しうるからである。

2. データ収集と分析の範囲

　第1章で論じたように，事例研究において，どこまでを「事例」として境界づけるかということは，重要なポイントである。当然のことながら，臨床事例研究においては，一例または複数例のクライエントが研究の範囲に含まれるが，それだけではなく，治療者自身，治療者とクライエントの関係などを含む動的な構造が分析の対象になる。そのような構造が最も特徴的に表れた研究は研究5である。また8つの事例研究のうち，研究4だけが複数事例（3事例）を研究対象としており，その他の7つの研究は全て単一事例を研究対象としている。それに加えて，研究1では，クライエントが強い興味をもっていた漫画作品『日出処の天子』のテクストをも研究対象として扱い，プロット化された治療経過との比較のために用いられている。また研究4では新田次郎の小説のテクストが研究データとして採用されている。

　いずれにせよ，現実に経験されている事象そのものを全てデータ化するということは不可能であり，あくまでもデータは選択的に採取されるものである。そのデータのどこかの部分に焦点をあてて分析する過程においても，すでに多くの「焦点をあてられない部分」が取捨されているということは十分に意識化されていなければならない。事例の全てを分析することはできず，捨てられずに残されて分析されたものが事例全体を代表するものであるという保証もない。このような限界を意識的に受け入れた上で，分析の過程はできるだけ透明化される必要があり，同時に研究の限界についての十分に自省的な考察がなされなければならない。

3. データ分析法

　臨床事例研究において得られるデータは，必ずしも質的データだけに限定されるわけではなく，検査結果などの数値データ（量的データ）や，画像，イメージなどのデータが含まれていても構わない。しかし，今回の8つの事例研究のデータのほとんどはテクストデータであり，その分析法としては，主流なテクスト分析の方法であれば何でも用いることができる。8つの事例研究におけるデータ分析の方法は，それぞれの研究において個別に選択された複数の方法が組み合わされて用いられている。

研究1では，マトリックスを用いたストーリー比較分析，研究2では，「悪循環」というキーワードに基づく，システム論的な分析が行われている。研究3は，主として分析心理学的な夢解釈を中心とした分析，研究4では，ショートストーリー化された複数事例に対して，元型心理学 Archetypal psychology を参照枠とした解釈学的分析が試みられている。研究5では，事例経過の記述と考察を分離せず，時間経過に沿って研究者／治療者の一人称の視点から語ることによる物語分析の応用が試みられている。研究6では，分析法として修正版グラウンデッド・セオリー・アプローチ（M-GTA）が明示的に用いられており，この方法論は「単一事例M-GTA法」として概念化されている（斎藤，2005）。研究7では，治療セッションにおける治療者とクライエントの会話が，可能な限り具体的に提示されており，会話の中でクライエントの家族物語がどのように変容していったかが，対話分析的な手法を用いて解釈されている。研究8は，むしろ古典的な分析心理学的拡充法による夢の分析が研究の主体をなしている。

　上記のように，8つの事例研究においては，個々の事例毎に多彩な分析法が採用されているが，その選択が妥当であるかどうかについてはどのように評価するべきなのだろうか。西條（2003）は，構造構成主義の基本原理である関心相関性を重視する立場から，質的研究法のあり方について以下のように主張している。西條によれば，個々の研究の価値はもとより，その研究法，さらには研究法の基盤となる認識論でさえも，その研究の目的やその研究を行う研究者の関心との相関によって価値が決まる。これは事例研究においても例外ではない（西條・堀越，2007）。この考え方に従うならば，そもそも研究法として事例研究を採用することが適切かどうかも，その研究目的と相関して判断されなければならず，さらにその事例研究において，どのような理論，方法論，道具が採用されることが適切かも，研究関心，研究目的との整合性によって決まると考えることになるだろう。

4. 論文の記述形式

　ここまで論じてきたことから明らかなように，事例研究の記述法にも，唯一の正しい方法があるわけではなく，その研究において生成された新しい知識を

説得力をもって読者に伝えるために，さまざまな記述形式が工夫されることになる。ここでもどのような形式を選択するのが適切かは，研究者の関心，研究目的と相関して判断されることになる。今回提示した8つの事例研究が公表された時期は，1991年から2013年まで20年以上にまたがっており，特に初期においては意識的に記述形式が選択されたわけではない。しかし現時点で振り返ってみると，それぞれの論文においては，それぞれの研究関心に応じて異なった記述形式が用いられていることが分かる。記述形式を大きく分けると，

タイプⅠ：研究者の視点をあまり強調せずに（いわゆる"神様視点"から）ストーリー化していく形式。クライエントの生の語りを中心に記述する場合（タイプⅠa）と，生の語りをあまり記述せず，いわゆる"地の文"を中心に記述する場合（タイプⅠb）に分けられる。

タイプⅡ：研究者（＝治療者）の"一人称視点"から，時間経過に沿ったエピソードをつなぎ合わせながらストーリーを記述していく形式。

タイプⅢ：クライエントと治療者の双方の発話を，会話形式としてできるだけ忠実に再構成していく形式。

タイプⅣ：そのどれにも当てはまらない形式

の4型に分類できると思われる。これらは必ずしも明確に区別できるわけではなく，全ての研究において，これらの4つの記述形式は多かれ少なかれある程度混在しているが，どの形式が主として用いられているかによって，どのように読者に読まれるかには大きな違いが出てくるだろう。

　研究1は主としてタイプⅠb，研究2はタイプⅠa，研究3はタイプⅠa，研究4はタイプⅠb，研究5はタイプⅡが主に用いられている。研究6は，質的分析と考察を区別せずに，GTAによって生成された概念を順番に述べていくという形式に再構成して記述するという試みで，これはタイプⅠ〜Ⅲのいずれとも異なっており，タイプⅣに分類できるだろう。研究7はタイプⅢ，研究8は，考察を経過と区別しない記述を採用しているが，基本的にはタイプⅠ，Ⅱ，Ⅲの全てを使用している。

　筆者は，第Ⅰ部の第2章において，河合が公開したほぼ唯一の事例研究論

文（河合，1974/1986）をテクストデータとして質的研究の立場から分析したが，河合論文の記述形式は，タイプⅠ～Ⅲが全て用いられており，考察と事例経過が区別されていない。この形式は心理臨床学の領域でこれまでに公表されてきた論文形式（特に査読のある学術誌における論文）の主流とは必ずしも一致していない。筆者の論文の中では，研究8が最もこの形式に近いと思われる。

V. 各事例研究における研究関心と生成された知識資産

　質的改善研究としての事例研究が，良質なものであるということを主張したい場合，最も重要な二つのポイントは，「その研究における研究関心（あるいは研究目的）と研究の理論，方法論，道具の組み合わせが適切であるかどうか」と，「得られた新しい知識資産が明確かつ有用なものであるか」ということになるだろう。筆者は，事例研究の"質"を評価するための簡単な二つのチェックポイントを，「その研究は研究らしく見えるか？」「その研究は面白いか？」と表現したことがある。今回提示した8つの事例研究におけるそれぞれの研究関心と，研究の結果得られた仮説（知識資産）を再度まとめておきたいと思う。

　研究1における研究関心は一言で言えば，「境界例と呼ばれるようなクライエントの治療過程はどのように理解されるのだろうか？」ということである。もちろんこの背景には，「境界例の治療は通常困難を伴う」という一般認識がある。この研究において得られた暫定的な知識資産は，「それは『自己治療的なドラマ』として理解可能であり，そのドラマは，『蜜月』『裏切り』『一体化の拒絶と関係の継続』というプロセスとして描写でき，治療者の役割はこのようなドラマのプロセスをクライエントとともに歩み通すことである」ということになるだろう。

　研究2における研究関心は，「原因不明の多彩な身体症状を呈するクライエントの病態と治療過程はどのように理解されるか？」である。得られた知識資産は，「それは，『対人間』『個人内』『超個人的』の3つの異なるレベルにおける悪循環とその解消の過程として理解できる」ということになる。しかし研

究2の治療経過においては，第2，第3のレベルの悪循環の解消過程を明確に描写することができなかったという限界を残した。この研究関心は研究3に継承される。

研究3においては，「身体症状に強い固着を呈するクライエントの治療過程はどのように理解されるか？」という研究関心のもとに，研究2から継承された「三つのレベルにおける悪循環仮説」を参照枠として分析が行われている。研究2の悪循環仮説は継承され，それに加えて，第2，第3のレベルの悪循環が解消される過程は「こころとからだの和解の過程」として描写できるという仮説が提唱された。この研究において新たに得られた暫定的な知識資産は「こころとからだの和解の過程において，全体性の象徴の布置と共時的な状況理解が重要である」と表現できる。しかし，後者のような"知識"は，分析心理学的なオリエンテーションをもつ治療者以外には受け入れられない可能性があるという限界を有している。

研究4における研究関心は，「摂食障害（拒食症）の病態と治療過程はどのように理解されるか？」というものである。この研究では，重症度の異なる3つの事例を比較検討する中からその共通要素を抽出し，「摂食障害の病態と治療過程は，分析心理学でいうところの『イニシエーションを布置する元型の作用』として，あるいは『象徴的な死と再生の物語』として理解できる」という仮説を導き出した。「元型」という概念は，分析心理学的オリエンテーションをもつ研究者以外には受け入れられない可能性が高いのに対して，「ある特定のパターンをもった物語のプロセス」という理解は，より一般性をもった説明として受け入れられやすい。この「死と再生の物語仮説」は同様の病態，あるいは少しづつ異なる他の病態のクライエントへの治療過程の分析における参照枠として，次の研究へと継承されていくことになる。

研究5では，「思春期の過敏性腸症候群の病態と治療過程はどのように理解されるか？」という研究関心に基づいて事例の提示と分析が行われている。この研究では，前項でも述べたように，「クライエントと治療者の相互変容のプロセス」に意識的に焦点が当てられた。導き出された暫定仮説は，「思春期心身症のプロセスは，非個人的で繊細な物語として理解可能であり，その物語を理解するために，治療者は注意深い聴き手となることが必要であるだけではな

く，治療者自身の物語の変容を受け入れることが要求される」ということになる。

　研究6の研究関心は，「青年期の慢性疼痛の回復過程はどのように描写されるか？」というものである。本事例研究においては，クライエントの語りのデータの分析法として M-GTA が明示的に採用され，「慢性疼痛の回復過程は『多元的な意味の変容過程』であり，『未完の発達課題』と『難問としての痛み』の状態から『メタファーとしての死と再生のプロセス』を経て，『共生可能な痛み』と『日々是好日』に至る」という暫定仮説（ローカルな理論）が生成された。

　研究7の研究関心の一つは「過食症の回復過程はどのように描写されるか？　特に家族物語の変容過程と病態の関係はどのようなものであるか？」であったが，もう一つは「心理療法における具体的な対話の場において，治療の進展（物語の変容）の契機となるものは何か？」という関心であった。生成された暫定仮説は，「過食症の回復過程において家族物語の変容は重要な役割を果たす」「クライエントと治療者の対話の場において『コンテクストの共有』が生じる体験が物語の変容の契機として作用しうる」というものであった。

　研究8の研究関心は，直接的には「心理療法の経過において出現する『身体切断』のイメージはどのような意味をもつのか？」ということであるが，それと並行して，「DSH（故意に自分の健康を害する症候群）とはどのような病態であるのか？」という臨床疑問があった。この研究によって生成された仮説は，「思春期から青年期における広い意味での自己破壊的行動は，分析心理学でいうところの『個性化の過程』（の少なくとも一部）として理解できる」「『個性化の過程に生じる象徴的な死と再生の物語』に全面的にコミットする体験を通り抜けることが，状態を嗜癖化させないことに貢献している可能性がある」という二つにまとめられるだろう。

　以上のような事例研究の方法論には，もちろん限界もある。最も大きな問題は，事例研究における研究関心と研究結果（生成される仮説）には独立性が保たれていないので，両者に再帰的な関係が生じることが避けられず，多くの場合自己強化的なプロセスが選択されやすいことである。端的な例としては，「心理療法において物語が有用である」という研究関心をもった治療者／

研究者は，どのような事例研究を行ったとしても，研究の成果として「心理療法において物語は有用であった」という結果を主張しがちになる。このことは，「事例研究は単なる主観的で独りよがりで手前勝手な研究である」という批判を呼び込む理由となりやすい。

　この問題への対策は，いくつかあるが，第一は事例研究において「研究関心と研究成果の再帰的な関係」を否認するのではなく，事例研究の前提として受け入れるということが大切である。野中の知識創造理論の表現を借りれば「知識資産は知識創造のプロセスのインプットであると同時にアウトプットでもある」ということである（野中ら，2010）。この意味からも，研究目的と結果を明確に独立したものとして扱う量的研究（特に効果研究）と，事例研究を混同することは絶対に避けなければならない。

　第2の問題は，上記の理由とも関連するが，採用されている治療法や研究法について，「それは全く有効ではないかもしれない」あるいは「もしかすると害を与えているかもしれない」という否定的な可能性について検証することが，事例研究だけからは難しいということである。これは，事例研究が本質的に自然主義的観察研究（その場で起こっていることをそのまま観察しデータを収集する）であって，仮説検証のための介入研究ではないということにも関連している。RCTを中心とする効果研究の結果，それまで有効であると信じられていた治療法が，実は害を与えていたという結果が得られ，そのために一般的な治療法選択が全く変わってしまったという歴史は，医療の世界では珍しくない。このような「副作用や害を検証する」研究は，事例研究とは異なった方法論で行われる必要がある。もちろん，事例研究がそれまで常識とされてきた方法論への疑問のきっかけとなる結果を提供することもある。事例研究をそのような目的に役立てるためには，データの収集，分析，解釈等のプロセスの全てにおいて，常に反省的な考察を加える必要がある。

VI. 構造仮説の継承と漸進的な知識資産の発展の過程としての事例研究

　前項で8つの事例研究における個々の研究関心と生成された知識資産を整

理することによって，これらの仮説生成のプロセスが，一つの研究の中だけで終わるのではなく，複数の研究において生成／継承されていることが示された。ここで，心理臨床と医療臨床を横断する観点から，臨床における事例研究の社会的意義について，筆者の考えを再度整理しておきたい。

事例研究は，古くから医療における研究法，教育法として広く用いられてきた。しかし繰り返し述べているように，近年，科学的研究としての事例研究の価値は著しく貶められてきた。その最大の理由は，科学的実証のパラダイムにおいては，その研究成果には客観性，一般性が求められるので，一事例だけの研究においてはそれを満たすことが難しいということにある。たとえば，ある心身症の一事例に，ある治療法が有効だったとしても，それは，他の事例にも有効であることを意味しないし，もしそれを無理に主張しようとすれば，その主張は極めて非科学的な主張と見なされることになる。過去において，「〇〇療法が著効を示した△△症の1例」のように類型化された，質の低い事例報告が量産されてきたということも，事例研究の信頼性を低下させる一因であった。

上記の事柄は，事例研究の目的を，仮説検証とその一般化を目的とする量的研究と同一視したために生じた不幸な誤解である。質的研究の観点から事例研究の意義を捉えなおすならば，その意味と価値は全く異なってくるだろう。

質的研究の観点から事例研究を見れば，それは「原則として1事例についてのプロセスから詳しいデータを収集し，収集されたデータの分析から，何らかのパターン・構造仮説・理論モデルなどを生成することを試みるタイプの研究法」と定義できる。事例研究におけるデータとは，患者の語りそのものであったり，患者について観察した治療者の「患者についての語り」であったり，治療者自身や治療者と患者との相互作用についての語りや観察記録であったりする。原則として，可能な限り多種類の詳細なデータが収集され，分析に用いられることが望ましい。このような観点から，筆者がこれまでに構築を試みてきた，新しい事例研究法について再度以下にまとめ紹介する。

1. 単一事例修正版グラウンデッド・セオリー・アプローチ法 Single Case Modified Grounded Theory Approach：SCM-GTA

　木下が開発した修正版グラウンデッド・セオリー・アプローチ法（M-GTA）を単一事例の質的分析に応用する方法である。GTAは元来，複数事例の参与観察やインタビューデータを用いて，データに密着した分析から，実践への応用性の高い理論を生成することを目的とする。1事例の分析にGTAを応用することは，GTAの原法では想定されていない。しかし，M-GTAでは「方法論的限定」という考え方が採用されており，1事例に分析の範囲を限定した研究にM-GTAを応用することには妥当性があると筆者は考える。

　分析の方法は，木下（1999，2003）によって詳述されている方法に従う。事例の面接記録はできる限り詳細に記述され，加えて参与観察の記録，カルテの記載などのテクストが分析の資料となる。これらのテクストデータから直接暫定的な概念生成を行い，個々の概念についてのワークシートを作成する。次に，概念と面接データを継続的に比較することによって，概念を精緻化する。次いで各概念間の関係を検討し，カテゴリーを生成し，カテゴリーと概念間の関係を図式化したものを，生成されたグラウンデッド・セオリーとして示す。本書の第10章において提示された事例研究5が，その実例である。

　研究5を例として，研究によって生成された知識資産が，臨床というより大きなコンテクストにおいてどのような有用性をもつのかについて考察したい。筆者は，**図1**に示すようなプロセスとして図式できるのではないかと考えている。研究5において生成されたグラウンデッド・セオリーは，あくまでも，慢性疼痛に悩まされていた青年期男性であるD君と，治療者（＝実践者でありかつ研究者でもある）である筆者との相互交流から生成された極めてローカルなセオリーである。筆者は実践者としてD君と関わりつつ（これを仮に実践1と名付ける），そこから筆者が理解したD君の語りを再構成し，データ（具体的には面接記録というテクスト）を構築した。ここから筆者は実践者から研究者へとスイッチして，今度はそのデータと対話することになる。

　M-GTAは，比喩的に言えば，研究者である筆者が，データと対話しながら，コーディング，解釈，連続比較といった一定の手段を通じて，セオリーを生成する過程である。その結果生成されたセオリーは，実践者である筆者が構成し

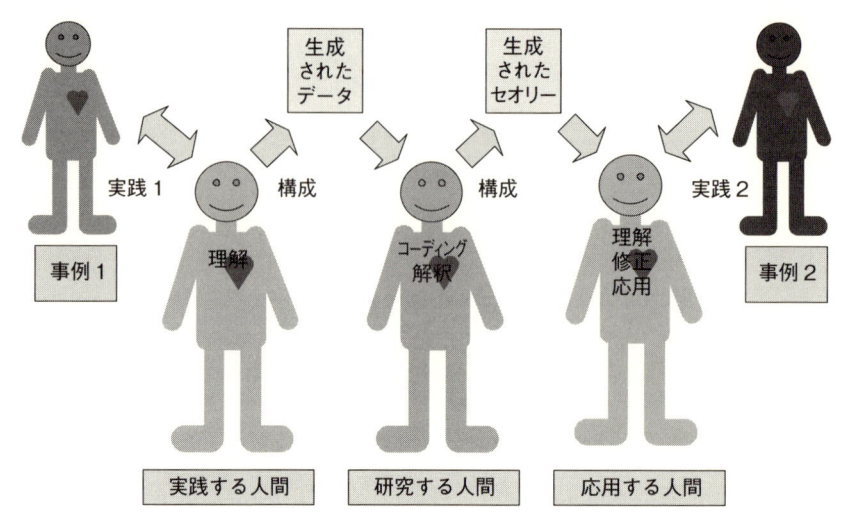

図1 M-GTAを用いた事例研究による臨床知の生成と応用の過程

たデータに比べれば，はるかに抽象化されたものであるが，D君の心理治療過程というフィールドに限定するならば，それは一定の説明力を有するセオリーであり，明示化された臨床知であると言える。もちろんこの臨床知は，筆者とD君の間に形成されたような関係を前提としてその有用性を発揮する。その意味でも，生成された臨床知はコンテクストに強く依存している。

しかし，このような方法論による臨床知の生成過程はこれで終結するのではなく，その臨床知を応用する第3の人間によって理解され，D君と似てはいるが異なった特性をもつ別の事例に応用されることになる（これを仮に実践2と呼ぶ）。当然のことながら，実践1と実践2では，その事例と状況の特性は似てはいるが，全く同じものではないので，応用される臨床知は，応用する者によって修正されつつ適用されるものである。もし実践2において，セオリーが必要最小限の修正によって有効に作用し，改変されたセオリーが明示知として記述されることになれば，セオリーは否定されたのではなく，継承されたということになる。それはこのセオリーの有用性が，ある程度検証されたということを意味する。

このように，臨床の知の生成と応用というモデルにおいては，実践者，研究

者，応用者という個別性をもった人間を設定し，人間とデータ，人間とセオリー，人間と事例との相互交流を何よりも尊重する。臨床知の創造－継承－共有のプロセスは，一般的な無個性な治療者，研究者によってなされるのではなく，そこで活動する者は常に「具体的な人間」である。さらにこの実践者，研究者，応用者は，もちろん別々の人間である場合もあるが，同一の人間が3つの役割を並行的に担うことも考えられる。むしろ多くの臨床実践においては，この3人の人間が，役割を切り替えつつ同一人物によって担われる。このように考えると，語りを重視する臨床においては，研究と実践の区別は実質的にほとんど存在しないということになる。グラウンデッド・セオリーは明示された臨床知のあり方であり，具体的な実践は暗黙知としての臨床知である。**図1**に示されるようなプロセスは，臨床における明示知と暗黙知を有効につなぎ合わせる漸進的なプロセスとして機能すると思われる。

2. 構造仮説継承型事例研究法 Structural Hypothesis Successive Case Research Method

筆者は，質的研究において「仮説継承」の重要性を強調する西條（2002），やまだ（2002）の研究法を医療領域の事例研究に応用し，これを「構造仮説継承型事例研究」と呼ぶことを提唱した（2003）。構造仮説継承型事例研究の特徴は，第一に，事例についての多面的観点（主観的・相互交流的側面を含む）からの記述と分析（厚い記述）を行うことである。ついで，事例から得られた厚いデータから構造仮説を生成する。この時，構造化の軌跡（どのような分析を経てその仮説が生成されたか）の詳細かつ客観的な記述が必要となる。この記述によって，広義の反証可能性が確保される。ついで，その仮説は，新しい事例経験において，縦列的に連続的検証・改良・精緻化・発展がなされ，このプロセスを構造仮説の継承と呼ぶ。得られた構造仮説は，研究の終了の時点で完成するものではなく，共通あるいは異なるコンテクストにおいて新たに体験される臨床事例の経験プロセスにおいて，さらに改良・変更されていくものとみなされる。したがって，このような方法によって得られる「一般性をもつ臨床の知」は，常に完成されることなく，改良の途中にあるものとして理解される。本研究法のプロセスをスキーマ化したものを**図2**に示す。

242 第Ⅲ部　総合考察編

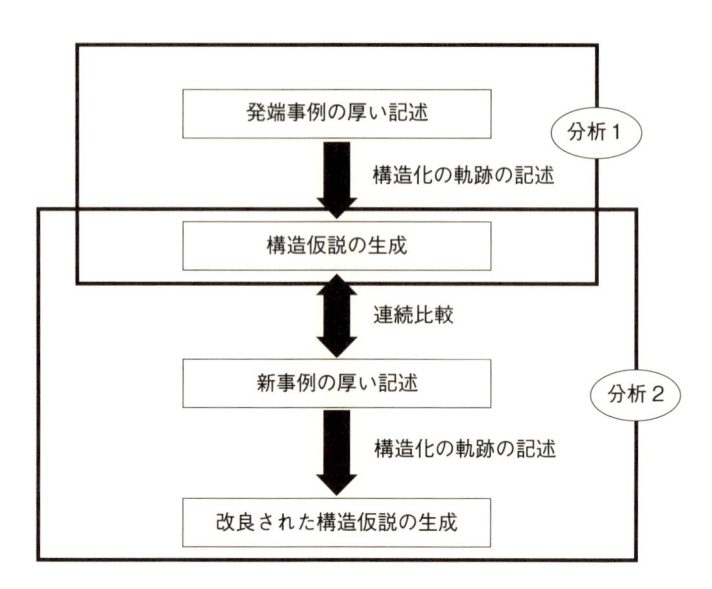

```
┌─────────────────────────────────────┐
│         ┌──────────────────┐        │
│         │  発端事例の厚い記述  │ 分析1 │
│         └──────────────────┘        │
│                  │ 構造化の軌跡の記述   │
│                  ▼                  │
│ ┌──────────────────────────────┐    │
│ │      構造仮説の生成              │    │
│ └──────────────────────────────┘    │
│          ▲                          │
│          │ 連続比較                  │
│          ▼                          │
│         ┌──────────────────┐        │
│         │   新事例の厚い記述  │ 分析2 │
│         └──────────────────┘        │
│                  │ 構造化の軌跡の記述   │
│                  ▼                  │
│         ┌──────────────────┐        │
│         │  改良された構造仮説の生成 │   │
│         └──────────────────┘        │
└─────────────────────────────────────┘
```

図2　構造仮説継承型事例研究プロセスのスキーマ

　本書で紹介した，8編の事例研究は，大きな観点から見ると，複数の構造仮説を継承しながら，漸進的に仮説を精緻化したり，応用範囲を調整したり，他の構造仮説との関係を分析したりしながら，徐々に明示的な臨床知へと進化させることを目指す，構造仮説継承型事例研究の一例とみなすことができる。このようなプロセスは，単に一人の研究者によって進展するのではなく，事例検討会，スーパービジョン，同僚との議論，論文査読時における議論等の複数の場における対話をへて，物語の共有と新たなバージョンへの書き換えが行われ，さらに再び実践へと戻され，暗黙知化され，再び表出化され，明示化されるというサイクルを重ねつつ，次第に複数の実践者，研究者，市民によって利用できる知識資産として蓄えられていく。このようなプロセスは野中（2010）が示している，知識創造動態モデルと多くの共通性をもっている。知識創造動態モデルと形式知／暗黙知のサイクルの関係を図示したものを**図3**に示す。

　このように，臨床における事例研究は，単独の研究として完結するものではなく，研究者の主観的な体験的知識が，実践と対話を通じて，漸進的に間主観的で社会性をもつ知識へと変容していく過程の原動力となる。このようなプロ

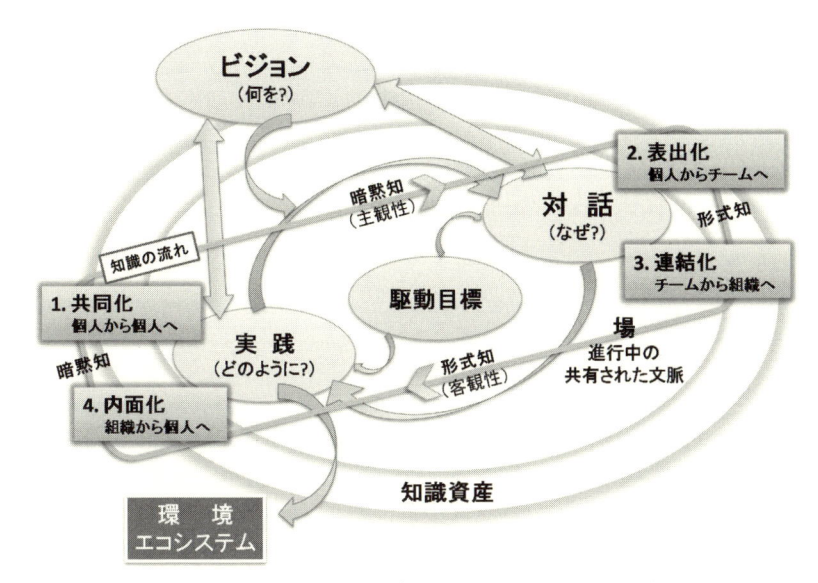

図3 知識創造動態モデルと形式知／暗黙知の関係

セスは河合（1974/1986）の言葉を借りれば「いわば音楽におけるロンド形式のような発展過程である」と描写できる．このように，臨床事例研究は，単なる研究法でも単発の研究成果でもなく，対話と実践のサイクルを通じて新しい複数の知識を創造し，実践を改善し，実践者の自己訓練に役立ち，組織や社会における協働を作り出す一連の社会的実践のプロセスとして再定義しうると思われる．

文　献

Greenhalgh T（2006）What seems to be the trouble?：Stories in illness and healthcare. Radcliffe Publishing Ltd, Oxford. 斎藤清二（2008）訳：グリーンハル教授の物語医療学講座．三輪書店）

Miller WL, Crabtree B（2000）平山満義監訳（2006）臨床研究．質的研究ハンドブック第2巻質的研究の設計と戦略．pp.265-284，北大路書房．（Denzin NK, Lincoln YS eds（2000）Handbook of Qualitative Research. Second Edition. Sage Publications. USA）

Rozen DH（1996）Forword. In Kawai H：Buddhism and the Art of Psychotherapy. Texas A & M University Press. College Station, Texas.

河合隼雄（1992）心理療法序説．岩波書店．
河合隼雄（1995）ユング心理学と仏教．岩波書店．
河合隼雄・斎藤清二（2000）Narrative Based Medicine —医療における物語と対話（対談）．週刊医学界新聞（2000年10月23日号）pp.1-3.
岸本寛史（2003）対話分析．*In* 斎藤清二・岸本寛史：ナラティブ・ベイスト・メディスンの実践．pp.105-133．金剛出版．
木下康仁（1999）グラウンデッド・セオリー・アプローチ—質的実証研究の再生．弘文堂．
木下康仁（2003）グラウンデッド・セオリー・アプローチの実践—質的研究の誘い．弘文堂．
斎藤清二・大澤幸治・北啓一朗（1999）アルコール依存を伴う摂食障害への非個人的な心理療法—象徴としての死と再生．心療内科，3；220-226.
斎藤清二・岸本寛史（2003）ナラティブ・ベイスト・メディスンの実践．東京，金剛出版．
斎藤清二（2003）いわゆる「慢性膵炎疑診例」における構造仮説継承型事例研究．*In* 斎藤清二，岸本寛史：ナラティブ・ベイスト・メディスンの実践．pp.230-245，金剛出版．
斎藤清二（2005）質的研究．心療内科　9(5)；328-333.
斎藤清二（2006）医療におけるナラティブの展望．*In* 江口重幸・斎藤清二・野村直樹（編），ナラティブと医療．p.245-265，金剛出版．
西條剛央（2002）生死の境界と「自然・天気・季節」の語り：「仮説継承型ライフストーリー研究」のモデル提示．質的心理学研究，1；55-69.
西條剛央（2003）「構造構成的質的心理学」の構築：モデル構成的現場心理学の発展的継承．質的心理学研究，2；164-186.
西條剛央・堀越さやか（2007）就職活動における自己アイデンティティの変化過程〜構造構成主義に基づく事例研究．人間総合科学，3；71-80.
野中郁次郎・遠山亮子・平田透（2010）流れを経営する：持続的イノベーション企業の動態理論．東洋経済新報社．
やまだようこ（2002）なぜ生死の境界で明るい天空や天気が語られるのか？質的研究における仮説構成とデータ分析の生成継承的サイクル．質的心理学研究，1；70-87.
吉永崇史・斎藤清二（2011）システム構築と運営のためのナレッジ・マネジメント．*In* 斎藤清二・西村優起美・吉永崇史：発達障害大学生支援への挑戦—ナラティブ・アプローチとナレッジ・マネジメント．pp.68-108，金剛出版．

付章　対談：ナラティブ・ベイスト・メディスン
　　　——医療における「物語と対話」——

河合　隼雄
斎藤　清二

医療における物語と対話の意味——物語を生み出すもの

——河合先生は最近，医療従事者を対象としたご講演を数多くなさっているとうかがっております。先生はその中で，「Narrative Based Medicine」についてご紹介されていらっしゃいますね。

河合　医療関係の方々の前では，多くは「医学と医療とを分けて考えたらどうか」というお話をします。日本は「医学」という場合に近代科学の考え方が非常に強く，医学を勉強すること，イコール近代科学的になります。近代科学的とは対象を客観視して人体を研究することです。これは大事なことですが，実際の臨床場面になるとそれだけではなく，人との関係が生まれます。患者さんのほうも医師との関係を期待していますし，また患者さんとは孤立した人体ではなく，たくさんの関係の中に生きているものです。すると医療は，近代科学だけではどうしても十分にいきません。人間関係を大切にすることを前提にした場合，別の体系，たとえば「医療学」が必要になってきますし，医学とは分野が違うという気持ちを持たないと困るのではないかと思います。そのような中で「物語（＝narrative）」は非常に大事になってきます。物語の特徴とは「関係づける」ことです。たとえば，「王様と王妃がいました。王様が死にました。それから3日後に王妃も死にました」。これは事実だけが並べてあります。ところが，「王様が亡くなったので，悲しみのあまり王妃も死にました」となれば物語です。事象の関係づけが始まると，物語が生まれて

くるのです。ところが，近代科学は「物語」の対極です。逆に，物語を取り入れないことで急激に発達したとも言えます。今度はそれを近代医学の成果を十分に取り入れつつ，その人間がもっている物語を大事にしなくてはなりません。これはとても難しいことですが，それを医療従事者の方々にお願いしたいのです。ということで，たくさんの医師の前で，「医療の中の物語」について話してきました。最近，この『Narrative Based Medicine』の存在を知り，とても驚きました。私が前から考えていたようなことがすべて書いてあり，嬉しくなって紹介しているのです。本書を紹介してくれたのは福井次矢先生（京大総合診療部）です。福井先生は「Evidence Based Medicine（EBM）」の重要性を研究しておられる方で，とても守備範囲が広いですね。

NBMとEBM——医療を考え直す新しい視点

——斎藤先生，この「Narrative Based Medicine（NBM）」についてご解説ください。

斎藤 NBMは，イギリスのジェネラル・プラクティショナーという，日本では開業医にあたる方々の中から出てきた運動です。専門性に偏らず，また患者さんだけでなくて，その家族も含めて，患者さんの全体と実際にかかわっておられる立場の先生方の間から生まれました。河合先生がおっしゃったように，医療は患者さんとの1対1の関係を基盤としています。しかし医師自身は，科学的・生物医学的（Bio-medical）な方法論を徹底的にたたき込まれています。それ自体は大変役に立ちますが，実際に患者さんとお話をすると，それだけでは対応できない問題がたくさん出てきます。それは医師にとってもフラストレーションですし，自分たちの行為は本当に意味があるのかと考えさせられます。そういう時に「患者さんが語る物語」あるいは「医師側の物語」にも焦点を当て，もう1度医療を考え直してみるという新しい視点がNBMだと思います。「物語と対話に基づく医療」と言えますね。この視点は科学としての医学と，人間の触れ合いという意味の医療とのギャップを埋めていく効果をもつ可能性があると思います。本書の編集はEBMを研究してきた方々です。EBMは基本的には，科学的な証拠を重視して曖昧な部分をできるだけなくすという発想のムーブメントですが，EBMを突き詰めていくとそれを補うものが必要になるということでしょうか。

河合 EBMから生まれてきたことが，とてもおもしろいですね。

斎藤 本書の中にも「EBMとNBMは矛盾するものではなく，お互い相補うものだ」という章があります。本当にそう思います。

河合 それと同じようなことから，「ナラティブ・セラピー」が出ていますが，これ

もシステム論や機械論を研究してきた方の中から生まれています。心理療法の世界でも，フロイトにしろユングにしろ「科学」と言わないと信用されませんから，無理をしても科学と言おうとしました。そのうちに，それではうまくいかないところから「物語」が出てきます。同じことですね。私は心理療法から物語を考えていったのですが，今後は医療の世界にもこの考え方はとても大事だと思い始めたのです。

個人がもつそれぞれの物語

河合　私は医師と一緒に仕事をする機会が多いのですが，先日，「糖尿病患者さんの生活指導はどうすればよいか」というテーマで講演をしました。その時に「医者や看護師さんが正しいことを言えば人が従うと思うのは大間違いだ」という話をしました。「言って正しいことができるなら，僕は最初に自分に言いたい」と。「酒をやめて貯金しなさい」，「朝早くから起きて勉強しなさい」とか，正しいのですが，言うだけで誰がしますか，そんなもん。個人はその個人の物語を生きています。そこへまったく違う筋書きをポンと入れても，変わるはずがありません。「正しいことを言えば変わる」では単純すぎます。私はその時，「個人はそれぞれの物語をもっているのだから，正しいことだけでなくて，個人の生き方を尊重したらどうですか」と話しました。するとある医師がその通りにされたんだそうです。その方が言うには，「人の言うことを何も聞かなかった人が，急にお酒をやめられ，生きる姿勢が変わって，病状もよくなった」。そこで理由を聞きましたら，「釣りで海に落ちそうになって死の恐怖を感じた時に，ふっと気がついて酒をやめた，と患者さんが話しました」とのことでした。これは物語としておもしろいですが，自然科学的に受け止めると意味はありません。「糖尿病の方は全員釣りを」ではナンセンスですね。ところが，そういう物語の展開があることがわかったら，次には1人ひとりの患者を大事にしようという意味をもつのです。

患者の混乱を整理すること

斎藤　医療現場での例をあげますと，患者さんは体の調子が悪くなり，気分も落ち込むという形で病院に来ます。そこで「うつではないか」となります。このような患者さんはたくさんおられて，必ずしも精神科だけに行くわけではありません。たとえば仕事が大変なところへつらい出来事があって，体の調子も悪いとなると，「精神的なものとは思えない。自分はどこか体が悪いんじゃないか。しかし，医師には異常がないと言われた」というように，自分の中で物語が整理されずに苦しんでいるわけです。「私には絶対に身体に病気がある。身体だけをなんとかしてくれ」や，

「検査はもういやだ。実はストレスのせいだと思っている」と言う人もいて，彼らはそれぞれ異なった物語をもっています。そして物語こそ違いますが，最初は皆ごちゃごちゃしているのです。最近，気分が落ち込んで元気のない人が来ると，「脳内のセロトニンの代謝がおかしい」と診断するのが主流です。私はこれを「セロトニン物語」と呼んでいます。このような見方から患者さんをみれば，生物学的な変化という「物語」があてはまり，選択的セロトニン取込み阻害薬（SSRI）という薬を出せばよいとなりますね。それで運よく回復する方もいますが，そうでない人もたくさんいます。何かの1つの物語に収束して，うまくいく場合は問題になりません。ところが，難しい，困っている患者さんの場合はそれがうまくいっていないのです。ある物語に基づいた治療をしていても，その物語が破綻してしまった時，医師が物語を1つしかもっていないと，治療が行き詰まってしまうし，患者さんも不幸になります。最も多いのは，患者さんがひそかにもっている物語と，医師の物語がかみ合わない場合です。患者さんは「もっと悩みを聞いて支えてほしい」。一方医師は，「セロトニンの薬だけ飲めばいい」では破綻してしまいます。医療現場で大事なのは，患者さんの話を十分に聞いて，ご自身の病気についてどのような物語をもっているのか。別な言い方をすれば，自分の物語をどう解釈し，どう理由づけているかを理解することですね。医療面接の世界では「解釈モデル」というちょっと堅い言葉を使います。

河合 その人の物語ということですね。自然科学的なモデルなら，この方法でこうなったと，それで終わりです。薬を飲んだり，手術をすれば実際に治りますし，方法と結果が1対1で対応している場合もあり，今まではそれだけで成功してきたわけでしょう。腸チフスの人に物語を聞く必要はなく，ひたすら治療すればよいわけです。ところが，それではうまくいかない例が増えてきた。そこで，医療の現場が難しくなってきたのではないですか。人間は，時には病気にでもならないとしようがない時があります。そう言ってしまうと言い過ぎですが，病気が人生の中である種の意味をもつという側面があります。その時に，近代医学でただひたすら治されてしまうと，よけいに自分の中が混乱してしまいます。そのようなことからも，原因のわからない病気が増えてきたのではないかと，僕は思っています。患者さんの物語の場合，それを医師に語ることは非常に少ないです。言っても相手にしてもらえない，と思っています。しかし，看護師や家族はそれを知っています。医師がそれについて知ると，診断や治療に役立つこともあるのですが。

臨床現場と Narrative Based Medicine——診断・治療と物語の関係

斎藤 診断とは医学にとって大事な概念です。ところが，目の前の患者さんをどう

するかとなると，理路整然とした診断の体系が必ずしも役に立たないことがあります。それと，先ほど言ったように，複数の見方がどれも成り立つようなことが医療現場ではしばしばありますね。本書の中にも，「患者さんの物語を大事にするのか，ICD-10などの分類のほうを大事にするのか」という話があります。医師としては本当はどちらも大事にしたい。ただ，少し難しい患者さんの場合は，むしろ複数の見方ができると考えたほうが現実に合っていると思います。すると診断というのはあくまでも約束ごとに過ぎないと考えることもできるということになります。そうなると，診断も1つの「物語」と言えるのではないでしょうか。診断は唯一の事実として正しいものがあるわけでなく，医師が「こう診断をすると，この患者さんにいちばんよい」と，合意した物語であると考えることも可能です。しかしこのような考え方は，下手をすると，「診断がすべて」と思っている人にとっては世界が崩壊するような話ですから，このへんをどう考えていくかは難しいと思います。しかし，必ずしも診断を唯一の物語としてとらえる必要はないと，私は思っています。

河合 それは，客観的に人体を研究していけば，診断は非常に明確です。ところが，個人とは1人ひとりで全部違うわけですね。1人ひとりが違えば，答えが1つという単純な診断はあり得ません。たとえば，私の体のある部分における診断はあり得ますが，私という人間に診断をつけられたら，たまったものではありませんね。そしてもう1つの問題は，私が病気になり治療できた時に，体はよくても，家族や職場の問題，また人生観が入ってきた時にどうなるか。病気としては治っていても，他にもいろいろなことが起こります。たとえばあまり早く退院してもらっては困るということもあるかもしれません。その個人の問題がたくさん入ってくるわけです。医療でそれをすべて考えなくてはいけません。

　私は医学的診断というのは，できるかぎり明確にしなくてはいけないと思いますが，先ほどの糖尿病から考えると，診断がついても，患者が自分で生活を管理しなかったら話になりません。そこまで考えた時に，この「物語」が生きてきます。その時に，「物語」を広く考えていけば，斎藤先生がおっしゃる通り，「診断とは1つの物語である」という言い方ができると思います。たくさんの人に一般的に通用する物語，それが診断ということです。ところが，個別性が入ってきた場合にそこがどうしても違ってきます。現代は，人間の個別性を考えなくてならないことが増え，そこで物語を考えざるを得なくなってきたのではないか，と僕は思っています。

死からみた患者と医師との物語

斎藤 私は膵臓癌の診療を専門としているのですが，進行した根治不能の膵臓癌をみつけて診断することは難しくありません。ところがそう診断した時に，どのよう

な言葉で患者さんに伝えればよいかということは重大な問題です。「癌は治すべきものだ」という物語しかないと，その後どうしてよいかわからなくなってしまいます。結果的には患者さんが突き放される形になり，非常に不幸な状態になります。そこで別の物語が必要になるのです。つまり疾患としては治せなくても，その方が亡くなっていくまでの間，どのような方法でサポートできるか，そこに複数の物語が出てきます。その1つがターミナルケアやホスピスケアで，ここ数年そういう物語もあるという認識が医療界に浸透してきました。

河合 ただ医師が，「あなたはこういう病気で，治りません」と言ったら，1つの恐ろしい物語をその人に与えたことになります。でも，医師の言い方1つで姿勢が変わってくると思うのです。「近代の医学では完治できませんが，あなたがこれからどのように生きていくか，あるいはどう対応していくかを一緒に考えましょう」と医師が言ってくれたら，物語が広がります。「治らない」だけでは「通告」です。すべての医療がこれにつながると思うのですが。

斎藤 おっしゃる通りです。先ほどの末期膵臓癌の話でもそうですが，極端なことをいうと，人間は必ず死ぬわけです。そこからみると，また物語が違ってきます。医師は「治せないことは敗北」という物語と，さらに「患者を治せない自分はだめな医者だ」という物語をもっていますが，そんなこと言ったって，最終的に人間はみんな死ぬのですから。

河合 ただ，いつ死ぬか，そしてどう死ぬかだけの問題になりますね。

斎藤 そこに医師が関係性をもってかかわれば，「死からみた時に何ができるんだろう」となると，まったく物語が変わってきます。しかしそこまで100％割り切れないというのも事実で，現場は非常に悩みます。たとえば，現時点では「膵臓癌は治らない」というコンセンサスがあるとします。これは将来変わるかもしれませんが。患者さんは苦しいけれど，化学療法でよくなるかもしれない。しかし，その見込みは少ない。そこで「治療をして助ける」という物語も半分ぐらい残っていて，でも苦しいことはこれ以上させたくないというのも半分ある。そこで医師は悩みます。

河合 それは当然患者さんを巻き込んでいるわけですね。特に今は，告知して納得してもらうという時代ですが，その説明の仕方によって変わってくるわけですよね。私が経験した癌患者さんの例ですが，あと1週間ぐらいの命だろうと思われていた時に，「どうしても自分は書きたいことがある」とおっしゃるので，「すぐ書いたらどうです」と言ったら，本当にお書きになり，本を1冊完成して亡くなった人がおられます。その方は医学的に予期されていたよりもだいぶ長く生きられたそうです。手もあげられないほどの病状でしたが，天井からスカーフで腕を吊ってワープロを打つために看護師さんたちもよく協力されたらしいです。その方は思いを残すことなく亡くなられたかと思いますね。その人の人生という言い方をすれば，すごいこ

とですよ。これは医療従事者以外の人間が行なってもよいことですが，その機会はなかなかありません。私は偶然お見舞いに行ってお話ができましたが，もっと他の人にもそのような機会があるとよいかもしれません。外国の場合は，宗教家がその役割を担っているように思います。しかし，だれが物語に入るのかは非常に難しいですね。

斎藤 各立場の人が自分のできる最善のことをサポートするしかないと思います。新しい努力は必要になるわけですが，全部やりとげた時には「これでよかったんだ」という感じが残るでしょうね。

河合 その時に，医師も「あの人は1週間で亡くなる」という話と，今のような協力関係で「一緒に1週間仕事をした」という感じとではずいぶん違うと思います。

医師のもつ物語

斎藤 これは医学教育とも絡みますが，医師のやりがいや達成感として最も大きいのは，自分が患者の役に立っているという実感です。しかもこのことには本来の医療の目的からみればきわめて大切な領域であるにもかかわらず，科学的な観点からみると意味がないと，今まで排除されていました。病院で若い研修医が一生懸命に患者さんに尽くして，場合によっては主治医が高齢の患者さんにお粥を食べさせていたのをみたことがあります。しかし，病院のカンファレンスで，「お前，何をやってんだ。そんな暇があったら薬の使い方を勉強しろ！」と言われる，というようなことが，今までは多かったのです。臨床を志す若い医師が，患者のためにしたことが周囲から評価されない，科学的に意味がないと言われ，何をしてよいのかわからなくなってしまいます。では科学的に意味のあることをたくさんやれば満足感が得られるかというと，そうでもありません。

河合 私は「医療学会」を作ってほしいと，かねてから言っています。そうでないと，医療に一生懸命の方は，どこにも発表の場がないのです。いま学会では「医学」論文しか受け付けられませんし，医学論文数の多い人が，一応偉い先生となっています。たとえば，医師が患者さんにスプーンで食べさせることが，果たしてよいのかどうかわからない場合があります。下手すると，患者さんの敵意が自分の親族に向くのを助けることも起こり得ますね。そのような医師の行為がどのような意味をもっているかを考察することはすごい研究です。ところが今まで，そのような研究は発表する場がありません。先ほどの糖尿病の患者さんが態度を変えられたことも，医学論文としては意味はありませんが，医療的に発表すると皆が何かを考え始めます。しかしそうなると，何がよい医療の論文かという評価まで考えておかないといけませんね。

斎藤 そこが最も難しいと思います。これは本書でも触れられていますが、いわゆる事例報告や症例報告、あるいは典型例の報告が以前は評価され、医学教育の中でも価値があるとされていたのが、ここ最近で価値が下がってしまいました。その理由は実際に、「1人がこうだから全部こうだ」という思考法になってしまうことがあるからだと思います。EBMは、それに対する反発からきたんですね。

河合 それはよくわかります。先ほど言ったように、釣りに行って恐怖を感じた人が成功したから、他の人にも釣りをさせる、というようなことに対してEBMは大事です。ところが、その話をどう解釈して、どう使うかまで考えないと、医療学になりません。しかし確かに、そう考える人がいるんですよ。アレルギーやアトピー治療でも、ある人に成功したのは事実でも、これでアトピーの治療法がわかったということとは、まったく別な話ですね。

斎藤 物語はそのような危ない面をもっています。きちんとした方法論をもっていなくてはいけません。しかし医学としては、今までは定量性があって再現性のある研究でないとだめと言われてきました。

河合 それは近代科学なんですよ。方法論としていま可能性があるのは、臨床心理の領域でよく行なわれていますが、きちんとした事例報告であると思います。

斎藤 もう1つは、質的研究ではないかと思います。このような研究法が方法論として確立し、「量的」ではなく「質的」なものが評価されるようになると、物語もその中に入れていくことが可能になります。

医療を評価する方法

河合 医師のことを「アルツ（Arzt；アーチスト）」と言うでしょう。医師は芸術家なんです。医学とはテクノロジーと芸術の間にあるのですよ。完全にテクノロジー化した医学はとてもわかりやすいもので、近代医学です。そしてアートに近づくのがだんだん「医療」になってくるのです。最近、土居健郎先生が『図書』（岩波書店）におもしろいことを書いておられました。日本人がテクノロジーとしての医学に偏重してしまったせいで、「自分は医療の話をしても、日本の学者たちは聞かない」と。日本に医学を教えに来たドイツ人医師が嘆いているそうです。もっと日本では「アートしての医療」を考えるべきでしょう。しかしアートの評価はとても難しいですね。ゴッホではありませんが、彼が絵を描いた当時は全然評価されずに、後でものすごく評価があがってくるということが起こるので、アートとしての医療の評価をどう考えるかは、今後論じる必要がありますね。

── 臨床心理学における評価とは、どのようなものですか。

河合 これは芸術の評価に近くて、「ある1例が、その例を超えて非常に多くの事

象にヒントを与える」というものだと思います．たとえば，不登校の中学3年生の事例発表をした時に，それ聞いた人が，中年の患者にも喘息の患者を抱える人にも「なるほど」と思うところが多い事例が，私はよい発表だと思っています．おもしろいことに，学会で事例研究発表を行なったところ，発表を聞く人がものすごく増えました．今までの，いわゆる科学的研究発表では誰も聞かないんですよ．聞いても，特にわれわれの場合は実際の臨床の役に立ちません．たとえば，不登校を調査して，「長男はよくなる」とか，「不登校は都会のほうが多い」と言っても，実際の臨床には何の役にも立たないでしょう．ところが，ある不登校の中学生の具体的な事例はとても役に立ちます．事実を超えてたくさんの異なる場面にヒントを与えるというのも，1つの魅力です．それだけではなく，もう少し事例研究の評価の魅力も考えてみようと思っています．

斎藤 医学系学会の最大の問題はそこにあります．臨床に関係する学会に出席しても，その経験が実際の臨床にはあまり役に立たないことが不満になっています．一方で，よい事例研究はとても人気がありますし，みな熱心に聞きますが，十分な時間をとった発表の場が確保できません．本書の中にも「なぜ narrative を勉強しなくてはいけないか」という章があり，その最後に，「narrative というのはおもしろいのだ」とあります．「absorbing」という言葉を使っているので，吸い込まれるようなおもしろさということになりますか．こういう言い方をすると誤解される可能性がありますが，確かにそういう面があると思います．話は変わりますが，実は医師も患者さんの話を物語として聞いていると思います．症状，検査データ，投薬という事実の羅列だけでは，おもしろくありませんし，何よりもすんなりと理解することが難しいのです．要するに，そういう事実の羅列を聞いても自分の中に何も生じてこないからです．人間というのはおもしろければ動くし，そうでないと動きません．ですから興味深い事例を30分以上かけてセッションを行なうと観客も多いですね．

河合 たとえば，患者さんの入院から退院までをずっと記述する．その人はいつ行っても枕元に花があったとか，いつもキャラメルばかり食べているとか，それだけでも結構おもしろいんですよ．その患者さんが糖尿か，または摂食障害の子どもでは，また違ってくるでしょう．その子どもが隣のベッドの人とどのような付き合いをしていたかなどをうまく記述していけば，とても参考になると思いますね．

物語の危険性

斎藤 医療における物語を考える時，話が自己増殖するというか，都合のいいところだけを話してしまう危険性も考えておかなければなりません．何か主張したい意図があって，それに合わせて話を作るような場合があり，非常に危険ですね．

河合 おっしゃる通りで，そのような話は妙に普遍化されてしまうのです。「この線でいけば治る」とか，いちばん危険なことですね。NBM の本当の狙いは個人です。「こういう個人がありました」ということから他の個人の物語を考えないといけないのに，その 1 つの narrative を全人類に広げようとするのがいちばん怖いんじゃないですか。その点を注意しないといけません。

斎藤 確かに「今までの医療が間違っていて，NBM だけがすばらしい方法だ」というような発想自体は非常に危険ですね。もっとも，NBM の基本的な考え方は，「たくさんの物語が存在することを認めていこう」というものですから，防止策は入っています。つまり，1 つの物語だけで突っ走ってしまうのは，そもそも NBM の発想からはずれています。

河合 しかし，そうなりやすいから気をつけないといけませんね。

斎藤 また，医療において「物語を語る」ことの重要さを強調しすぎると，「患者さんに無理に語らせようとする」という危険が生じるおそれがあります。医師と患者の関係性の中で患者さんが自然に語るということが大切なのであって，そのためには時期が熟すまで待つ必要があることも多いのです。「未だ言葉として語られない物語」，あるいは「語られるための時期がまだ熟していない物語」を，大切なものとして尊重するという姿勢は，NBM における基本的態度の 1 つであると思います。

斎藤 話は戻りますが，物語の多様性ということで，特に NBM の考え方の基になっている「社会構築主義 social constructionism」は，ある意味でかなりラジカルなものです。唯一の正しい物語があるわけではなくて，物語とはその場その場で語られて創造されるものであるという立場ですから，すべてを相対化してしまうところがあります。それを極端に推し進めると，何も真実がないということになってしまうんですね。それはおもしろい考え方ですし，それが臨床の現場での対話を絶対的に尊重するという形で使われているならば，意味があるし，患者さんのためにもなります。ただ，あまりそれがラジカルになると，本当に何を信用してよいのかがわからなくなってしまいます。そもそも人間は寄って立つところを全部消してしまうことはできないと思います。臨床の現場では，その時に自分が採用している物語を意識し，それを相対化しながらも，それにある程度のっていく必要はあると思いますね。

河合 ある意味では二律背反的になりますが，自分がそこで採用した物語というものに相当コミットするのです。またコミットする姿勢がなければだめですね。しかし，「こんなのもありますよ」と言うのは，たくさんの中の 1 つかもしれない，という客観視する姿勢や視点がなく，NBM の中にまったく入り込んだら，危険だと思いますね。その意味では，訓練がとても必要になります。

医師になるためのトレーニング——矛盾を抱える訓練

斎藤 先生のおっしゃる通り，患者さんの物語を上手に聞き，尊重して，自分の仲間とできるだけ物語を共有する形で治療や診療を実践していこうとなると，それを遂行するためのトレーニングあるいは教育が必要になると思います。私はその1つが「医療面接」だろうと思っています。医療面接の教育も最近は充実してきていますが，何が本当にいちばんよい方法かという結論は出ていません。さらに「マニュアル化」の問題が避けられず，本質的なことが抜けてしまう可能性が常にあります。そういう意味で，先生のお考えになる面接法の基本を，少しお話しいただけたらと思います。

河合 特にわれわれの場合，面接の基本は「主導権を患者に譲ること」ではないでしょうか。それがどれだけできるかです。しかし，近代医学的な面接は，検査をして自分の判断で診断を下していくわけで，完全に医師が主導権をもっていないといけません。つまり，医師として近代医学的なアプローチをして，今度は医療面接を行なうとなると，まるっきり逆転するようなことをしなくてはいけないのです。これは訓練としても難しいと思います。この点に関して井村裕夫先生（京大名誉教授）が，「医者の訓練は，本気でやろうと思ったら，矛盾することを教えないかんので，ものすごく難しい」とお話されていました。これを大学教育のどのあたりで行なうか，そして，なぜこんなことをするのか，これまでと逆であるという点を教えていかないと，訓練を受ける人が混乱すると思います。こういう時，人は往々にしてどちらが正しいのかという考え方をしだすでしょう。そうではなくて，この患者さんにはこのぐらいの面接でいく，他の人の場合は，というように，自分の視線にバラエティを持たせることを教えないといけませんね。

斎藤 複数の矛盾するような要因を1つの面接の中に統合していこうということですから，非常に難しいものがありますね。どこまでできるかわかりませんが，今の流れとしては，医学生が臨床現場に出る前に，受容的な面接を教育しようという流れになっています。これはもともとは，アメリカのカウンセリングの考え方ですね。

河合 患者を受け入れながら，きちんとこちらの主体性も失わないわけですからね。何も患者さんに主体性を譲ると言ったって，医師に主体性がなくなったらだめなわけです。これは，特に心理療法の場合に起こりうるケースですが，相手に主体性を譲ろうとしすぎて，治療者の主体性がなくなることがあります。これはとても危険で悪い例です。しかし，その訓練はとても難しいものです。

スーパーバイザー制を導入する

河合 もしそのような教育を行なうなら，必ずスーパーバイザーが必要です。医学の場合は，スーパーバイザーのシステムがなさすぎるんですね。個々の患者さんとどのようなかかわりをしていくかですが，もう少し組織的訓練として入れるべきだと思います。臨床心理士の場合は，相当に取り入れています。1回面接したら必ずスーパーバイザーに報告して，いろいろアドバイスを受けます。それを何回か繰り返して，だんだん緩やかになって，何回に1回聞きにいくというようになります。これはとても大事です。

斎藤 現在の卒後医学教育では，たとえば検査値の読み方や検査計画の立て方，薬による治療方針などはスーパーバイズされています。これらはほとんどマンツーマンに近い形で教育されています。また，癌告知などの非常にシリアスな問題の時には必ず上級医が一緒にいて，その場に同席したり，診療が終わった後に議論するなど，ある意味ではスーパーバイズされています。ところが，日常臨床のちょっとしたやりとりにはまったくスーパーバイザーがいません。特に外来診療はほとんど野放し状態です。これは医師にとっても困った問題ですね。他人の外来をみたことはありませんし，上級医がどのような外来を行なっているのかも知りません。ところが，最近では世の中が外来診療重視の時代になり，アメリカは特にそうですし，外来診療を適切に行なうということはますます大事になっていますので，これをどうスーパーバイズするかは大きな問題だと思います。医師のカンファレンスも改善の余地がありますね。まだまだ自由に討論できる雰囲気のカンファレンスは少ない。若い人は黙っているか，たまに発言すると叱責されるために，体がそこにいても心がいないという状態です。そうすると，長時間拘束される割りには時間の無駄だという感覚が出てきて，出席率が悪くなるという悪循環です。たとえばNBMの考え方が普及して，学生の時に医療面接の実習を受けて研修医になったとします。しかしそれでも，いざ患者さんに向き合うと，個々の対応はそれほど簡単な話ではありませんからとても困ります。その時にその医師が「もっと教えてほしい」と感じた時に初めて，本当の教育効果があがるのだと思います。

河合 実際にこのような授業を始めると，学生が喜びますからね。本当に寝る奴なんかは絶対にいないし，意味があったら，みな完全に出席します。そのような動きが出てきて，それが広がっていけば，本当に教育的な効果があがってくると思います。

――本日は，ありがとうございました。

あとがき

　本書をまとめるにあたり，著者が医師となってからすでに 38 年，臨床心理士の資格を取得してから 23 年が過ぎていることにあらためて気づかされた。本書に「臨床心理学と医学をむすぶ」という，大上段に振りかぶったサブタイトルを付したことについても，ある種複雑な感慨がある。医学と医療が本来分割できない一つの理論／実践システムであるのと同様に，心理臨床も臨床心理学という "通常科学" の現場への単なる応用ではない。医学と臨床心理学はともに，「苦しむ他者のために少しでも役にたちたいと願うもの」が自らの意思で選択した毎日の行為・実践を，よりよいものに改善していくための理論，方法論を生成し，共有し，発信し，漸進的に "より善いもの" に近づけていくという使命を使命を担う知的探求である。そのような「臨床」をフィールドとする科学的・人間的研究のあり方としての「臨床事例研究」の一部なりとも描写することができたなら，本書の目的は達成されたことになる。

　本書では，多様な視点から「臨床事例研究」について論じたつもりであるが，重要な問題であるにも関わらず焦点を当てきれなかったポイントもいくつかある。その一つは，臨床実践における「診断」の問題である。本書に提示した 8 つの事例研究のクライエントの診断について再度振り返ってみると，実際に心理療法的関わりを行った時期，論文をまとめた時期，そして現在において，それぞれの事例をどのように診断的にラベルすることが適切かという問いに対する答えは，明らかに変遷している。著者が実践を行ってきた領域と著者自身の関心により，8 つの事例研究のクライエントは，そのほとんどが，思春期・青年期事例であり，その多くは身体，精神を巻き込む多彩な症候を示して

いた。その時点においてもっともふさわしいと思われる診断名が付されているとはいえ、現時点ではその大部分を、「グレーゾーン高機能発達障害」というタームによってラベルすることのほうが適切かもしれないという思いを禁じ得ない。むしろそもそも、臨床実践において「正しい診断とそれに適した治療」という一見あたりまえのモデルは、すでに幻であることが明らかになったようにさえ見える。この問題については、機会があれば改めて詳しく論じてみたいと思っている。

　本文中でも繰り返し触れたが、「パラダイム」という言葉は、クーンによって提唱された科学哲学の概念であると同時に、多彩な意味をもつ一般用語としてすでに広く流布している。後にクーンは、パラダイムの概念をより精密に言い表すために、ディシプリナリー・マトリックス disciplinary matrix という言葉を用いた。この言葉はほとんど普及することはなく、その事実を反映してか日本語の定訳はないようである（本書では「専門図式」という訳語を用いた）。もちろん discipline は本来「教育、訓練、調教」を含意している。人がある学術領域における専門家になるためには「訓練」が必要であり、ディシプリナリー・マトリックスとは、ある分野における専門家を専門家足らしめるために必要な「訓練の枠組み」を示すものであるとも言える。事例研究は、単なる研究法ではなく、臨床という専門分野において、専門家を育てるための教育・訓練法として欠くべからざる枠組みでもあるという意味で、文字通りディシプリナリー・マトリックスと呼ばれる資格を有していると言えるだろう。

　著者のこれまでの歩みを自ら振り返る時、臨床事例研究は、筆者が「臨床の専門家」としての自身を訓練するための、かけがえのない方法でありツールであった。もちろん臨床とは「苦しむ他者への専心的な支援行為」であり、事例研究はクライエントへの専心の過程を、行為の最中において、あるいは行為の後のさまざまの研修の機会において、絶えまない反省と交流の機会を通じて支え進展させる働きをもつ。その機会は、著者が参加あるいは主催したプライベートな事例検討会、医療や臨床心理の領域における様々な研修会、心理臨床学会や心身医学会といった専門学会の場におけるコメント、フィードバックや討論、さらには学術誌への投稿審査における査読者からの鋭いコメントなどを通じて著者に与えられてきた。

本書の出版が実現するまでのあいだ，数々の先輩や同僚から数えきれない指導や教唆，率直なコメントをいただいた．特に，故河合隼雄先生，川戸圓先生，Elisabeth Bauch Zimmermann 先生，そして故 Albert Ellis 先生には，心理臨床を学び始めたばかりの"素人"である私が，プロとしての心理療法家に触れるという千載一遇の幸運を与えてくださっただけではなく，言葉では尽くせないほどの懇切丁寧な指導をいただいた．特に河合隼雄先生には，超ご多忙の中，私の臨床家としての基盤を作る作業に惜しみなく援助をいただいたことに，いくら感謝しても足りない思いである．

山中康裕先生には，著者が旧富山医科薬科大学において臨床医学と臨床心理学を結び付けようともがいていた時期に，臨床講義に毎年お越しいただいた．普通では聞くことのできないインパクトのある講義に医学生が触れる機会を作っていただいただけではなく，私たちのグループへの温かい継続的な御指導をいただいた．この頃，毎月一回の旧富山医科薬科大学心理臨床懇話会において，私たちは事例研究の方法論を用いた対話と実践のサイクルを自ら駆動しつつ，多職種スタッフの訓練と実践的知識の共有の試みを行っていた．この会は通算100回以上続いたが，多忙な臨床，研究の合間を縫ってこの会の運営に尽力してくれた，北啓一朗先生，大澤幸治先生，宮下貞和先生には，特に感謝したい．

著者が富山大学五福キャンパスに拠点を移し，病院とは少し異なるフィールドにおける臨床実践に力を注ぐ中で，富山大学保健管理センター事例検討会が月に一度のペースで行われ，今年で10年目を迎えている．同僚として，また共同研究者としてこの会の運営に尽力いただいている西村優紀美先生，竹澤みどり先生，専門的な立場から議論を提供してくださる喜田裕子先生には特に感謝したい．専門領域における事例研究についての貴重な経験の場を提供していただいた，檀渓心理相談室，西村洲衞男先生，このはな児童学研究所，安島智子先生，山王教育研究所のスタッフの方々には深く感謝申し上げる．ふだん心理臨床の専門家と接する機会がそれほど多くない著者にとっては，このような場がよい自己研修の機会となった．

長年の共同研究者である岸本寛史先生，吉永崇史先生には，本書のドラフトをお読みいただき，的確な指摘と示唆をいただいた．本書の内容と成果は上記の方々はもちろんのこと，ここには名前を挙げきれなかった多くの方々，さら

には私を臨床家として鍛え上げてくれたクライエントの方々に全て負うものである。しかし，本書における見解や提言の内容については，その全責任は著者である私にある。

　最後に，本書の主旨に共感を示すとともに数々の示唆を与えてくれた，本書の編集者である岩崎学術出版社清水太郎さんに深謝するとともに，陰に日向に私の日常を支えてくれている私の家族にささやかな感謝の意を捧げたい。

平成25年7月27日　緑の呉羽丘陵を望む居宅にて

斎藤　清二

初出一覧

第Ⅰ部　理論編
　第1章　臨床事例研究の科学論　　　　　　　　　　　　　　（書下ろし）
　第2章　「エビデンスに基づく実践」のハイジャックとその救出
　　　　　　　　　　　　　　　　　　　　　　（こころの科学 165 号，2012）
　第3章　質的研究と量的研究　　　　　　　（臨床心理学増刊 1 号，2009）
　第4章　事例研究という質的研究の意義　　（臨床心理学 7 巻 6 号，2007）

第Ⅱ部　事例編
　第5章　境界例における自己治療的ドラマ　（季刊精神療法 17 巻 2 号，1991）
　第6章　心身症における三つの悪循環　　　（心理臨床学研究 9 巻 1 号，1991）
　第7章　こころとからだの和解の過程　　　（心理臨床学研究 11 巻 2 号，1993）
　第8章　元型的観点からみた摂食障害　　　（心理臨床学研究 18 巻 1 号，2000）
　第9章　心身症と物語　　　　　　　　　　（精神療法 27 巻 1 号，2001）
　第10章　慢性疼痛—痛みは語りうるのか？　（臨床心理学 5 巻 4 号，2005）
　第11章　過食嘔吐の大学生へのナラティブ・セラピー風心理療法
　　　　　　　　　　　　　　　　　（富山大学保健管理センター紀要 5 号，2006）
　第12章　女子大学生の夢に見られた dismembered body image について
　　　　　　　　　　　　　　　　　　　　　　（ユング心理学研究 5 巻，2013）

第Ⅲ部　総合考察編
　第13章　あらためて事例研究を考える　　　　　　　　　　（書下ろし）
　付　章　対談：ナラティブ・ベイスド・メディスン
　　　　　　—医療における「物語と対話」　（週刊医学界新聞 2409 号，2000）

人名索引

A-D

アリストテレス　7
Baldessarini RJ　36
Balint M　97
Bateson G　99
Bemporad JB　134, 140, 142
Bertalanffy L　97
Boskind-White M　176
Bruner J　18
Chambless DL　10, 29, 30, 33
知里幸恵　207
Crabtree B　17, 221
太宰治　150, 151
Denzin NK　15

E-H

Eliade M　140
Elis A　98
Frank AW　173
藤縄昭　50
古川壽亮　27
Giegerich W　118
Greenhalgh T　グリーンハル　3, 18-20, 40, 46-47, 53-54, 221-222
Guggenbühl-Craig A　75, 78, 79
Guyatt GH　26, 39
原井宏明　36
Hillman J　143
ヒポクラテス　7
堀越さやか　232

I-L

池田清彦　17
Jung CG ユング　79, 122, 124, 134, 142, 143, 155, 199, 208, 213, 214
貝谷久宣　33
上島国利　27
神田橋條治　119
川端康成　56
河合隼雄　10, 17, 46, 47, 49-62, 74, 80, 83, 101, 105, 125, 152, 206, 208, 213, 214, 221-226, 233-234, 243, 245
川喜田二郎　8, 46
川嵜克哲　201, 207, 212
川戸圓　223
木下康仁　46, 55, 61, 162, 227, 239
Kirsch I　36
岸本寛史　7, 8, 13, 161, 225, 230
Kuhn TS クーン　11, 12, 14, 22, 40
Lazarus RJ　192
LeShan L　160
Lincoln YS　15

M-P

松本俊彦　199, 216
McNamee S　177
Meier CA　76, 100, 107, 120, 123-125
Miller WL　17, 221
Morris DB　160
明恵　213-214
永井均　56

中村雄二郎　7, 38, 43, 51
Neumann E　134
新田次郎　128, 231
野家啓一　12
Nonaka I 野中郁次郎　20, 21, 54, 221, 237, 242
大城宣武　76
Perera SB　143
Polanyi M　20

R-U

Rosen D　224
Sackett DL サケット　9, 27-28, 31, 34, 39
西條剛央　17, 46, 232, 241
才木クレイグヒル滋子　46
斎藤清二　8, 13, 17, 21, 46, 97, 99, 104, 112, 119, 120, 127, 129, 139, 146, 147, 149, 152, 158, 177, 199, 206, 222, 225, 226, 228, 232, 245
斎藤環　197

Samuels A　79, 134
佐々木閑　39
Schön DA　8
下山晴彦　39
Stake RE　16
Stewart M　17
鈴木睦夫　50
丹野義彦　27, 31, 32
手塚治虫　136, 214
戸塚洋二　38-40

V-Z

Vandereycken W　134, 140, 142
Weiss JG　179
山岸涼子　56
やまだようこ　46, 241
山本力　49
山中康裕　85, 97, 146
吉川真理　208
吉永崇史　21
Zimmermann EB　223

事項索引

あ行

悪循環　191
——医師-患者間のコミュニケーションにおける　98
——意識-無意識間のコミュニケーションにおける　101
——自我と身体のコミュニケーションにおける　99
——三つのレベルにおける　104, 119
——三つのレベルにおける〜仮説　235
悪魔憑き　134
暗黙知　20, 54
意識化　83
一般医療におけるナラティブ・アプローチ　225
一般化可能性　16
一般システム論　97
一般性　227
イニシエーション　130, 139, 152
エビデンス　9
——摂食障害治療の　176, 177
エビデンスに基づく実践（EBP）　26
——への誤解と曲解　11

か行

抱える環境　119
科学的根拠（エビデンス）に基づく医療（EBM）　26, 39
科学的（パラダイム的）思考様式　18
科学の基本的な原則　39

隠されたコンテクスト　197
影（シャドウ）　118
——の統合　169
過食症　176
家族物語　177
——の変容（過程）　193, 236
過敏性腸症候群　147
河合による事例研究理論の展開　50
関係中心型臨床方法モデル（RCCM）　17
関係的意味　192
間主観関係　97
間主観的普遍性　52
感情転移　74
技術的熟達者　8
基本的信頼感の欠如　78, 139
逆転移関係　74
救済劇の過程　83
救済のテーマ　150
境界性パーソナリティ障害（境界例）　74
境界例の心理療法　65
共苦の獲得　170
共時性　100, 107, 120, 124
共生可能なものとしての痛み　171
協働　6
拒食元型　127, 129
——の特徴　134
——救済者元型としての　139
拒食症　127, 176

キリストのまねび　140
近代科学パラダイム　13
供犠あるいは犠牲　208
グラウンデッド・セオリー・アプローチ（GTA）　46
――修正版グラウンデッド・セオリー・アプローチ（M-GTA）　162, 232, 239
――単一事例修正版グラウンデッド・セオリー・アプローチ（M-GTA）法　232, 239
経営　21
形式知　20
ゲーム　121, 156
原因解決モデル　149
研究関心　234
――と研究成果の再帰的な関係　237
研究技法　229
元型　107, 142
――イメージ　75
――心理学　141, 232
――による憑依　134
――的イメージの布置　129
――的状況のコンステレーション　79
――的ドラマ　75, 80
効果研究　39, 42, 227
構成論　228
構造仮説継承型事例研究（法）　241
構造構成的質的研究法　46
こころとからだの和解　100
――の過程　107, 235
こころの全体性　155
こころの反自然的傾向　142
「こころの臨床」におけるEBPの役割　35
個人的な物語　151
個性化の過程　125, 199, 213, 216
固有性　16

さ行

サーンキヤ哲学　207
自我の明け渡し　122
自我の四つの機能　155
自己　122, 212
自己治療的ドラマ　83, 120
自己治療的な物語　129
自殺念慮　199
自傷行為　199
自然治癒　119
失感情表現症　146
実在論　53
実証的研究によって支持された治療法（ESTs）　29
実践科学　15
実践研究　39
――の目的　41
実践知　43
実践の概念的定義　222
実践領域における科学的研究とはなにか　39
質的改善研究　10, 43, 227
質的研究　44
――の定義　15
――としての事例研究　16
――の観点からみた事例研究　15
――過程と臨床過程の類似性　17
死と再生の物語仮説　235
嗜癖行動　216
主客融合体験　57
主観的真実　123
主体の成立　203
純粋経験　56
象徴的な「死と再生」　199, 216
――の過程　134
情動ストレス　192
症例報告　4
初回夢　120, 201
自律訓練法（AT）　151

自律神経失調症　85, 96
事例研究　46
　――の目的　46, 52
　――物語科学の観点からみた　17
　――物語研究法としての　19
神経性過食症の病態仮説　191
神経性食思不振症　127
心身症　146
　――広義の　146
　――広い意味での心身症的病態　85
心身症の物語　149
身体化の物語　153
身体性の顕現とその変容　215
身体切断　214
身体表現性障害　96
心理社会的なストレス　96
心理治療の概念と定義　222
ストーリー・ライン　173
ストレス物語　149
聖なる拒食　140
生物医学的な物語　148
摂食障害　176
全体性の元型　124
全体性の象徴　107, 122, 235
専門図式　12
組織改善活動という文脈における事例研究　19
組織事例研究　21
ゾシモの幻像　213

た行

太母元型　82
対立物の統合　203
魂の物語　158
知識　20, 54, 227
知識科学　20
　――の観点からみた事例研究　20
知識資産　6, 234
知識創造動態モデル　242

知識創造理論　20
知識利用研究　20, 54
治療関係という物語　150
治療構造の厳守　83
データ収集と分析の範囲　231
データ収集法　229
データ分析法　231
転移可能性　17

な行

ナラティブ・セラピー　177
ナラティブ分析　46
難問としての痛み　162
認識論　228
認知行動療法（CBT）　30
能動的想像　79

は行

ハイコンテクストな対話　194, 197
橋渡し研究　5
発達障害大学生支援　21
パラダイム　11, 53
パラダイム論　40
反省的実践家　8
日出処の天子　75, 76, 77
非個人的心理療法　222, 224
非個人的な物語　151
非論理的信念　98, 191
不定愁訴症候群　85, 96
不登校家庭内暴力　107, 117
分析心理学　141
　――的心理療法　118
片頭痛　199, 201
方法論的限定　162
没主観的普遍性　52
本邦の臨床心理学におけるEBP理解　31

ま行

マニュアルに盲従する医療　28
慢性疼痛　160
──の回復過程　236
未組織の病気　97
見本例　12, 14
無作為割付臨床試験（RCT）　42, 177
明示知　54
面接記録　229
物語　146
──の鋳型　196
──のコンテクスト　195
──の再構築　196
──を用いた研究が科学的研究として認められる条件　18, 221
──を用いる研究アプローチ　18
──化　206, 211
──的思考様式　18
──研究　54
──良質の　221
物語と対話に基づく医療（NBM）　40
物語論（広義の）　228
──の視点からパラダイムを再定義する　15
問題志向システム（POS）　17

や・ら・わ行

野外科学　8
野外研究（フィールド研究）　8
病いの語りのモデル　173
夢語りの分析　230
夢と個性化の関係　213
容器　80
ライフストーリー研究　46

量的研究　44
臨床疫学的研究　9
臨床効果研究　9
臨床事例研究　7, 13, 221
──というパラダイム　15
──のメリット　5
臨床における研究　3
臨床における事例研究の有用性と科学性　22
臨床の知の生成と応用　240
論文の記述形式　232

A-Z

Dismembered body（身体切断）　199
Deliberate self-harm（DSH：故意に自分の健康を害する症候群）　216, 236
Evidence Based Medicine（EBM：科学的根拠（エビデンス）に基づく医療）　3, 9
──の概念・定義　28
──のステップ　42
Evidence-Based Practice in Psychology（EBPP：心理学におけるエビデンスに基づく実践）　11
──の定義　34
──ガイドライン　34
Empirically Supported Therapies（ESTs：実証的に支持された心理治療）　10
KJ法　46
Narrative Based Medicine（NBM：物語と対話に基づく医療　3
RCT（無作為割付臨床試験）　10
SECIモデル　20

著者略歴

斎藤　清二（さいとう・せいじ）

1951 年　新潟県に生まれる
1975 年　新潟大学医学部卒業。同年，医師免許取得。県立ガンセンター新潟病院，東京女子医科大学消化器病センター，新潟大学医学部附属病院等での臨床研修を経て，
1979 年　富山医科薬科大学医学部第 3 内科助手
1983 年　富山医科薬科大学保健管理センター講師（～1988 年），この間に臨床心理学の訓練（教育分析）を受ける
1988 年　富山医科薬科大学附属病院講師，同年医学博士
1990 年　臨床心理士資格取得
1993 年　英国セントメリー病院医科大学消化器内科へ留学
1996 年　富山医科薬科大学第 3 内科助教授
2002 年　富山大学保健管理センター長・教授
　　　　　この間，札幌医科大学医学部，大阪市立大学医学部，福井大学大学院医学系研究科，京都大学教育学部，九州大学教育学部等の非常勤講師，放送大学大学院客員教授を併任
2015 年　富山大学名誉教授　立命館大学大学院応用人間科学研究科特別招聘教授
2016 年　立命館大学総合心理学部特別招聘教授　現在に至る。

専　攻　消化器内科学，心身医学，臨床心理学，医学教育学，物語医療学

学会等　日本質的心理学会理事，日本消化器病学会評議員，日本消化器内視鏡学会評議員，日本心身医学会代議員，日本心療内科学会評議員，日本消化器心身医学研究会幹事，国立大学法人保健管理施設協議会理事，全国大学保健管理協会評議員，『箱庭療法学研究』『質的心理学研究』『心療内科』『心身医学』等の学術誌編集委員・編集同人を勤める。

著訳書　『はじめての医療面接―コミュニケーション技法とその学び方』（医学書院，2000），グリーンハル他編『ナラティブ・ベイスト・メディスン―臨床における物語りと対話』（監訳，金剛出版，2001），『ナラティブ・ベイスト・メディスンの実践』（共著，金剛出版，2003），グリーンハル著『保健専門職のための NBM ワークブック』（訳，金剛出版，2004），『ナラティヴと医療』（共編著，金剛出版，2006），『エマージェンス人間科学―理論・方法・実践とその間から』（共編著，北大路書房，2007），グリーンハル著『グリーンハル教授の物語医療学講座』（訳，三輪書店，2008），ハーウィッツ他編『ナラティブ・ベイスト・メディスンの臨床研究』（監訳．金剛出版，2009），『発達障害大学生支援への挑戦―ナラティブアプローチとナレッジマネジメント』（共著，金剛出版，2010），『ナラエビ医療学講座―物語と科学の統合を目指して』（北大路書房，2011），シャロン著『ナラティブ・メディスン―物語能力が医療を変える』（共訳，医学書院，2011），『医療におけるナラティブとエビデンス―対立から調和へ』（遠見書房，2012），『発達障害のある高校生への大学進学ガイド―ナラティブ・アプローチによる実践と研究』（共著，遠見書房，2012）他

事例研究というパラダイム
――臨床心理学と医学をむすぶ――

ISBN 978-4-7533-1064-7

斎藤　清二　著

2013年　8月20日　初版第1刷発行
2018年　7月　2日　　　第2刷発行

印刷 ㈱新協　／　製本 ㈱若林製本工場

発行 ㈱岩崎学術出版社　〒101-0062 東京都千代田区神田駿河台3-6-1
　　　　発行者　杉田　啓三
　　　電話 03(5577)6817　FAX 03(5577)6837
　　　　　　©2013　岩崎学術出版社
　　　乱丁・落丁本はお取替えいたします　検印省略

エビデンスにもとづくカウンセリング効果の研究
M・クーパー 著　清水幹夫・末武康弘 監訳
よりよい実践のための指針や手がかりとして　　　●本体 3,600 円

臨床精神医学の方法
土居健郎 著
臨床と研究のあり方を真摯に問いつづけた著者渾身の書　●本体 2,500 円

治療的柔構造──心理療法の諸理論と実践との架け橋
岡野憲一郎 著
患者と治療者のニーズに応える標準的な治療法の提案　●本体 3,000 円

脳科学と心の臨床──心理療法家・カウンセラーのために
岡野憲一郎 著
臨床家による臨床家のための脳科学入門　　　　　●本体 2,500 円

脳から見える心
岡野憲一郎 著
脳の仕組みを知って他者の痛みを知るために　　　●本体 2,600 円

「現場からの治療論」という物語
神田橋條治 著
"コツ"シリーズを貫くダンゴの串　　　　　　　●本体 1,500 円

改訂 精神科養生のコツ
神田橋條治 著
臨床現場での工夫をあらたに加え大幅改訂　　　　●本体 2,300 円

精神療法面接のコツ
神田橋條治 著
「診断面接のコツ」に続く待望の臨床羅針盤　　　●本体 3,000 円

追補 精神科診断面接のコツ
神田橋條治 著
初版以来10年の時によって育まれた追補を付し改版　●本体 3,000 円

この本体価格に消費税が加算されます。定価は変わることがあります。